U0453074

数学演绎推理能力评价研究

以八年级学生为例

郝连明 著

中国社会科学出版社

图书在版编目（CIP）数据

数学演绎推理能力评价研究：以八年级学生为例 / 郝连明著. -- 北京：中国社会科学出版社，2024.8.
ISBN 978-7-5227-3827-7

Ⅰ. G634.603

中国国家版本馆 CIP 数据核字第 2024R2E818 号

出 版 人	赵剑英
责任编辑	党旺旺
责任校对	李　莉
责任印制	王　超

出　　版	中国社会科学出版社
社　　址	北京鼓楼西大街甲 158 号
邮　　编	100720
网　　址	http://www.csspw.cn
发 行 部	010-84083685
门 市 部	010-84029450
经　　销	新华书店及其他书店
印　　刷	北京明恒达印务有限公司
装　　订	廊坊市广阳区广增装订厂
版　　次	2024 年 8 月第 1 版
印　　次	2024 年 8 月第 1 次印刷
开　　本	710×1000　1/16
印　　张	13.75
字　　数	219 千字
定　　价	75.00 元

凡购买中国社会科学出版社图书，如有质量问题请与本社营销中心联系调换
电话：010-84083683
版权所有　侵权必究

前　　言

在义务教育阶段，数学能力的培养与测量一直是数学教育研究领域关注的重点内容。特别是 PISA、TIMSS 等国际大规模数学测评项目的开展在国内引起了很大的影响后，国内也逐渐开始应用新的测量学技术开展大规模数学教育测评活动。在《义务教育数学课程标准（2011 年版）》（以下简称《标准 2011》）中明确指出义务教育阶段数学推理能力可以分成两个方面去考查：演绎推理和归纳推理。在《义务教育数学课程标准（2022 年版）》中延续了对推理的重要关注，在数学核心素养中明确了小学阶段主要是推理意识，初中阶段主要是推理能力。这些明确表述为高中阶段演绎推理的培养做好基础。演绎推理是数学学科区别于其他学科的重要特征，其自身的确定性、严谨性已经成为一种文化系统中的重要特点，影响着民族理性精神的形成。八年级阶段是进行数学演绎推理学习的重要年级，也是衔接入学和毕业的关键年级。因此，开展八年级学生的数学演绎推理能力测评研究有重要意义。

本书主要开展了数学演绎推理能力的测评研究，调查了现阶段八年级学生在数学演绎推理能力上的表现。研究中认为学生数学演绎推理能力属于潜在变量，只能通过能力的表现来进行测量。因此，在通过多轮的专家评定后制定了测评框架，分别从推理形式、认知水平、推理情境、推理内容四个维度进行测量。并将大规模测评、小样本质性访谈、小样本深入测量相结合，通过混合研究的方法了解学生能力表现。在具体研究中使用了文献分析、专家评定、统计分析、Bookmark 标准设定、访谈等多种研究方法，力求更准确、客观地构建数学演绎推理能力测评框架，了解学生数学演绎推理能力现状。研究中通过对 5 万余名八年级学生的测评分析，16名学生的质性访谈分析，以及500余名八年级学生的演绎推理形式分析，得到如下主要结论。

第一，数学演绎推理能力测评框架。本书通过多轮的专家评定、讨论，结合对有关数学演绎推理能力的文献讨论分析基础上，构建了数学演绎推理能力测评框架。具体包含推理形式、认知水平、推理情境、推理内容四个维度。推理形式分为三段论、关系推理、数学运算；认知水平分为再现、联结、反思；推理情境分为无情境、熟悉情境、陌生情境；推理内容分为数与代数、图形与几何。

第二，数学演绎推理能力表现可以分为4个水平。通过对多位数学专家型教师的访谈、问卷调查，初步探索学生在数学演绎推理能力表现上的等级划分。在与专家最后商讨后确定可以将八年级学生数学演绎推理能力表现划分为4个水平。在对教师描述的关键词析取后，给出了每一个水平学生的典型特征描述。

第三，数学演绎推理能力表现具有一定性别差异。通过对性别的独立样本t检验发现，在多个维度的表现中男女生表现具有统计学意义上的差异。特别是在总体得分中，女生表现好于男生，在分水平的表现上性别差异也较大。水平4中男生占比人数多于女生，而水平1中男生占比人数同样多于女生。说明男生在成绩分布的两端占比高，成绩分化严重。女生人数更多集中在中间水平，整体成绩稳定。

第四，城乡学校学生表现差异较大。在城乡学校学生的表现中明显发现，城市学校学生表现好于县镇学校和农村学校，县镇学校学生成绩好于农村学校。这种成绩上的差异在测试的各个维度均存在，并且三类学校学生之间的成绩具有统计学意义上的显著性差异。

第五，八年级学生对于数学演绎推理内涵特点理解较为模糊。在对学生的访谈和测试中发现学生对于数学演绎推理的内涵特点认识比较模糊。部分学生从未听过"数学演绎推理"，并不了解演绎推理和推理的差异。部分学生对于数学演绎证明的确定性认识不准确，特别是对于证明的严谨性上非常模糊。还有部分学生认为演绎推理仅仅存在于几何中，代数中没有演绎推理。

第六，数学演绎推理形式表现存在差异。通过对数学演绎推理形式的调查分析发现，学生在不同类型的数学演绎推理形式上存在显著的差异。三段论推理上表现最差，关系推理表现最好。在更为细化的分析中发现，三段论推理形式中假言三段论表现较弱，直言三段论和选言三段论较好。而在数学运算中，数学运算定律和运算公式的掌握较好，在运算法则和数值计算方面掌握欠佳。

目　录

第一章　绪论 …………………………………………………（1）
　第一节　研究背景 ……………………………………………（1）
　第二节　研究内容与研究问题 ………………………………（3）
　第三节　研究意义 ……………………………………………（5）
　第四节　核心概念界定 ………………………………………（7）
　第五节　研究思路及方法 ……………………………………（11）

第二章　已有的相关研究 ……………………………………（14）
　第一节　有关数学演绎推理的文献分析 ……………………（14）
　第二节　有关数学认知水平的文献分析 ……………………（50）
　第三节　有关教育测量的统计方法分析 ……………………（57）

第三章　演绎推理能力测评框架构建 ………………………（68）
　第一节　数学演绎推理的内涵、特点及价值分析 …………（69）
　第二节　数学演绎推理能力测评框架 ………………………（85）

第四章　测试工具开发及标准设定 …………………………（98）
　第一节　测试工具基本情况 …………………………………（98）
　第二节　测试工具开发流程及原则 …………………………（108）
　第三节　标准设定 ……………………………………………（124）

第五章　数学演绎推理能力表现分析 ……………………（139）
　　第一节　数学演绎推理能力测试整体表现 ……………（139）
　　第二节　标准设定整体表现分析 ………………………（142）
　　第三节　数学演绎推理形式维度表现情况 ……………（146）
　　第四节　推理认知水平维度表现情况 …………………（151）
　　第五节　推理情境维度表现情况 ………………………（155）
　　第六节　推理内容维度表现情况 ………………………（158）
　　第七节　典型题表现分析 P、Q、S、T ……………（160）
　　第八节　数学演绎推理能力表现质性研究 ……………（169）
　　第九节　演绎推理形式测试分析 ………………………（174）

第六章　研究结论 …………………………………………（185）
　　第一节　研究结论 ………………………………………（185）
　　第二节　研究启示 ………………………………………（187）
　　第三节　研究不足与展望 ………………………………（189）

附录1　演绎推理等级水平划定教师调查问卷……………（191）
附录2　数学演绎推理形式调查问卷………………………（193）
附录3　数学演绎推理能力测试题（部分）………………（197）
附录4　数学演绎推理能力访谈提纲………………………（200）
附录5　八年级数学演绎推理能力标准设定工作说明……（202）
附录6　标准设定划定表……………………………………（204）

参考文献 ………………………………………………………（205）

后　　记 ………………………………………………………（212）

第 一 章

绪　论

第一节　研究背景

一　数学基础教育改革

21世纪初期我国迎来了数学基础教育改革,此轮改革力度之大,范围之广可谓空前。并于2001年和2012年先后颁布了义务教育数学课程标准的实验稿和修订稿。纵观近20年的义务教育数学课程改革,可以发现数学教育逐渐改变了传统以应试教育为目的的教学,转向了以素质教育为核心目的的教学。学生的培养也从原来注重对解题技巧的训练转向了培养学生数学能力、数学素养的教育上。在2012年颁布的《全日制小学数学课程标准(2011年版)》(以下简称《标准2011》)中,明确提出了十个核心概念,也有学者称为核心素养。[①] 核心概念中明确提出了"推理能力",指出要通过数学学习培养学生的推理能力。在《义务教育数学课程标准(2022年版)》中,明确提出了"推理意识"和"推理能力"核心素养,其中,小学阶段体现了推理意识,初中阶段为推理能力。推理作为一种数学基本思想,反映数学学科的本质特征,是数学思维的基本表现形式,也是科学态度和理性精神的基础。另外,在第24届国际数学家大会上,数学教育研究者达成基本共识,认为培养学生的推理能力应当作为数学教育的中心任务。[②] 由此可见,数学推理能力的培养在数学教育中具有重要意义。特别是在最新公布的《普通高中数学课程标准

[①] 马云鹏:《小学数学核心素养的内涵与价值》,《小学数学教育》2015年第5期。
[②] 宁连华:《数学推理的本质和功能及其能力培养》,《数学教育学报》2003年第3期。

(2017年版)》中列出了六项核心数学素养，推理成为重要内容。因此，在数学基础教育改革进入深度发展阶段，深入探讨数学推理能力，对于进一步开展数学教育改革有积极意义。

数学基础教育改革的主要方向是培养学生的必备核心素养，2016年9月13日上午，中国学生发展核心素养研究成果发布会在北京师范大学举行，会议发布了中国学生发展核心素养总体框架。近几年核心素养或者学科能力等词汇一直是教育界的热点问题，从世界范围来看，学者们一直想找出每个学科最为核心的关键能力，并以此来提高培养学生的质量。就本书而言，无论是国外还是国内，无论是历史还是当下，数学教育的学者们都有一个共同认知，数学推理能力是学生数学能力的重要组成部分，而数学演绎推理能力是数学推理能力最为重要的组成部分。深入开展有关数学演绎推理的研究，进一步讨论数学演绎推理的内涵特点对于开展数学教育将有重要意义。因此，在数学基础教育课程改革、学生核心素养、核心能力研究的大背景下，开展数学演绎推理能力的研究将是必要的，也是必须进行的。

二 义务教育质量监测与评价

从教育发展的角度来看，教育改革的背后是对教育质量要求的提高。随着改革的深入，对于改革成效的检验和明确教育基本标准的要求也逐渐受到关注。《国家中长期教育改革和发展规划纲要（2010—2020年）》《国家教育事业发展第十二个五年规划》等多个文件都不同形式地对这个问题进行了要求，明确了要在义务教育阶段开展学业质量监测和评价，逐步建立对学生个体、学校、区县不同层次的评价反馈机制。在此背景下，指向教育质量评价的大规模学业成就调查项目也正经历着一个从无到有、从单一到多样的发展历程。

2015年4月15日国务院教育督导委员会办公室印发《国家义务教育质量监测方案》，标志我国建立义务教育质量监测制度。[①] 自此，我国将以中国基础教育质量监测协同创新中心为基础，开展针对全国的基础教

---

① 国务院教育督导委员会办公室：《国家义务教育质量监测方案》，http://www.gxgg.gov.cn/news/2015-08/100053.htm。

育质量监测活动，并实现监测成果对教学实践的有效指导。虽然教育质量监测可以很好地对教育现状进行诊断，指出教学中存在的诸多问题，但是开展教育质量监测活动却存在诸多难点。例如，监测工具的设计和研发就是监测工作中的核心和难点。由于我国开展相关的研究时间短，人员欠缺，基础薄弱，与国际大规模测试还有一些距离。因此，根据学科特点和实际背景，研究具有本土化特点的监测工具对于提高我国义务教育质量监测有重要意义。

数学学科是义务教育阶段的重要学科，也是质量监测的重要学科之一。受到 PISA、TIMSS 等大型国际测试项目的影响，我国学者已经开始从了解、参与到自主开展研究的变化过程。一些学者在学业成就测试的研究中逐渐呈现关注测试框架、重视数据分析的发展趋势，并试图通过量化与质性相结合的方法开展数学教育的深入研究。从研究范式的角度看，这种关注测试框架、关注样本选择，重视量化的研究方法不仅符合国际研究的发展趋势。同时也是深入挖掘信息，全方位开展研究的必要途径。但是，就本书关注的数学演绎推理能力而言，目前还没有形成较为丰富的研究。虽然早在 20 世纪我国学者就开始通过大规模抽样调查的方法测试了数学演绎推理能力。[①]但是限于测量统计技术的限制，测量结果受到测试工具难度的影响。加之在 21 世纪之后义务教育数学课程标准几经修订，知识内容、难度以及教育理念方面均发生了很多变化。因此，在现阶段借鉴国际通行的大规模测试流程与方法，开发针对我国学生的数学演绎推理能力测试工具，进一步调查我国学生在数学演绎推理能力上的表现，对完善数学义务教育质量监测具有重要意义。

第二节 研究内容与研究问题

一 研究内容

根据本书的主要研究问题，研究主要涉及以下五方面的内容。

---

① 徐龙炳、田中：《一份衡量演绎推理技能的量表》，《中学数学教学参考》1998 年第 9 期。

（一）数学演绎推理能力的内涵及特点

数学演绎推理能力的内涵特点是构建数学演绎推理能力测评框架的基础，本书将从数学哲学、数学文化、数学思想和数学教育四个视角进行分析，试图描述出数学演绎推理最本质、最重要的内容。

（二）数学演绎推理能力测评框架

数学演绎推理能力测评框架是开展数学演绎推理能力测评的前提。因此，构建评价框架是本书的首要任务。本书将采用文献分析、专家评定等方法，对国内外较具有影响力的测评项目和测评研究进行梳理，并结合教育测量学的要求，构建数学演绎推理能力测评框架。

（三）数学演绎推理能力测评工具开发

测评工具是进行测量调查的核心，只有具有良好信度和效度的工具才能真正地刻画出学生的演绎推理能力。本书将采用国际上较为流行的Rasch模型工具，对开发出的测试试题进行分析。并根据测试数据对测试工具进行调整和修改，以期达到最佳效果。

（四）数学演绎推理能力表现标准设定

本书将通过对国内外文献的梳理，结合《标准2011》的要求，参考北京师范大学中国基础教育质量监测协同创新中心以及PISA、TIMSS、NAEP等测评项目对推理能力的要求。理论上确定学生数学演绎推理能力的水平表现，然后再通过专家评定法进行进一步修正。专家主要选取为数学教育专家、数学教研员、一线数学教师。在确定数学演绎推理能力表现水平后，再邀请12名专家进行标准设定。目前国际上主流的学业能力水平标准设定方法为Angoff和Bookmark，本书采用Bookmark方法，将通过电话、邮件、网络即时通信等方式进行专家沟通，最终确定数学演绎推理能力分界分数。

（五）八年级学生数学演绎推理能力表现分析

描述学生的数学演绎推理能力表现是本书的一项重要工作。本书将根据学生在测试框架各个维度上的作答表现进行结果分析，分析主要使用CONQUEST和SPSS 20.0软件进行。重点考查学生在性别、地域上的差异情况，同时也分析学生在测评框架各个子维度上的表现情况。在具体分析时将从学生的性别、城乡、水平等级方面进行群体比较分析，了解男生和女生的数学演绎推理能力表现情况。在城乡方面将对比分析城市、县镇和农村学校学生的综合表现，了解数学演绎推理能力的城乡差异情况。除了人口学变量外，在具体分析时也将从测试框架的四个维度进行逐一分析，了解学生在推理形式、认知水平、推理情境、推理内容方面的差异情况。为了弥补大规模量化研究中的不足，在通过大规模量化研究获得基本结果后将进行小样本的访谈研究。进一步了解学生对数学演绎推理内涵、特点的掌握情况，更全面地了解学生数学演绎推理能力表现情况。

二 研究问题

本书的主要目标为探讨八年级数学演绎推理能力测评框架，调查现阶段八年级学生数学演绎推理能力的表现情况。希望通过采用定量与定性相结合的方法，借助大规模测试的数据分析学生数学演绎推理能力现状，为开展进一步的研究提供依据。本书的主要问题有两个：

1. 八年级学生数学演绎推理能力测评框架是什么？
2. 八年级学生数学演绎推理能力整体表现如何？

第三节 研究意义

数学能力的培养是义务教育阶段数学教育的核心目标，国内外的研究也都进一步表明数学推理能力是数学能力的重要内容。我国《标准2011》进一步指出数学推理分为演绎推理和合情推理，其中演绎推理主要表现形式是证明和运算。可见，深入探讨数学演绎推理无论是在理论研究还是实践教学方面都具有重要价值。

一 对数学演绎推理理论的贡献

国内外对于演绎推理的理论研究文献较多，但研究的视角多见于逻辑学和心理学。逻辑学的研究往往更加侧重推理问题的形式逻辑角度，并不关心推理内容本身，而心理学的研究更加关注被试在推理过程中的心理内部结构。整体看，从数学教育视角关注数学演绎推理本身，以及学生在演绎推理过程中能力表现的研究还有不足。理论是人们由实践概括出来的关于自然界和社会的知识的有系统的结论,① 是一种经验的总结。在恩格斯看来一个民族要想站在科学的最高峰是不能没有理论基石的。本书将立足数学教育视角,结合数学学科的独特特点。从数学哲学、数学文化、数学思想、数学教育方面探讨数学演绎推理的内涵和特点,深入挖掘数学演绎推理对于数学学科发展、学生数学能力培养,乃至民族文化特点的重大影响,进一步丰富数学演绎推理研究的理论基础。

二 对数学演绎推理能力测评的贡献

《标准2011》指出,评价的主要目的是全面了解学生数学学习过程和结果,激励学生学习和改进教师教学。评价应以课程目标和课程内容为依据,体现数学课程的基本理念。在实施书面测验中又进一步指出要关注并且体现标准的核心词,可见进行数学演绎推理能力的测量评价是数学教育的重要工作。与此同时,随着 PISA、TIMSS、NAEP 等国际上有影响力的数学测评项目逐渐受到国内的重视,这不仅使开展相关的数学能力测量与评价成为数学教育重要的发展方向,也为评价的开展带来了新的理念和教育测量技术。事实上,针对数学演绎推理能力的测评国内早在20世纪末期就已开展,直到现今有多位学者进行相关的评价研究。但多数研究都是基于传统的 CTT 测量理论,测试结果直接受到试题难度的影响。另外在测试工具开发、样本人数等方面还有不足。本书将依据国际上最前沿的教育测量要求,依据 IRT 理论开展大规模测量工作。首先,构建了数学演绎推理能力测评框架,测评框架是开展量化评价的基础工作。在以往的研究中学者们较少提出或者重视测评框架,所给出的测评框架也多基于形式逻辑和简单的难易程度进行划分。本书中参考了众多测量项目的框架,结合演绎推理的特点,通过多轮的专家评定最终确定了一个多维度的测评框架。其次,在研究中开发了数学演绎推理能力表现测试工具。本测试工具基于数学演绎推理能力测评项目的开发,具有数学学科特点。在讨论中给出了工具开发的一般流程以及基于项目反应理论的测试工

---

① 中国社会科学院:《现代汉语词典》,商务印书馆1986年版,第694页。

具筛选要素，这将为开展类似工具开发工作提供基础。最后，针对数学演绎推理能力的表现进行了标准设定。标准设定的研究在国内还处在起步阶段，并未受到国内学者的重视。另外标准设定的过程烦琐、测量技术要求较高、精力投入较大，致使很多测量研究工作未进行标准设定工作。本书中将采用国际上最前沿的 Bookmark 方法进行标准设定，通过对标准设定方法的介绍将为学者们开展类似工作提供参考。以上内容都将进一步丰富有关数学演绎推理能力表现的测评研究，为更加客观、真实、全面地测量学生数学演绎推理能力提供基础，也为开展类似数学测评工作提供研究方法上的参考。

三 对数学演绎推理教学实践的贡献

数学演绎推理教学是提高学生数学演绎推理能力的必要手段，了解现阶段学生的数学演绎推理现状将有利于开展教学实践活动。本书通过大规模测评活动考查了我国现阶段八年级学生的数学演绎推理能力表现。本书详细分析了男女生的性别差异，学校地域的城乡差异以及学生在不同测试维度的表现情况，这将为宏观掌握学生的能力表现情况提供重要依据。另外在研究中针对数学演绎推理能力给出了 4 等级的表现标准划分，4 个等级属于不断进阶的递进关系，这将为一线教师了解学生能力水平状况，制定相应教学策略提供帮助。

第四节 核心概念界定

一 数学演绎推理能力

"能力"一词往往属于心理学的研究范畴，在不同的研究对象、领域、背景下，能力往往有着不同的内涵和外延。《辞海》从心理学的视角给出了"能力"的定义，认为能力是为成功地完成某种活动所必需的个性心理特征。具体来说，可以分为一般能力和特殊能力。[1] 这与《心理学大辞典》中的解释基本一致，认为"能力"是"使人能成功地完成某种活动所需的个性心理特征或人格特质。它不是与生俱来的，而是在人的

---

[1] 夏征农、陈至立：《辞海》（第六版彩图本），上海辞书出版社 2009 年版，第 1652 页。

遗传素质的基础上，在实践活动中逐渐形成和发展起来的"。① 通常情况，心理学者一般也将能力定义为："人们完成某种活动所必须具备的个性心理特征。"② 具体来说也包含很多含义，如：所有表现和技能；只有那些先天的、获得特定领域的基本知识系统（特别是语言）所必需的前提条件；通过学习获得的知识和技能；个人效率的需要；自我的主观评价；一整套成功行动的认知的、动机的和社会的先决条件（行动能力）；等等。所以有学者指出能力的定义过于繁杂，想寻找一个公认的将会非常困难。③

在国外的研究中，Skill，Ability，Capacity，Competence，Competency 等单词都能表达"能力"的意思。不过在深入探究这些词汇的过程中也会发现存在一定的差异，这种差异也往往受到具体研究情况的影响。目前学术界比较认同的是 Competence 侧重于技能，是指个体在既定工作情景下完成工作任务所需要具备的能力，外显的行为是个体胜任的结果表现。Competency 则更强调个体的潜在特征，主要指个体胜任工作所需的知识、技能、动机等特征，也有学者认为这两个词可以通用。

在推理能力方面，心理学认为它属于一种高级认知能力，被认为是一般流体智力（Fluid Intelligence）的核心成分。④ Kyllonen 和 Christal 在研究中认为推理能力是智力的核心，并且等同于一般的流体智力。⑤ 有些学者认为推理能力是个体具有使用逻辑和先前所学经验运用到新情境的能力，普通推理能力是解决问题与学习迁移的象征，影响个体的

---

① 林崇德、杨治良、黄希庭：《心理学大辞典》，上海教育出版社 2003 年版，第 868 页。
② 叶奕乾、祝蓓里：《心理学》，华东师范大学出版社 1996 年版，第 275 页。
③ Weinert, F. E. Definition and Selection of Competencies: Concepts of Competence. http://citeseerx.ist.psu.edu/viewdoc/download? doi = 10.1.1.111.1152&rep = rep1&type = pdf. 1999 − 3 − 11/2017 − 3 − 2.
④ Carroll J B. Factor analysis since spearman. Where do we stand? What do we know? . In: Kanter R, Ackemran P L, Cudeekeds R. *Learning and individual differences: Abilities, motivation and methodology*. Hillsdale, NJ: Erlbaum, 1989, pp. 43 − 67.
⑤ Kyllonen, P C, Christal, R. Reasoning ability is (little more than) working memory capacity. *Intelligence*, Vol. 14, No. 4, 1990, pp. 389 − 433.

学习认知表现与学习效果。① 可见，推理能力能够帮助个体从复杂的问题中整理出有条理的规则，使个体能够具有逻辑性地将先前所学的经验运用到新情境之中，也是一种合乎逻辑的思考过程。借此思考过程可以帮助我们了解事情的因果关系，找出各项事件间的相关性，是日常生活中解决问题常用到的思考方式，也是获取新知识的一种重要学习方法。

目前就数学能力的界定主要有两类，一是延续了前苏联克鲁捷茨基的观点，从心理学的视角进行研究，将数学能力看成一种顺利完成数学活动的个性心理特征。二是西方数学教育界近年来从数学活动的视角界定了数学能力。其中以尼斯（Niss）最为重要，他认为能够掌握数学就代表拥有了数学能力（mathematical competence）。即能在不同的数学背景与情境下理解、判断和使用数学，其中能被清晰识别的主要数学能力结构成分就是数学能力成分（mathematical competency）。受到 PISA 测试的影响，Niss 的这种观点受到很多人的认可。本书所指数学演绎推理能力是数学能力的一种，更准确说是数学推理能力的一种。虽然国内外对于数学推理能力的研究也有不同观点，国内主要认为数学推理分为演绎和合情，其中合情推理主要分为归纳和类比。国外有学者认为数学推理可以分为溯因推理、演绎推理、归纳推理。也有学者认为最主要的就是演绎推理和归纳推理。虽然学者们对于数学推理的类别划分并不统一，但演绎推理是数学推理的重要组成部分，特别是中学阶段的重要教学内容是受到了普遍认可的。

因此，本书认为数学演绎推理能力（competence）为数学推理能力的一种，是个体在进行数学活动过程中的一种能力表现。结合《标准2011》中对演绎推理的描述，将其界定为在不同情境下，依据演绎推理形式规则对数学对象（概念、关系、性质、规则、命题等）进行证明、计算等数学活动过程中的心理特征。

---

① 林寶貴、吳純純、林美秀：《台灣區兒童普通推理能力及其相關因素之研究》，《特殊教育研究學刊》1995 年第 11 期。

二 测评研究

测评（assessment）是测量与评价的含义，是教育统计学的学术术语。测评的发展是随着教育评价的发展而兴起，这可以追溯到20世纪30年代。当时教育评价受到学校的重视，测评活动也随之而开展起来。加德纳曾表示，过去和现在我都相信评估对于教育是最有力的手段。我国从20世纪80年代开始重视了教育评价的研究，并且开始从多元角度进行教育评价，在评价方法上也逐渐走向量化与质性相结合的范式。进行教育评价的主要方法有标准化成绩测验、行为观察、学习日记、成长记录袋、自我评价，等等，本书采用的主要是标准化成绩测验方法，即测验法。测验法是通过编制一定的试题或设置某种情境，向测验对象获取评价信息的方法。① 本书所获取的信息主要为量化信息，是对学生数学演绎推理能力的测定。通常情况，教育测量更强调数量上的描述，而评价更侧重质量的描述。②但这并不意味测量与评价是分开的，实质上评价是测量的目的，测量是评价的基础。所以测评应该是一个基于证据的推断过程。而证据就是通过观察学生行为并产生相关数据或信息，而这些数据或信息有助于学生对所知和所能形成合理推断。测评在测量和评价内涵上，互有重叠。在实际运用中，往往与测量（measurement）、测验（testing）、评价（evaluation）互为混用。③ 本书中所指的测评研究，实质是对研究内容的测量与评价。因此，将测评研究界定为通过定量数据结果统计分析和定性评价描述相结合方法，对学生进行数学演绎推理能力表现的研究。

---

① 肖远军：《教育评价原理及应用》，浙江大学出版社2005年版。
② 朱德全：《教育测量学》，中国人民大学出版社2016年版。
③ 王鼎：《国际大规模数学测评研究》，博士学位论文，上海师范大学，2016年。

第五节 研究思路及方法

一 研究思路

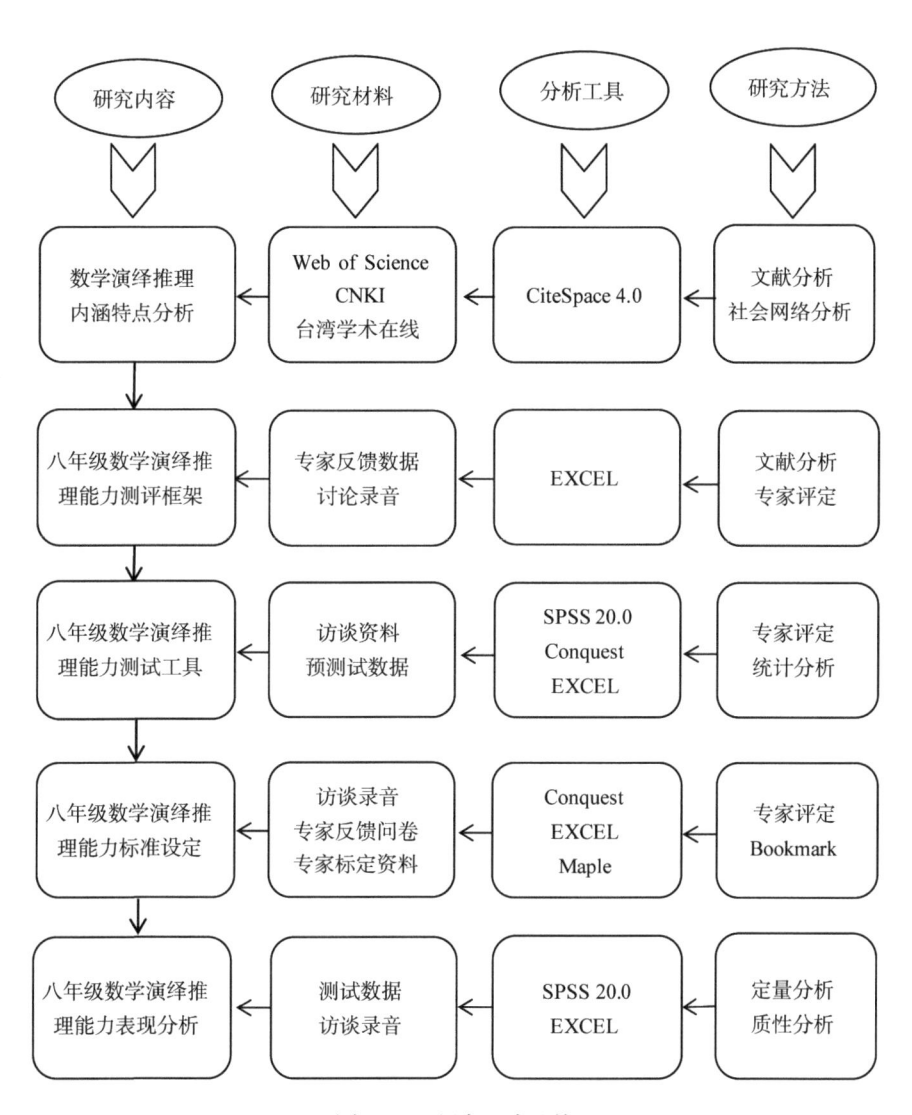

研究内容	研究材料	分析工具	研究方法
数学演绎推理内涵特点分析	← Web of Science CNKI 台湾学术在线	← CiteSpace 4.0	← 文献分析 社会网络分析
↓			
八年级数学演绎推理能力测评框架	← 专家反馈数据 讨论录音	← EXCEL	← 文献分析 专家评定
↓			
八年级数学演绎推理能力测试工具	← 访谈资料 预测试数据	← SPSS 20.0 Conquest EXCEL	← 专家评定 统计分析
↓			
八年级数学演绎推理能力标准设定	← 访谈录音 专家反馈问卷 专家标定资料	← Conquest EXCEL Maple	← 专家评定 Bookmark
↓			
八年级数学演绎推理能力表现分析	← 测试数据 访谈录音	← SPSS 20.0 EXCEL	← 定量分析 质性分析

图 1-1 研究思路结构

二 研究方法

（一）文献分析

文献研究是进行学术研究最基本的研究方法，主要是指研究者根据研究目的、研究主题，通过多种渠道搜集整理文献信息。现阶段主要是通过多个网络数据库、图书馆、档案馆等查阅资料，梳理前人研究成果。本书采用的文献研究主要应用于分析数学演绎推理能力的内涵和数学演绎推理能力测评框架构建。一方面，通过搜集、鉴别、整理国内外有关数学演绎推理内涵特点的相关资料，特别着重从数学哲学、数学文化、数学思想和数学教育方面进行分析。另一方面，梳理国内外有关数学演绎推理能力的测评资料，重点是国际上较有影响力的测试项目以及国内开展的相关研究，为构建数学演绎推理能力测评框架奠定基础。

（二）专家评定

本书中先通过专家对数学演绎推理能力测评框架要素进行评定，评定过程中先后邀请了 11 位数学教育和教育测评专家、5 位数学教育和教育测量方向的博士研究生进行讨论分析，通过与专家的讨论协商确定最终测评框架。再用专家评定法对开发的数学演绎推理能力测试试题进行维度标定，划定每一题所属维度类型。在本轮专家评定中共邀请了 12 位数学教育领域的专家参与评定，专家构成有一线数学教师、教研员、数学教育专家和数学教育研究生。另外，采用专家评定法对所设定的数学演绎推理能力水平等级进行评定，同时确定数学演绎推理能力水平等级描述。在本轮评定中共邀请了 3 位数学教育专家参与，拥有丰富的数学教育测量经验，熟悉初中阶段数学教学实际情况，能够较为准确地把握好等级的划分和等级的语言描述。

（三）访谈

本书将通过面谈、QQ 视频和其他方式等辅以访谈的形式，以求了解专家和教师对数学演绎推理能力的认识，为确定数学演绎推理能力水平描述提供依据。同时，开展相关质性访谈研究，了解八年级学生的数学演绎推理内涵特点理解情况，在演绎推理能力测评框架下各个维度的表现情况。具体研究中将选择 16 名刚刚升入九年级的学生参加访谈活动，访谈采用半结构式访谈提纲、无记名形式。在访谈前清晰解释访谈目的，降低学生压力，力求获得更多信息。

（四）统计分析

统计分析主要是通过数学方法进行分析统计，具体而言是对研究者所搜集的数据进行统计和分析，产生多种图表、数据结论。本书借助 Conquest 软件用单维 Rasch 模型方法对开发的测试工具进行难度分析，得到测试试题的怀特图，并对测试工具进行调整修正。另外，在研究中也将依据 IRT 理论，应用多维 Rasch 模型，使用 Conquest 软件获得全体参测样本的数学演绎推理能力值，避免以往测试中学生的真实能力受到测试工具难易程度影响的问题。在获得能力数值后将利用 SPSS 20.0 软件对所得到的数据进行差异检验、相关性分析等，主要通过 t 检验、方差分析、卡方检验等方法对数据进行分析解读。

（五）Bookmark

标准设定是大规模学业成就测试中的重要环节，目前在国际上标准设定的方法主要有 Angoff 和 Bookmark，其中 Bookmark 也可以看成是 Angoff 法的升级版。Bookmark 法的最大特点是依据 IRT 理论，通过统计方法将测试工具按照难度系数排序，参与标定的专家根据排序后的题册进行标定。这就使标定更加高效，达成的一致性更好。在研究中将邀请 12 位一线优秀数学教师参与标准设定工作，前后经历三轮分界分数设定，最终获得 4 个水平等级的分界分数。

第二章

已有的相关研究

第一节 有关数学演绎推理的文献分析

一 数学演绎推理的文献概述

国内外关于数学演绎推理乃至数学推理的相关研究文献非常多，不仅仅数学教育研究者关注，一线数学教育人员关注，在心理学领域、逻辑学领域也有部分研究者在进行相关研究。通过对国内外有关数学演绎推理的文献进行梳理分析，发现国内外的研究具有各自的特点。国外文献主要是以数学推理、论证和证明为载体讨论演绎推理，学者们普遍认为演绎推理是数学推理的重要内容，学生在进行数学推理过程中需要学习并且掌握演绎推理。但是在研究时学者们往往是考查学生的数学推理发展情况，例如所进行的数学推理是否有效，是否使用了演绎推理等等。可以说是将数学推理看成了连续的链条，而演绎推理是链条的一部分。在很多研究演绎推理的文献中往往伴随着证明（proof）、论证（argument）等词汇的出现，这些研究更多地基于教学的角度进行，探索学生的证明方案，学生在数学推理过程中的过程特点等等，较少有研究单独把演绎推理抽取出来进行研究。

整体来看，国外有关数学推理的研究多是进行横向的分层研究，从数学推理整体角度观察学生的表现。这与国内的研究有所不同，国内研究者多认为数学推理分为演绎推理和合情推理。所以开展演绎推理的研究往往是从数学推理中抽取出来进行研究，是一种纵向的分类讨论研究。具体来讲，国内的研究文献主要有以下特点。

1. 教学指导型：这一类文献的特点是文章主题体现了演绎推理，

重点强调了义务教育阶段数学演绎推理的重要性，但是对演绎推理的内涵、特点并未进行深入解释和讨论。在具体讨论中往往以实践教学中的课堂实录或者教学片断作为分析材料，探讨如何在教学中改进数学演绎推理的培养，提高学生推理能力。例如：庞丽丽①；朱金祥②；杭磊③。

2. 解题研究型：此类文献的特点是关注了具体的数学教学，作者多为一线教师。通过某些具体典型试题的讲解分析，来讨论演绎推理的培养。但是这类文献往往比较强调试题的分析和教学，对演绎推理探讨不深，甚至没有进行任何讨论。例如：汤小梅④；宋发胜⑤；陈喜超⑥；牛海亮⑦。

3. 实证调查型：此类文献主要从教育测量的视角，调查了学生数学演绎推理能力情况。如果从测量学角度来评价测验工具等方面还不十分严格，结果的客观性有待讨论。作者多是数学教育研究专家、研究生等。例如：李生花⑧；雷小梅⑨等。

4. 内涵分析型：此类文献主要探讨了数学演绎推理的内涵，相关研究比较少见，作者多是高校数学教育研究专家。目前仅有几位学者的文章有提及数学演绎推理的内涵，例如：汤光霖⑩、史宁中⑪。

---

① 庞丽丽：《从合情推理到演绎推理的奇偶性教学片断与思考》，《小学教学参考》2015年第35期。
② 朱金祥：《感受证明的力量让演绎推理生根——以证明第1课时为例》，《中学数学月刊》2016年第7期。
③ 杭磊：《利用数列学习透析合情推理与演绎推理》，《中学数学》2013年第19期。
④ 汤小梅：《5 演绎推理》，《数学教学通讯》2015年第Z1期。
⑤ 宋发胜：《步步有理，演绎精彩》，《湖北教育》2013年第7期。
⑥ 陈喜超：《聚焦演绎推理》，《中学生数理化》2012年第3期。
⑦ 牛海亮：《直击演绎推理热点题型》，《中学生数理化》2012年第Z1期。
⑧ 李生花：《高中生数学合情推理与演绎推理能力发展的研究》，硕士学位论文，东北师范大学，2009年。
⑨ 雷小梅：《豫、黔两省高一学生数学推理能力的比较分析——以省示范性高中为例》，硕士学位论文，贵州师范大学，2016年。
⑩ 汤光霖：《论数学证明中的演绎推理与非演绎推理——兼答质疑》，《中国科技论文在线》2007年第1期。
⑪ 史宁中：《试论数学推理过程的逻辑性——兼论什么是有逻辑的推理》，《数学教育学报》2016年第4期。

5. 关系分析型：此类文献主要是讨论演绎推理与合情推理、归纳推理的关系问题。这类文献一般都是基于课程标准对推理的界定，结合具体的实践教学，或者从数学历史发展的角度，探讨演绎推理和合情推理对数学发展以及学生学习的重要性。学者的观点也比较类似，一般认为数学推理分为合情推理和演绎推理，合情推理是对事物进行观察、实验、猜想等，演绎推理是对合情推理的结论进行证明。二者不可单独强调，要协同培养。例如：王多英[①]；连雪宁[②]；王志亮[③]。

综合看国内外有关数学演绎推理测量研究的相关文献相比不多，特别是大规模测量的研究更为少见。很多研究多是关注课堂表现、证明方案选择的研究。

二 数学演绎推理的内涵及特点研究

《儿童行为与发展大辞典》中认为演绎推理是从一般前提推出特殊结果的过程。[④] 如果前提是正确的，那么结论一定正确。演绎推理开始于大前提和小前提，最后得到结论。这个界定既符合逻辑学的观点，也体现出了演绎推理本身的主要特点。同样，数学教育者们也持这样的观点。或者说，数学教育者们对于推理本身并没有深入进行讨论，往往是不加定义的使用，大家普遍认为存在一个隐含着的通用的定义。[⑤]《数学教育大辞典》（*Encyclopedia of Mathematics Education*）中，Harel 教授讨论了数学教育视角下的演绎推理，认为演绎推理是从一般到特殊并且保持逻辑一致性。演绎推理是一种思维模式，通常的特征是如果他或者她接受了之前的一系列命题为正确的，那么也要接受接下来的命题是正确的。[⑥] 这

---

① 王多英：《演绎推理与合情推理对数学发展的作用》，《数学教学研究》2016 年第 3 期。
② 连雪宁、赵淑波、王玉文：《浅谈演绎推理与合情推理》，《数理化学习》2016 年第 5 期。
③ 王志亮：《初中数学课程数学推理的目标与实施》，《教育革新》2000 年第 1 期。
④ Sam Goldstein, Jack A. Naglieri. *Encyclopedia of Child Behavior and Development*. Springer, 2011, pp. 477 – 478.
⑤ Yackel, E., & Hanna, G. *Reasoning and proof*. In J. Kilpatrick, G. Martin, & D. Schifter (Eds.), A research companion to principles and standards for school mathematics. Reston: National Council of Teachers of Mathematics. 2003. pp. 227 – 236.
⑥ Stephen Lerman. *Encyclopedia of Mathematics Education*. Springer, 2014, pp. 143 – 145.

种思维模式是希腊人在两千年前构建出来的，但是对于今天的数学界仍然占据统治地位。在数学教育者的视角下，对演绎推理的研究带有教育的倾向。一方面，学者们认为关注数学推理是做数学必不可少的。因此，学生学习数学推理是至关重要的。在一些国家和与数学推理有关的国际研究中表明数学推理与学生数学学习密切相关。[1] 当然，学者们对于推理的认识也是存在不同的，Toulmin指出推理并不是创造一个新的想法，而是在特殊的情境、目的和事情上选择最好的决定。[2] Russell认为推理是一个工具，为学生提供理解抽象的语句模式，并使数学成为一门学科。[3] 数学推理也被定义为通过使用批判性、创造性和逻辑学的思维来做出一个决定的过程。根据皮尔斯的观点，在逻辑推理中有演绎推理、归纳推理和溯因推理。然而也有学者指出从逻辑学的角度看，数学推理或许被认为是演绎推论。[4] 有两个方面的特点，确定性和单调性。确定是指从前提到结论的确定性。单调性指一旦结果通过演绎的方式得到，那么就不需要怀疑，进而在整个公理和定理的系统中增加一个定理，而归纳和溯因推理无法做到完全的确定性和单调性。这一观点与我国学者宁连华教授相同，他认为数学推理的本质就是演绎推理，虽然也有演绎推理以外的归纳等推理，主要是演绎推理的扩充。特别是从数学教育的角度看，在教育中要重点培养学生的演绎推理能力。但是他也指出在现阶段的数学教育中可以适当降低几何证明的难度，不过让学生体会演绎推理的形式化和严谨性是必要的。[5]

---

[1] English, L. D. Reasoning by analogy in solving comparison problems. *Mathematical Cognition*, Vol. 4, No. 2, 1998, pp. 125–146.

[2] M Inglis, JP Mejia-Ramos, A Simpson. Modelling mathematical argumentation: the importance of qualification. *Educational Studies in Mathematics*, Vol. 66, No. 1, 2007, pp. 3–21.

[3] Russell, S. J. *Mathematical reasoning in the middle grades.* In L. V. Stiff and F. R. Curcio (Eds.), Developing mathematical reasoning in grades K–12. Reston, VA: National Council of Teachers of Mathematics. 1999. pp. 1–12.

[4] Atocha Aliseda. Mathematical Reasoning vs Abductive Reasoning: A Structural Approach. *Synthese*, Vol. 134, No. 1–2, 2003, pp. 25–44.

[5] 宁连华：《数学推理的本质和功能及其能力培养》，《数学教育学报》2003年第3期。

另一方面，学者们认为数学是培养学生演绎推理能力的学科，[1] 能够帮助学生培养演绎推理成为人类文化的一部分[2]。因此，演绎论证在很多国家都被强调，学生们被要求写出从前提到结论的过程和依据。[3] 并且要使用数学共同体普遍认可的演绎推理形式进行表达，以展示研究的一般化（Hanna，1990）。[4] 而这种数学上的表现以几何最为突出。2000多年前，柏拉图认为几何是最好的形式训练演绎推理，并且是学习数学不可或缺的部分。在几何领域欧几里得式的公理化证明被认为是演绎推理的典型代表，所以很多时候演绎推理的定义与数学证明的定义密切相关，甚至一些人认为数学证明就是演绎推理，例如波利亚就指出数学证明就是演绎推理。[5] 所以，很多学者在对数学演绎推理进行分析时都重点讨论了数学证明。事实上，证明这个概念在数学教育中基于不同的视角也有不同的定义，一些研究者认为证明是连接前提和结论的逻辑演绎（Healy & Hoyles，2001[6]；Knuth，2002[7]）。Griffiths认为证明是一个正式的和推理的逻辑路线，开始于一系列公理，通过逻辑步骤进行推进到结果。也许是这样的原因，导致很多学者都是通过研究数学证明进而研究数学演

---

[1] Clements, D. H. & Battista, M. T. Geometry and spatial reasoning. In D. A. Grouws (Ed.), *Handbook of research on mathematics teaching and learning*. New York: Macmillan. 1992. pp. 420–464.

[2] Herbst, P. Engaging students in proving: A double bind on the teacher. *Journal for Research in Mathematics Education*, Vol. 33, No. 3, 2002, pp. 176–203.

[3] Herbst, P. Establishing a custom of proving in American school geometry: Evolution of the two-column proof in the early 20th century. *Educational Studies in Mathematics*, Vol. 49, No. 3, 2002, pp. 283–312.

[4] Hanna, G. Some pedagogical aspects of proof. *Interchange*, Vol. 21, No. 1, 1990, pp. 6–13.

[5] Gabriel J. Stylianides & Andreas J. Stylianides. Proof in School Mathematics: Insights from Psychological Research into Students' Ability for Deductive Reasoning. *Mathematical Thinking and Learning*, Vol. 10, No. 2, 2008, pp. 103–133

[6] Healy, L., & Hoyles, C. A Study of Proof Conceptions in Algebra. *Journal for Research in Mathematics Education*, Vol. 31, No. 4, 2000, pp. 396–428.

[7] Knuth, E. J., Choppin, J., Slaughter, M., & Sutherland, J. Mapping the conceptual terrain of middle school students' competencies in justifying and proving. In D. S. Mewborn, P. Sztajn, D. Y. White, H. G. Weigel, R. L. Bryant, & K. Nooney (Eds.), *Proceedings of the 24th Annual Meeting of the North American Chapter of the International Group for the Psychology of Mathematics Education* (Vol. 4.). Athens, GA: Clearinghouse for Science, Mathematics, and Environmental Education. 2002, pp. 1670–1693.

绎推理。在一些相关的研究中，学者们①②③也指出证明是一个包含形式和非形式论证的过程。Duval④认为几何证明是一个有效的推理过程，包括两个方面：一是演绎步骤阶段，二是证明步骤的组织阶段。数学演绎是不同于经典的三段论的，更多的是基于心理模型。一个有效的演绎推理有三个方面，前提、结论，以及一个连接作用的定理。大多数的证明都是超过一个步骤的演绎推理过程，并具有三个特征：（1）演绎过程被重复进行，一个结论又是下一个的前提。或者是一个假设。有时，两个演绎过程同时进行。（2）从一个步骤到另外一个步骤，结论必须被保持有效，持续的。不能发生变化。（3）从第一个结论到目标结论，演绎推理的前进是通过不断的替代中间结论。因此，在这个层次上，有效推理的作用完全像计算。有学者认为从谓词逻辑的观点看在具体证明过程中至少有两类演绎推理被应用，全称实例化（Universal Instantiation）和假言三段论（Hypothetical syllogism）。⑤ 在构建演绎证明桥梁的过程中，演绎推理的两种类型交织在一起，表明结论是前提的逻辑结果。

我国学者汤光霖教授从数学学科和数理逻辑角度综合考虑认为，演绎推理是如果由前提为真推出结论必真的特定推理必定对应一个推理规则，于是此特定推理称为演绎推理。并且还指出存在非演绎推理中结论为真的推理。⑥

马复教授从数学教育的视角对数学推理的内涵进行了讨论，指出数

---

① Hanna, G. & Jahnke, N. Proof and application. *Educational Studies in Mathematices*, Vol. 24, No. 4, 1993, pp. 421-438.

② Hersh, R. Proving is convincing and explaining. *Educational Studies in Mathematics*, Vol. 24, No. 4, 1993, pp. 389-399.

③ Hoyles, C. The curricular shaping of students' approaches to proof. *For the Learning of Mathematics*, Vol. 17, No. 1, 1997, pp. 7-16.

④ Raymond Duval. Proof understanding in mathematics: what ways for students? . http://xueshu.baidu.com/s?wd=paperuri:（b40d278e55eff19635269cbac5203aa0）&filter=sc_long_sign&sc_ks_para=q%3DProof+understanding+in+MATHEMATICS%3A+What+ways+for+STUDENTS&tn=SE_baiduxueshu_c1gjeupa&ie=utf-8&sc_us=10246426428905485267, 2017-3-4.

⑤ Mikio Miyazaki, Taro Fujita, Keith Jones. Students' understanding of the structure of deductive proof". *Educational Studies in Mathematics*, Vol. 94, No. 9, 2017, pp. 223-229.

⑥ 汤光霖：《演绎推理的准确表述与另一类非演绎推理——兼论数学证明中的推理》，《中国矿业大学学报》（社会科学版）2013年第3期。

学推理可以分为演绎推理和合情推理。而演绎推理的内涵既有公理体系类的证明，也有运算类的代数计算。也指出演绎推理的重要作用是构建数学理论、学说的最终方法。在演绎推理的特征方面，从推理过程和推理结果的角度进行了分析，在推理过程中主要采用三段论、同一法、反证法、完全归纳法等，而推理得出的结论一定是正确的、确定的，也是蕴含在前提当中的。同时这也就表明了演绎推理没有产生新的知识。从数学教育的视角看要让学生理解演绎推理对象的确定性，明确前提与结论之间的逻辑关系，懂得正确判断需要有充分的依据，证明需要起点，领悟有效推理的方法。[1]

史宁中教授从数学演绎推理内在逻辑关系的本质角度入手，深入分析了数学演绎推理的关系类型。史宁中教授认为数学推理不同于其他类型推理的最本质区别在于逻辑性，而逻辑性的本质是"传递性"。在数学演绎推理方面，传递性可以分为两种类型，分为性质传递和关系传递。第一类性质传递：令 A 是一个集合，P 是一个性质。$A \rightarrow P$，如果 $x \in A$，则 $x \rightarrow P$。关系传递：令 A 是一个集合，$\approx$ 是集合上的二元关系，称这个关系对于集合具有传递性，对于集合中的元素 a，b 和 c，如果 $a \approx b$，$b \approx c$，则 $a \approx c$，令 $\odot$ 是集合 A 上的一种运算。称这个关系对于运算具有传递性，如果 $a \approx b$，则 $a \odot c \approx b \odot c$。并且，进一步指出在实数集合内，等号和不等号都具有关系传递性，四则运算和极限运算也都具有关系传递性。因此通常进行的数学运算属于演绎推理的范畴，得到的结论是必然正确的。[2]

从现有文献可以看出学者们对于数学演绎推理的界定主要有三种，这三种界定多来自形式逻辑和心理学的视角：（1）演绎推理是从一般到特殊的过程；（2）演绎推理是从一个或几个判断推出一个新判断的过程；（3）演绎推理就是前提与结论之间有必然联系的推理。整体看有关数学演绎推理的内涵和特点的深入讨论文献并不多，多数情况下学者在没有给予更多的界定下进行了讨论分析。主要原因也许是演绎推理的形式问题源自逻辑学，似乎不是数学教育的工作。但是，当逻辑学的概念移植

---

[1] 马复：《数学推理的内涵与价值》，《小学数学教育》2015 年第 3 期。
[2] 史宁中：《数学思想概论》，东北师范大学出版社 2009 年版，第 124 页。

到数学领域中时还是会产生变化。数学并不等同于逻辑，它已独自发展几千年，尤其是它的符号系统，使得它有自身的一套简单的推理形式或规则。① 尽管它能用三段论解释，但大可不必去追溯它的三段论本源。在数学中学习演绎推理，并不等于学习形式逻辑或数理逻辑。另外，从研究的范式角度看国内外还是存在一定的差异。国外的研究并没有十分侧重从形式逻辑学角度，而是更多地关注了心理学的研究范式，这也许是国外的数学教育研究与心理学研究并没有明显的界限所导致。

三 数学演绎推理能力的测评研究

有关演绎推理的测评是伴随着对演绎推理能力的研究进行的，心理学中进行了大量有关演绎推理能力的测评研究。研究认为②③学生的演绎推理能力是随着年龄的增长而增加的，特别是演绎推理能力的发展和多种推理形式的掌握贯穿整个学生时期。当然，也有一些研究④不同意这种观点，认为学生们在青春期以前并不能掌握复杂的演绎推理，并理解逻辑的必然性。但还有一些研究⑤⑥表明学龄前的儿童也可以理解逻辑必然性的推理。皮亚杰的研究表明7岁、8岁的学生能够被观察到掌握了演绎推理，但是这些推理的能力被特定约束了。它被（有限的）限制了经验性和演绎的仅仅依据学生自我的信念。但到了11岁、12岁，或者更大一点，学生们就可以进行假设演绎推理了。也就是说在11岁、12岁的学生开始变化，能够基于假设进行演绎推理。Markovits（1989）与皮亚杰的

---

① 曹才翰、章建跃：《数学教育心理学》，北京师范大学出版社2006年版，第6页。

② W Overton, JP Byrnes, DP O'Brien. Developmental and individual differences in conditional reasoning: The role of contradiction training and cognitive style. *Developmental Psychology*, Vol. 21, No. 4, 1985, pp. 692–701.

③ SL Ward, WF Overton. Semantic Familiarity, Relevance, and the Development of Deductive Reasoning. *Developmental Psychology*, Vol. 26, No. 3, 1990, pp. 488–493.

④ H Markovits, M Schleifer, L Fortier. Development of elementary deductive reasoning in young children. *Developmental Psychology*, Vol. 25, No. 5, 1989, pp. 787–793.

⑤ J Hawkins, RD Pea, J Glick, S Scribner. "Merds that laugh don't like mushrooms": Evidence for deductive reasoning by preschoolers. *Developmental Psychology*, Vol. 20, No. 4, 1984, pp. 584–594.

⑥ CA Richards, JA Sanderson. The role of imagination in facilitating deductive reasoning in 2-, 3- and 4-year-olds. *Cognition*, Vol. 72, No. 2, 1999, pp. 131–139.

发现一致，另外他发现 11 岁的学生在区分前提与结论有联系和前提与结论没有联系的三段论推理时也是有困难的。根据 Markovits 的研究，如果这些学生能够进行演绎性的三段论推理，他们就能够识别出不可判定性的情况，能够区分是否有逻辑连接的前提。

Hawkins 等学者认为 4 岁、5 岁孩子可以进行有逻辑必然性的口头表达三段论推理。与皮亚杰的预测相反，能够正确回答大量的三段论推理，并且判断自己的作答反应是合适的。在类似的研究中，Richards 和 Sanderson 的研究也认为，年轻学生可以掌握不符合事实的三段论的演绎推理能力，而且这个时间在皮亚杰说的假设三段论之前。例如，所有的鱼生活在树上，Tot 是一条鱼，Tot 生活在树上吗？他们发现 2 岁、3 岁、4 岁的孩子能够解决演绎推理的问题，当他们被给出一些线索后，使用想象力创造一个替代现实情境的结果是可能的。同样在低龄儿童方面，Galotti, Komatsu 和 Voelz 研究了从幼儿园到二年级、四年级、六年级学生的推理能力。他们总结到小孩子能够描述演绎和归纳的推理，即使是二年级，他们表现出隐藏的认知关于这两种推理的区别，并且在演绎推理方面有更一致性的回答和较高的自信。①

在对演绎推理能力发展的测试中，有两个特殊的推理形式受到部分学者的关注。MP（肯定前件，*Modus ponens*）和 MT，（否定后件，*Modus tollens*），这是两种常见的三段论推理形式，肯定前件是在肯定三段论大前提后，判断结果。否定后件是否定了三段论中小前提后判断结果。Klaczynski & Narasimham 关于小学高年级、中学，高中（10 岁、14 岁、17 岁）的研究推断认为，刻画 MP 和 MT 推理的规则出现成熟是在 10 岁阶段。② 这个结论与 Osherson's 调查 10 岁、13 岁、16 岁、17 岁孩子的结论是一致的。事实上，Osherson's 发现这种能力即使在多步骤的演绎推理中也是有效的。Braine & Rumain's 在大量综述了心理学上有关 MP 演绎推理能力后，认为即使是 6 岁的孩子也可能具备该能力。尽管有关 MT 的表

---

① Galotti, Komatsu, & Voelz. Children's differential performance on deductive and inductive syllogisms. *Developmental Psychology*, Vol. 33, No. 1, 1997, pp. 70–78.

② Klaczynski, P. A., & Narasimham, G. Development of scientific reasoning biases: Cognitive versus ego-protective explanations. *Developmental Psychology*, Vol. 34, No. 1, 1998, pp. 175–187.

现是通常弱于 MP[①]，但是 Falmagne 研究认为只要接受训练，二年级学生就可以获得 MT。[②]

这些研究表明学生的演绎推理能力是遵循了一定的发展轨迹，像 MP 这样的推理要早于 MT 这样的推理被掌握。但即使是最新的研究也没有指明学生掌握不同演绎推理形式的确切年龄，所有演绎推理的形式都开始出现在小学时期。训练可以提高学生的演绎推理能力，教学可以帮助学生掌握更加复杂的推理形式而提前于学生在自然状态下的发展。现有的来自数学教育研究的证据表明，在一个提供支持的教室环境下，学生能够使用演绎推理构建论证和证明（包括 MT）[③][④]。综合考虑，这些心理学和数学教育的发现指出了一个重要的结论，那就是数学教学能够培养学生的演绎推理能力。

心理学家比较关注学生们掌握不同演绎推理形式的年龄问题，但他们在研究中似乎没有更多地关注到数学教学的作用，没有关注数学教学可以培养学生的演绎推理能力，尤其是在有关数学证明方面。这或许可以解释，至少解释一部分为什么心理学研究的发现没有能够收敛出什么时候学生可以达到掌握不同演绎推理形式的时间问题。

罗育敏针对中国台湾地区 31 名小学五年级学生进行了一项演绎推理能力研究。[⑤] 该研究通过 5 周的课堂干预实验，考查了学生的数学推理能力情况。研究将逻辑推理能力分为演绎能力和归纳能力。其中，演绎推理能力前后测成绩有显著性差异，学生试题正确率高于前测；联言命题推理、选言命题推理及一阶逻辑推理的得分差异性降低（标准差降低）；

[①] Ennis, R. H. An alternative to Piaget's conceptualization of logical competence. *Child Development*, Vol. 47, No. 4, 1976, pp. 903-919.

[②] Gabriel J. Stylianides, & Andreas J. Stylianides, . Proof in School Mathematics: Insights from Psychological Research into Students' Ability for Deductive Reasoning. *Mathematical Thinking and Learning*, Vol. 10, No. 2, 2008, pp. 103-133.

[③] Ball, D. L., & Bass, H. Making mathematics reasonable in school. In J. Kilpatrick, W. G. Martin, & D. Schifter (Eds.), *A research companion to principles and standards for schoolmathematics*. Reston, VA: National Council of Teachers of Mathematics. 2003. 27-44.

[④] Stylianides, A. J. Proof and proving in school mathematics. *Journal for Research in Mathematics Education*, Vol. 38, No. 3, 2007, pp. 289-321.

[⑤] 罗育敏：《我國學生在邏輯演繹推理問題之表現》，硕士学位论文，國立新竹教育大學，2009 年。

在假言命题推理上，后测标准差较前测稍低，显示学生在假言命题推理的得分之差异性稍有降低了；在德·摩根定理推理上，学生后测和前测的标准差相同，显示学生在德摩根定理推理的得分没有差异性。学生在经过演绎推理课程各单元的学习后，在学校的数学期末考试成绩上有明显的增加，数学成绩之间的差异性上有降低的现象。Nunes 提出证据，在小学阶段逻辑推理和数学能力是相关的。[1] Gomez-Chacon 也报告了在初中数学课程中数学表现与认知反应和推理能力（三段论、命题、概率推理）是高相关的。[2] 还有一些研究关注到数学能力和推理的关系，[3] Kroger 报告了有关数学和推理工作过程的不同脑部区域，一些证据显示演绎和数学过程使用了不同的神经基质，使用了不同的认知系统。[4]

除了在中学阶段的测评之外，还有学者调查了大学生推理能力和数学学业成就的影响。一项研究的被试为 68 名心理学系大学生，平均年龄 19.57 岁。共有 13 名男生和 55 名女生参加。总计有四个测试：计算流畅性、数学能力、认知反应测试、条件推理。流畅性测试为 3 分钟 160 题。数学能力测试为 45 道计算题，相当于初中结业考试标准（A-level）。认知反应测试有 7 道题。条件推理依据 Toplack 给出的 32 道条件推理测试题，采用日常用语进行表述。结果显示学生的数学计算能力与条件推理能力没有显著相关性。但是认知反应测试与条件推理有显著相关，认知反应测试与数学计算能力显著相关。[5]

---

[1] Nunes, T., Bryant, P., Evans, D., Bell, D., Gardner, S., Gardner, A., & Carraher, J. The contribution of logical reasoning to the learning of mathematics in primary school. *British Journal of Developmental Psychology*, Vol. 25, No. 1, 2007, pp. 147–166.

[2] IM Gómez-Chacón, JA García–Madruga, JÓ Vila, MR Elosúa, R Rodríguez. The dual process hypothesis in mathematics performance: Beliefs, cognitive reflection, working memory and reasoning. *Learning and Individual Differences*, Vol. 29, No. 1, 2014, pp. 67–73.

[3] Yi-YinKo, Eric J. Knuth. Validating proofs and counterexamples across content domains: Practice of importantce for mathematics majors. *The Journal of Mathematical Behavior*, Vol. 32, No. 1, 2013, pp. 20–35.

[4] Kroger, J., Nystrom, L. E., Cohen, J. D., & Johnson-Laird, P. N. . Distinct neural substrates for deductive and mathematical processing. *Brain Research*, Vol. 1243, No. 3, 2008, pp. 86–103.

[5] Caren Frosch, . & Victoria Simms, . Understanding the role of reasoning ability in mathematical achievement. https://www.researchgate.net/publication/281440799_Understanding_the_role_of_reasoning_ability_in_mathematical_achievement, 2015–9.2/2018–2–2.

教育内部的相关测评研究多是针对演绎推理的某一个方面,例如演绎证明。在数学教育中有关演绎推理的研究更多以数学证明或者论证的方式出现。早在 1976 年 Bell 就研究了 14 岁和 15 岁学生的说理与证明能力,在研究中学生被分成经验性和演绎性的,并且划分了不同的水平。①

表 2 – 1　　　　　　　　Bell 数学论证研究水平描述表

层级	描述②
Level 1	答案中没有推理,或只是把问题复述了一遍,推理是无效的;答题中显示对问题的理解是很有限的,写了些有效的推理,但不能证明问题。
Level 2	答题中显示有一些推理对证明是有用的,或使用了特例来说明问题,使用了经验性的证明。
Level 3	运用了一系列有效的推理,至少完成了证明的一半;或由于一开始的错误导致了后面结论的错误;或者推理只是对特例是有效的;或者推理中有错的地方不止一处错误。
Level 4	基本完成了有效的推理,但有一些错误发生,例如符号等。
Level 5	有效的推理,清楚地显示了对数学内容的完全理解,并完成了一系列有效的推理过程。允许有一些微小的错误,例如书写等。

1996 年 Yuan Zhanghai 对中美学生演绎证明之间的差异进行了比较研究。③ 该研究认为几何证明是演绎证明的一种,可以分为直接证明（direct proof）、间接证明（indirect proof）和双向证明（two-way proofs）,而这些证明都是通过演绎推理得到一个结论。该研究依托了范希尔几何思维水平作为分析框架,美国学生的数据采用了 Usiskin1982 年在 CDSSSG（Achievement in Secondary School Geometry）项目中 2699 名学生的数据。中国学生来自在福州刚刚入学的 95 名八年级学生。从对比分析的结果来

---

① BELL A. W. A Study of pupils proof-explanations in mathematical situations. *Educational Studies in Mathematics*, Vol. 7, No. 1 – 2, 1976, pp. 23 – 44.

② 周丹:《对高中数学核心能力及其水平划分的探索》,硕士学位论文,华东师范大学, 2013 年。

③ Yuan Zhanghai. a Comparative Study of Deductive Proofs in Geometry Education Between The u. s. and the People's Republic of China, Master. dissertation, Memorial University of Newfoundland, 1996, p. 54.

看，中国学生中有48.4%的学生已经准备好了进行演绎证明，这一比例高于美国学生。在很多方面都具有优势，这可能是由于中国的课堂教学中教师非常关注演绎证明。不过在调查中发现中国的教师和学生普遍认为几何就是演绎证明，这种认识比美国相对狭窄。

KoSze Lee对新加坡九年级学生进行了证明与反驳的研究，总计有60名14岁和15岁的学生参加测试。每名学生有4个证明任务，总计8道试题。作答利用课后时间进行，两次测试间隔一周进行。题目涉及数论和二次函数内容。从学生的作答来看，在证明和反例类题中可以分成4个水平，水平1为不理解试题；水平2为采用了错误的推理；水平3为不完整的证明；水平4为清晰的并且完整的证明。整体结果显示学生在反例类试题表现好于证明类试题。[1]

英国在1995开始了一个关于学校数学课堂中解释与证明（justifying and proving）情况的调查项目，目的在于检查新课程对学生的影响。调查在英格兰和威尔士进行，调查对象为14岁和15岁的学生，属于KS3阶段。总计有来自90所学校的94个班级的2459名高水平学生参加。调查结果采用描述性统计方法。调查设计了四种类型的测试题目，分别为熟悉的代数表述；熟悉的几何表述；陌生的代数表述；陌生的几何表述四类试题。测试主要关注了证明的构建和论证的评价。根据学生的作答共计分成4个水平。

表2-2　　英国justifying and proving项目水平描述

水平等级	描述
水平0	没能构建一个正确证明的基础。
水平1	没有进行任何演绎的表述，但是提出了相关的信息。
水平2	部分证明，找出了所有需要的信息，但是有部分证明过程被遗漏。
水平3	给出完整的证明过程。

结果显示在水平1等级的学生占多数，从试题类型看熟悉试题明显

---

[1] KoSze Lee. "Students' proof schemes for mathematical proving and disproving of propositions". *Journal of Mathematical Behavior*, Vol. 41, 2016, pp. 26–44.

好于陌生试题。整体看代数领域的作答好于几何领域，另外学生在构建证明时很少使用演绎推理。

Reiss 调查了八年级学生在推理与证明方面的情况，测试的对象是刚升入八年级的学生，总计有669名，其中女生336名，男生306名。测试时间是2001年和2002年。测试的内容为几何领域，有6道基础性的测试，7道有关解释与推理的测试，还有4道关于评价证明有效性的测试。分别是经验的，循环的，叙事的，形式化的。这些试题被分成3个水平：基于事实知识的（例如，给出三角形的两个角，计算第三个）；需要进行一步演绎的（证明对顶角相等）；复杂多步演绎证明的（证明三角形内角和为180°）。测试结果将学生简单进行平均分配成3个水平，水平1的学生无法答出水平3的题，水平3的学生能够做出85%的水平1的题和89%的水平2的题，学生成绩分布曲线平缓。同时，也证实了学生在识别错误的论证要比正确的论证更困难，这个结果与 Healy 和 Hoyles 的研究结果相同。[①]

一些关于证明的研究从认知角度观察学生构建证明的能力（Stefan Ufer, Aiso Heinze Kristina Reiss, 2009），[②] 三位学者在德国进行了一项有关数学演绎证明的纵向研究，该研究结果公布在2009年的 PME 会议上。研究选择了德国一所高水平的学校，总计有七、八、九三个年级196名学生参加测试，学生的年龄从13岁到15岁之间。学生需要在45分钟完成10个到12个开放性试题，测试框架是 Heinze, Reiss, &Rudolph（2005）的水平3试题。研究采用了 Rasch 模型进行统计分析，结果表明年级之间的差异非常显著，在七、八年级之间有一个明显的增长，原因可能是教学中开始讲授几何证明，高年级能够解决更复杂的问题。从提高幅度表现看七、八、九年级要高于八、九年级。

---

① Reiss, K., Hellmich, F., & Reiss, M.. "Reasoning and proof in geometry: Prerequisites of knowledge acquisition in secondary school students". In A. D. Cockburn & E. Nardi (Eds.), *Proceedings of the 26th conference of the international group for the psychology of mathematics education*. Norwich: University of East Anglia, 2002, pp. 113 – 120.

② Stefan Ufer, Aiso Heinze & Kristina Reiss. "Mental Models and the Development of Geometric Proof Competency 2009". In Tzekaki, M., Kaldrimidou, M. & Sakonidis, H. (Eds.). *Proceedings of the 33rd Conference of the International Group for the Psychology of Mathematics Education*, Vol. 1, 2009, pp. 257 – 264.

与境外的研究相比，大陆学者也同样开展了很多有关数学演绎推理的测评研究。从20世纪末期到现今学者们持续进行这项研究工作，但这些研究中较少有针对数学演绎推理能力的单独研究，多是在数学能力或者数学推理能力研究中涉及，测试深度不够。现将数学演绎推理能力的测评情况汇总如下。

表2-3　　　　　　　国内数学演绎推理能力测评研究汇总

年份	研究者	年级	测试框架	测量理论	测试工具
1998	田中 徐龙炳	八、九年级	类型：直接推理、间接推理层次：一步、二步、三步	CTT	试题
2009	李生花	高二、高三	形式：三段论、关系推理、反证法	CTT	试卷
2011	朱佳丽	八年级	表达水平：非形式、形式、严格；认知水平：领会、分析	CTT	试题+问卷
2011	周静	七、八、九年级	直接推理、间接推理、迂回推理、综合推理	CTT	试题
2013	王小宁	三、四、五、六年级	直接推理、间接推理、运算推理 推理层次：一步、二步、三步	CTT	试题
2014	孙婷	八年级	三段论、关系推理、数学归纳法	IRT	试题
2015	孙瑞	八年级	理解、描述、检验	CTT	试题+问卷
2015	刘鹏飞	一至九年级	几何演绎 代数演绎	IRT	试题
2016	潘宇	八年级	三段论+solo	CTT	试题+问卷
2016	雷小梅	高一	形式：三段论 内容：几何、代数 水平层次：solo	CTT	试题+问卷

注：本表格仅呈现了研究结果中报告了演绎推理的研究；时间为研究结果发表时间。

通过以上有关数学演绎推理能力的测评研究可以看出学者们的测评对象以八年级为主，但是在测评框架上并不一致。可以从心理认知过程角度来进行，也可以从推理形式角度来进行。限于统计测量技术的要求，学者们所进行的测量结果多是描述性统计分析，以及个别变量的差异检验，并以CTT理论为基础进行研究。这样学生的能力值受到了测试工具难度的影响，直接影响了学生之间的差异比较，存在一定的误差。另外，研究中样本量的选择也受到限制，规模较小。测试工具开发方面没有控制更为严格的流程，学生的表现上没有进行标准设定，多停留在得分率结果描述阶段，没有给予更为详尽的结果报告呈现。由此可见，在有关数学演绎推理能力的测评方面存在值得改进的方面。特别是依据最新的IRT理论，测评时可以将学生的能力值放在统一的量尺上进行评价比较，避免受试题难度的影响。测试工具也可以在更为规范的流程下开发，提高测试结果的信度和效度。

四 数学推理相关测评项目研究

通过对文献的分析，发现在多数量化研究中很少有单独针对演绎推理进行的研究，很多研究是将数学演绎推理融入于对数学推理的研究当中。但是这些研究在调查方法、统计方法、研究设计等方面的考虑对于进行数学演绎推理测评同样有重要指导价值。因此，在梳理了相关数学演绎推理文献后，有必要对密切相关的数学推理测评文献进行简要分析，将为开展数学演绎推理的测评研究提供帮助。目前来看，在数学教育测量领域具有世界影响力的主要有三大测试项目，分别是PISA、TIMSS、NAEP。虽然在这三大测试报告中没有数学推理的分报告，但是这三个项目的测评内容中都十分重视数学推理能力，并从不同的视角给予描述和测量。因此，梳理这三个数学测评项目的框架、研究方法，对于开展数学演绎推理能力测评具有十分重要的借鉴意义。

（一）PISA

OECD从21世纪初开始了一项跨国家规模的学生能力测评项目（The Programme for International Student Assessment），简称PISA。PISA测试主要包括阅读素养（literacy）、科学素养和数学素养三个方面。在2000年PISA开始了第一次世界性学生素养测评，测试学生为15周岁学生，之后每三年开展一次。现在已经在 2000 年、2003 年、2006 年、2009 年、2012 年、2015 年分别进行了测试。从 2015 年的测试结果看,我国大陆参测地区仍然保持了绝对的领先地位。从测试内容角度看,在数学素养方面的测试框架也在不断变化中,对于数学素养的界定上也在不断变化,但始终保持了对数学内容和情境的关注。

2003 年进行的 PISA 测试以数学素养为主。在其公布的测试框架(framework)中给出了对数学素养的界定。PISA 认为数学素养是一个个体能够识别和理解数学在世界上所起到的重要作用,能够应用数学进行有理由的判断和使用,并且在生活中所需要的各个方面应用数学,成为一个拥有建设性、参与意识和反思能力公民的能力。[1]

具体在测评维度方面包含三个方面,分别是数学内容、数学化过程和能力、情境。其中,在内容方面包括数量、空间和形状、变化和关系、不确定性。在能力方面给出了八大能力,分别是思维和推理,论证,交流,建模,问题提出与解决,表征,运用符号、公式和专业语言与运算,运用辅助和工具。虽然 PISA 给出八个能力指标,但是项目也认为这些能力往往是学生综合具有和应用的,也就是说学生在进行问题解决过程中这些能力是交织在一起使用的。同时,项目组又提出了一个能力群(competency clusters)的概念,分成三个层级,分别是再现(reproduction clusters)、联结(connection clusters)、反思(reflection clusters)。再现能力群包含标准的表征和定义、常规性计算、常规程序和常规问题解决。联结能力群包括建模,标准问题转化和解释,多个定义性方法。反思能力群包括复杂的问题解决和问题提出、反思和观察、创造数学方法、多样化方法、总结概括。

2006 年的 PISA 主要测试了科学学科,其中也测试了数学学科,同样是 15 岁学生。在数学测评方面仍然延续了数学素养的界定,测试框架与

---

[1] OECD. "The PISA 2003 Assessment Framework: Mathematics, Reading, Science and Problem Solving Knowledge and Skills". http://www.oecd.org/edu/school/programme for international student assessment pisa/33694881.pdf.

2003 年差异不大。① 2009 年的 PISA 以阅读素养为主，在数学方面没有发生实质性变化，数学素养界定和测试与之前保持一致。② 2012 年的 PISA 测试以数学学科为主，在进行测试时对部分测试内容进行了改变。测试框架上分为内容、过程和情境，重新修改了数学素养的定义，认为数学素养是个体在各种情境下表达、运用和解释数学的能力，具体包括数学推理和使用数学概念、程序、事实和工具来描述、解释和预测现象。它能帮助个体认识到数学在世界发展中的作用，以及成为一个有建设性、参与性和反思意识的公民作出判断和决策的能力。③ 2015 年的 PISA 测试与 2012 年相比稍作了修改，将原来的八大数学能力整合为七个，每个能力都有相应的认知要求，包括"表达数学情境，运用数学的概念、事实、程序和推理，能阐释、应用与评价数学结果。"具体测评框架如下：

从中我们可以看出 PISA 测试中数学推理能力一直是重要内容，2003 年明确指出了数学论证和归纳，2009 年的推理要求明确了对其进行评价要聚焦在 4 个方面：④ 能够提出具有推理特征的数学问题；知道解决这些问题的数学方法；区分不同类型的陈述（定义，定理，猜想，假设，例子，条件判断）；理解和把握所给概念的范围和局限性。具体将推理能力分为 3 个水平：再现水平、联系水平和反思水平。再现水平的推理主要指学生能提出一些基本的问题，比如"多少"，"多大"等问题，并能理解相应的各种答案；能区分定义和判断；正确认识和处理第一次出现的不同情境下的数学概念及其应用。联系水平是指能提出诸如"我怎么发现这个问题"，"这个问题涉及哪些数学内容？"等的问题，并能理解相应

---

① OECD. "Assessing Scientific, Reading and Mathematical Literacy: A Framework for PISA 2006". http://edu.au.dk/fileadmin/www.dpu.dk/viden/temaeraaa/internationaleundersoegelser/om-dpu_institutter_paedagogisk-psykologi_pisa_20071109154105_framework2006.pdf.

② OECD. "PISA 2009 Assessment Framework: Key competencies in reading, mathematics and science". http://www.oecd.org/pisa/pisaproducts/44455820.pdf.

③ OECD. "PISA 2012 Assessment and Analytical Framework: Mathematics, Reading, Science, Problem Solving and Financial Literacy". http://www.oecd.org/pisa/pisaproducts/PISA%202012%20framework%20e-book_final.pdf.

④ 綦春霞、王瑞霖：《中英学生数学推理能力的差异分析——八年级学生的比较研究》，《上海教育科研》2012 年第 6 期。

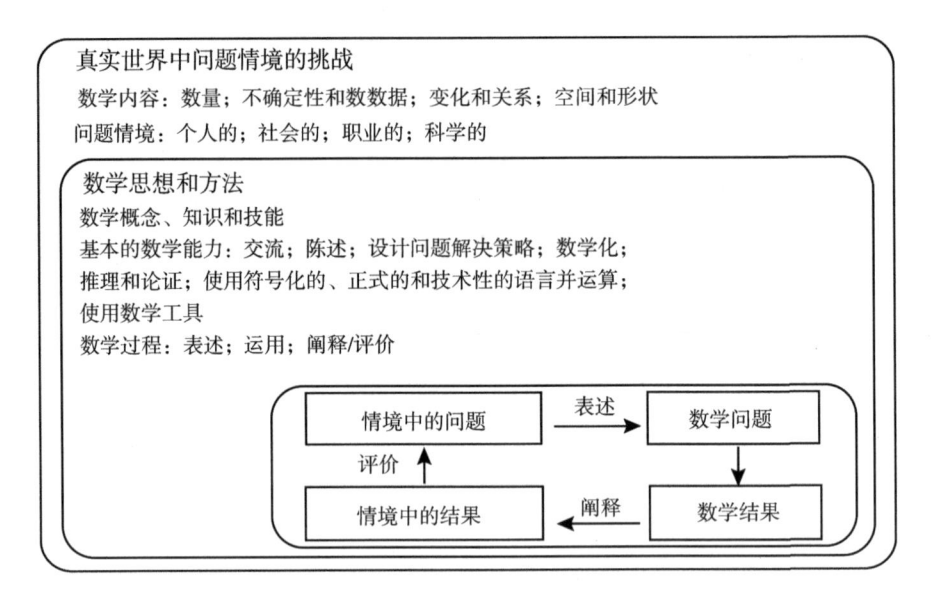

```
┌─────────────────────────────────────────────────────┐
│ 真实世界中问题情境的挑战                            │
│ 数学内容：数量；不确定性和数数据；变化和关系；空间和形状│
│ 问题情境：个人的；社会的；职业的；科学的            │
│ ┌─────────────────────────────────────────────────┐ │
│ │ 数学思想和方法                                  │ │
│ │ 数学概念、知识和技能                            │ │
│ │ 基本的数学能力：交流；陈述；设计问题解决策略；  │ │
│ │ 数学化；                                        │ │
│ │ 推理和论证；使用符号化的、正式的和技术性的语言并运算；│ │
│ │ 使用数学工具                                    │ │
│ │ 数学过程：表述；运用；阐释/评价                 │ │
│ │                                                 │ │
│ │   ┌──────────┐  表述  ┌──────────┐              │ │
│ │   │情境中的问题│──────→│ 数学问题 │              │ │
│ │   └──────────┘        └──────────┘              │ │
│ │     ↑ 评价                  │                   │ │
│ │   ┌──────────┐  阐释  ┌──────────┐              │ │
│ │   │情境中的结果│←──────│ 数学结果 │              │ │
│ │   └──────────┘        └──────────┘              │ │
│ └─────────────────────────────────────────────────┘ │
└─────────────────────────────────────────────────────┘
```

图 2-1　PISA2015 年数学测评框架

的各种答案（包括表格，图表，代数，数字等等）；区分定义和不同类型的判断；理解数学概念和应用情境所存在的一些差异。反思水平指能提出联系水平中的问题，并在特定的情况下，能区分定义，定理，猜测，假设和判断，并能反思或说明这些概念的区别；能理解和把握所给定的数学概念的局限性和范围，并能对结论进行推广应用。2012 年明确提出了论证和推理作为数学基本能力。认为推理与论证能力是一种贯穿数学素养不同阶段和行为的能力，包括逻辑的思维过程，通过探索和联系问题的要素进行推断，检查证据，或者为解决问题和表述给出证据。[①] 并明确了数学过程与基本数学能力的关系。

另外，PISA 对每一学生都有总的精熟度得分，并且将学生的表现水平分为 6 级，并称其为精熟度（proficiency），其中每一个等级都有对数学推理能力的体现。

---

① 綦春霞、周慧：《基于 PISA2012 数学素养测试分析框架例题分析与思考》，《教育科学研究》2015 年第 10 期。

表2-4 PISA2012年推理与数学过程关系

数学能力①	数学过程		
	表述问题情境	运用数学概念、事实、程序和推理	阐释、运用、评估数学结果
推理和论证	对确定的或设计的生活中真实问题情境的表述进行解释、辨认或判断	解释、辨认或论证基于影响数学结果或方案的过程、运算、联系题目提供的信息推断数学结论，概括或进行多步骤的推理论证	反馈数学结果，进行解释和合理论证、支持、驳斥或限定基于情境产生的数学结果的作用

表2-5 PISA精熟度水平描述

水平	描述
水平1	学生可以回答涉及熟悉环境的问题有相关的信息，并且有明确的问题。他们有能力确定信息并按照直接程序执行程序，在明确的情况下指令。他们可以执行几乎所有的动作显而易见的，立即从给定的刺激中跟随。
水平2	学生可以在需要的语境中解释和识别情境不只是直接推断。他们可以从一个单一的个体中提取相关信息源并利用单一的表示模式。这个水平的学生可以使用基本的算法、公式、过程或惯例来解决问题涉及整数。他们能够对结果进行解释。
水平3	学生可以执行清晰地描述过程，包括那些需要顺序决定。他们的解释是充分地建立一个简单的模型或者选择和应用简单的问题解决方案策略。在这个层次上的学生可以解释和使用基于表示的直接从不同的信息来源和原因上。他们通常显示一些处理百分比，小数和小数的能力，以及工作的能力与比例关系。他们的解决方案反映出他们参与了基本解释和推理。
水平4	学生可以有效地使用复杂混凝土的显式模型。可能涉及约束或要求做出假设的情况。他们可以选择并集成不同的表示形式，包括符号，链接它们直接从现实世界的角度。这个水平的学生可以利用他们的有限的技能范围，在简单的背景下可以推理。他们可以根据自己的观点构建和交流解释和论证解释，参数，和行动。

---

① 周慧、綦春霞：《PISA2012数学素养测试分析框架及例题分析》，《教育测量与评价》2015年第5期。

续表

水平	描述
水平5	学生可以在复杂的情况下开发和使用模型，识别约束和指定假设。他们可以选择，比较，和评估解决复杂问题的合适的解决问题的策略这些模型有关。这一层次的学生可以在战略上运用广泛的，良好的思维和推理能力，适当的联系方式，象征和正式的特征，以及与这些情况有关的洞察力。他们开始反思自己的工作并且能够制定和交流他们的工作解释和推理。
水平6	学生可以将信息概念化，归纳和利用，他们对复杂问题情况的调查和建模，并且可以使用在相对不规范的环境下知识。它们可以链接不同的信息来源和表示，并在其中灵活地进行翻译。学生在这水平能够进行高级的数学思考和推理。这些学生可以运用这种洞察力和理解，以及对象征的掌握正式的数学运算和关系，开发新的方法。

从对 PISA 测试中有关数学推理的梳理分析，可以发现在 PISA 测试中并未明确指出演绎推理的部分，但是从测试的具体内容中却比较强调了演绎推理部分。在上述的精熟度水平描述中，从水平2开始到水平6都有关于演绎推理的要求。可见，PISA 测试是以素养为外在表现，推理能力作为一种隐含的内在能力要求融入其中。

（二）TIMSS

TIMSS 是国际上另外一个大规模测试项目，其开展的时间要早于 PISA。TIMSS 项目的组织机构是国际教育成就评价协会（International Association for the Evaluation of Educational Achievement，简称 IEA），IEA 早在20世纪60年代和80年代就先后开展了两次国际性数学测评研究。90年代初期该组织开展了针对数学和科学素养的测验，并在1999年完成了这次测评，也就是第三次国际测评（Third International Mathematics and Science Study），所以简称为 TIMSS。之后该项目继续得到延续，关注点也发生变化。转为关注数学和科学成就发展趋势研究（Trends in Mathematics and Science Study），测试学生为四年级和八年级，简称仍为 TIMSS。虽然 TIMSS 和 PISA 都是国际性的大规模测试，但是这两个测试的框架却有着很大差异，同时也在不断变化。TIMSS 测试的框架从最开始的三个维度，关注内容、成绩、观点逐渐转变为只关注内容和认知两个维度。在2003年的认知维度框架中分为四个方面，知道事实和程序，运用概念，解决常规问题和推理。2007 年的测试中对认知维度进行了调整，分为"知道、应用、推理。"2011 年的数学测评框架还是包括"内容和认知"两个维度，认知维度仍然是"知道、应用、推理"。2015 测试框架并没有发生明显变化，只是考虑到了当前国际数学教育的新进展，一些国家纷纷颁布了新的课程标准（例如美国的洲际核心数学课程标准），在所在内容维度中进行了一些调整，认知维度保持不变。

从 TIMSS 的发展中可以看出，近些年其测评框架相对稳定，特别是在认知方面并未发生明显变化，并且一直认为推理是认知维度中的最高层级。在对推理的解释中指出推理需要逻辑性和系统性思维，它包括：基于模式和规律的直觉与演绎推理；在新颖的或者陌生的情境下寻找解决现实问题或者纯粹数学问题的方案。这两种情况都需要转换知识与技能以面对新的情境，而推理是其中的共同特点。"推理"中列举的很多认知技能都会在思考和解决新颖的或者陌生的问题中表现出来。这是数学教育价值的外在表现，然而更多的是对学习者思维的内在影响。比如，推理不仅需要观察和猜想能力，还需要基于特定假设、规则和正确结果的逻辑演绎推理能力。[1] 具体在其测评框架中将推理分为六个方面。[2]

表 2-6　　　　　　TIMSS2015 年数学认知——推理测评框架

分析	辨识一个问题，并能确定解决这个问题的信息、过程和策略。
综合/整合	联系不同知识单元、相关表征和程序来解决问题。
评价	评价解决问题的不同策略和方案。
描述结论	在信息和证据的基础上做出有效的结论。
概括	得到更一般的或者更广泛的结论。
证明	为方法和策略提供数学支持。

可见，在 TIMSS 的测试中明确提出了数学推理的评价维度，并作为认知维度的最高要求。其对于推理的分类描述也不断进行变化，2007 年，

---

[1] 曾小平、刘长红：《TIMSS2015 数学评价框架》，《教学月刊小学版》2015 年第 2 期。

[2] TIMSS Advanced 2015 Assessment Frameworks, http://timssandpirls.bc.edu/timss2015-advanced/frameworks.html.

2011年和2015年的测试描述都有所不同,表明对于数学推理的认识也在不断变化。

与PISA的精熟度类似,TIMSS将学生的成绩分为4个水平,分数达到标准即为达到相应水平级。但这实质上是5个水平,因为有一部分学生无法达到最低要求的级别。这4个水平级分别为:优级(Advanced benchmark)、高级(high benchmark)、中级(intermediate benchmark)、初级(low benchmark)[①]。根据TIMSS官网2015年数据报告,优级的最低分数为625分,学生占比5%。高级最低分数为550,学生人数占比26%。中级最低分数为475,学生占比为62%,初级为400分,学生占比为84%。另外还有16%的学生未达到初级水平。这4个水平的具体描述见表2-7。

表2-7　　　　　　　　TIMSS2015年数学水平等级描述

水平层级	描述
优级	学生能够应用和推理在一个变化的问题情境下,解决线性方程组,以及进行一般化。他们可以解决各种各样的分数、比例、百分比问题,并且证明他们的结论。学生能够使用他们的几何图形知识解决各种各样的面积问题。他们展示对平均数意义的理解,能够解决涉及期望值的问题。
高级	学生能够应用他们的理解和知识在一个接近复杂的变化情境中。他们能够使用信息去解决涉及不同类型的数与运算的问题。他们能够理解分数、小数和百分数之间的关系。这一水平的学生能够展示基本的程序性知识有关的代数表达。他们能够解决各种涉及角的问题,包括三角形、平行线,矩形和相似图形。学生能够解释各种图表中的数据,并且,解释简单的结果和概率问题。
中级	学生能够应用基本数学知识在一个变化的情境下。他们能够解决负数、小数、百分数和比例问题。学生具有一定的线性表达知识和2—3维空间图形知识。他们能够阅读和解释图表中的数据,也具备一些概率知识。
初级	学生有一些关于整数和基本图形的知识。

---

① 廖运章:《TIMSS 2011数学学业成就及其影响因素分析》,《外国中小学教育》2013年第7期。

TIMSS 的测试项目更加关注学生的学业成就,因此在其水平划分的描述中主要体现了对数学内容方面的要求,推理能力被隐含在描述之中。但也能窥见这个水平分类对数学演绎推理的等级要求,例如在中级要求中学生只是可以进行简单的数学运算,而在优级的要求中学生不仅要明白一些算理,还要能够进行严格的证明。

(三) NAEP

在数学教育国际测评项目中还有一个也是较有国际影响力的项目,NAEP。NAEP(National Assessment of Eudcational Progress)是全美教育进展评估项目,与 PISA 和 TIMSS 不同,其主要测试地区为美国内部,国际性合作程度较弱。但其发展历史与前者基本一致,早在 20 世纪末期就已经开展起来,并且每两年开展一次国家教育评价和州评价。早期 NAEP 的测评框架备受关注,却也相对复杂。有内容、能力、素养三个维度,每一个维度下又有不同的子维度。其中在素养维度包含推理、联系和信息交流。[1]

从 2007 年开始,NAEP 的数学测试框架进行了调整,从原来的三个维度变为两个维度。一个是内容维度,这与 PISA 和 TIMSS 相似。另一个是数学复杂度(mathematical complexity of items),分为高、中、低 3 个水平,[2] 每个水平又都包括推理、操作程序、理解概念和问题解决方面的具体要求。

2013 年开始,NAEP 在数学的四、八、十二年级中增加了对数学推理的考查。评价标准把学生的数学推理能力划分为 3 个水平,通过设计不同数学复杂度的题目,对不同水平的数学推理能力进行考查。低水平的数学推理能力要求学生能通过理解基本的概念和程序,解决一些简单的问题;中等水平的数学推理能力要求学生能够把不同数学领域的概念、过程及具体的情境结合起来,做出更为灵活的思维和选择,解决更为复杂的问题;高水平的数学推理能力要求学生对整个数学内容非常熟悉,

---

[1] NAEP. "Mathematical Abilities". http://nces.ed.gov/nationsreportcard/mathematics/abilities.asp.

[2] NAEP. "Mathematics Framework for the 2013 National Assessment of Educational Progress". http://www.nagb.org/publications/frameworks/math-2013-framework.pdf.

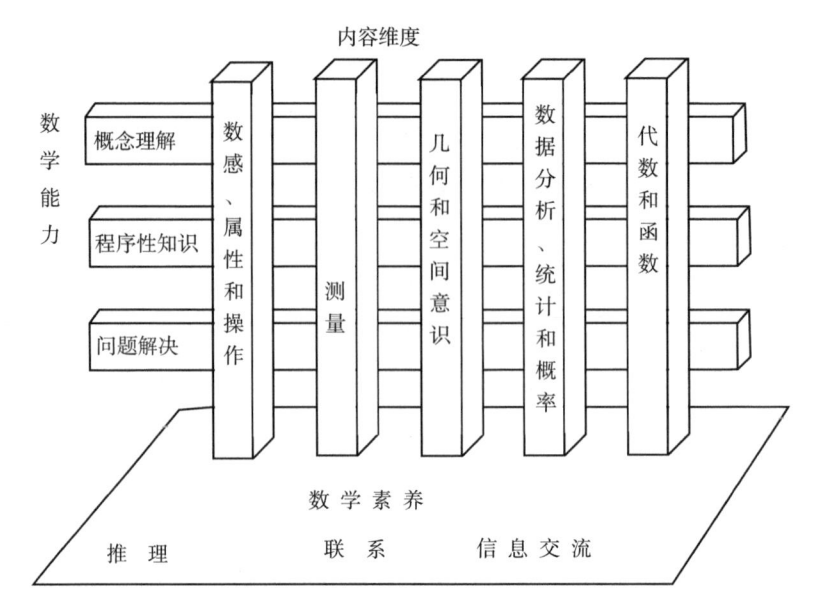

图 2-2　NAEP2003 年数学测评框架

具有熟练的数学技巧，能自己做出各种假设并创造性地解决问题。数学运算能力是基础，数学推理能力才是数学能力的核心。①

NAEP 也同 PISA 和 TIMSS 一样，对学生学业成绩进行了水平划分，共分为 4 个水平②，分别为基础以下（Below basic）、基础（Basic）、熟练（Proficient）、高级（Advanced）。③ 根据 NAEP 官网最新的信息显示，美国全国 2015 年的测试结果为基础水平 262 分，占总学生比为 38%。熟练水平 299 分，占比为 25%。高级水平 333 分，占比为 8%。未达到基础水平的学生属于 Below basic，占比 29%。其对每个水平的描述详见表 2-8：

---

① 罗贵明：《美国 2013 年中小学数学评价新标准解读与启示》，《现代中小学教育》2013 年第 10 期。
② NAEP. "Average mathematics score for eighth–grade students lower compared to 2013". https://www.nationsreportcard.gov/reading_math_2015/#mathematics/scores? grade = 8.
③ NAEP. "Percentage of eighth-grade students at or above Proficient lower compared to 2013". https://www.nationsreportcard.gov/reading_math_2015/#mathematics/acl? grade = 8.

表 2-8　　　　　　　　　　NAEP 数学测试各水平等级描述

水平层级	描述
基础 (262)	属于基础水平的八年级学生应该表现出对五个 NAEP 内容领域的数学概念和程序的基本理解，包括理解运算、和对整数、小数、分数、百分数的估计。 属于基础水平的八年级学生应该能够在一些图表和图形的帮助下正确解决问题。他们应该能够通过恰当地选择和使用数学技术工具来解决所有 NAEP 内容领域的问题，包括计算器，计算机和几何形状。在这个级别的学生也应该能够使用基本的代数和非形式化的几何概念解决问题。 当他们接近熟练等级，学生能够确认哪些信息是必要的并能为解决问题提供支持，能在解决问题中使用它们。然而，这些学生在数学交流上表现出的能力较为有限。
熟练 (299)	属于熟练水平的八年级学生在五个 NAEP 内容领域中可以应用数学概念和程序。 属于熟练水平的八年级学生应该能够推测并为自己的想法找到理由，能给予支持的例子。他们应该明白分数，百分数，小数，和其他代数方面的内容，如代数和函数之间的联系。在这个级别的学生可以对数学有更为贯通的理解，能够在实际背景中应用数学解决问题。 学生应当熟悉数量和空间关系，并在解决问题和推理中应用，他们应该具有基本的算术推理能力，具备比较和对比的数学思想，并自己举出例子。学生可以掌握几何图形的属性，准确地使用工具和信息技术。这些学生应该能从数据和统计图进行推理，能够利用统计和概率的方法解释结果。
高级 (333)	属于高级水平的八年级学生在五个 NAEP 内容领域中可以超越再认、识别和应用规则，具备更强的概括和抽象能力。 属于高级水平的八年级学生应该能够利用实例和反例对数学概念加以概括，他们可以创立模型。高级水平的八年级学生应具备很强的数感和几何意识，能考虑答案的合理性。他们可以使用抽象思维来创造独特的解决问题的技巧，并解释推理过程以支持他们的结论。

与 PISA 和 TIMSS 测试相同，NAEP 的数学测试中并未明确提出数学演绎推理的测试，而是将其融入于数学推理能力的整体测试中，从上述的等级描述中也可以看出演绎推理的要求分布在各个等级中。例如基础等级学生要能够理解基本运算，进行不严谨的论证，熟练水平的学生则要能够理解代数和函数之间的关系，而到了高级水平的学生则要能够对自身的结论进行解释，给出论证的推理过程。

(四) 其他相关数学推理评价

丹麦学者尼斯（Mogens Niss）在2000年开展了针对数学能力和学习的研究项目，目的在于探讨数学学科的教与学，以及要提高学生数学能力应采取哪些措施。该研究认为数学能力就是在多种数学内外部内容或情境中能够理解、判断、掌握和运用数学的能力。基于数学提出问题、解决问题以及对数学语言和工具的处理两方面来考虑，提出了八大数学能力：数学思考能力、提出问题和解决问题的能力、数学建模能力、数学推理能力、数学表征能力、数学符号化和形式化能力、数学交流能力、信息工具应用能力。在对每个能力进行分析时从三个维度来进行，分别为内容范围、行为范围和技术水平。其中对数学推理能力又分以下几个方面来考虑：遵循和评价他人的论证过程，分两个题目来考查；了解和理解什么是数学证明以及它与数学推理的本质区别；在证明过程中反映出基本思想；构想形式化和非形式化的数学证明，并能够将猜想结论演变为合理的结论。① NISS 的研究也对 PISA 的测试项目有很大帮助。

王瑾进行了针对小学生数学推理能力的考查，主要分为归纳推理意识与能力，简单的演绎推理意识与能力，数学表征意识与能力三个方面进行分析。并结合对学生和教师的访谈，对课堂的观察，发现小学阶段教师比较注重引导学生进行计算，忽视了对算理的关注，而算理恰恰是根据数的意义、运算的意义以及运算规律的数学演绎推理。②

孙婷依托徐斌艳教授等人构建了数学推理能力评价框架。该框架分为内容维度、结构维度和过程维度。项目在全国选取部分地区进行了调研分析，结果显示八年级学生数学推理能力中合情推理处于"联系"水平，论证推理处于"再现"水平。男生与女生在数学推理能力方面不存在显著差异，并且发现数学推理论证能力与学业成绩有相关性。③

---

① Mogens Niss & Tomas Højgaard. Competencies and mathematical learning. Ideas and inspiration for the development of mathematics teaching and learning in Denmark. http：//pure.au.dk/portal/files/41669781/THJ11_MN_KOM_in_english.pdf. 2017 - 5 - 16.

② 王瑾：《小学数学课程中归纳推理的理论与实践研究》，博士学位论文，东北师范大学，2011年。

③ 孙婷：《义务教育阶段学生数学推理论证能力测评》，硕士学位论文，华东师范大学，2014年。

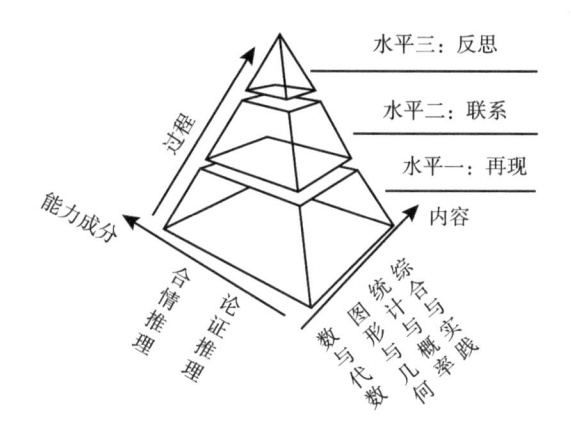

图 2-3 孙婷数学推理论证测评框架

周静将数学推理能力分为猜想数学事实—合情推理，证明数学命题—演绎推理，交流推理过程—内语外化三个维度进行调查分析，其中归纳推理包括：概括类归纳，拓广类归纳。类比推理包括：平行类比推理，因果类比推理。演绎推理包括直接推理，间接推理，迂回推理。通过对726名学生的测试，结果显示八年级学生的归纳推理能力优于类比推理能力；八年级学生的合情推理能力与演绎推理能力基本相近；八年级学生在演绎推理的表现中，得分人数最多的是直接推理，其次是间接推理，得分人数最少的是迂回推理。[1]

除此之外，国内还有一些学者根据各自编制的测试工具和推理测试框架对学生的数学推理能力进行了调查分析。20世纪80年代，郑和均等人针对897名学生进行了推理能力的调查，测试工具为全国青少年思维研究组编制的推理测验材料，参加测试的学生来自城市和农村的初中和高中。研究结果显示初中学生具有初步的推理能力，且演绎推理能力发展较晚较差。男女生在归纳推理上差异不明显，但是在演绎推理能力方面差异显著。城乡差异也较为明显，城市学生好于农村学生。[2]

吴锦骠和薛蕙芬使用首都师范大学林传鼎教授根据澳大利亚教育学

---

[1] 周静：《初中生数学推理能力调查研究》，硕士学位论文，沈阳师范大学，2011年。
[2] 郑和均、陈聘美、邓京华：《中学生推理能力发展的测验研究》，《全国第五届心理学学术会议文摘选集》，1984年。

会 TOLA 测验改编的工具，对 1340 名中小学生进行了数学推理能力测试，结果显示在初中阶段男生数学推理能力好于女生，有显著性差异。这可能是由于五至六年级，男生的推理能力发展突然加快，进而形成初中阶段高于女生的情况。①

林崇德教授在对中学生演绎推理能力的研究中认为可以分为 4 个水平。一是直接推理，表现是套用公式、从条件直接推出结论；二是间接推理，表现是能够转变条件，寻找依据多步骤地推出结论；三是迂回推理。表现是通过分析前提，提出假设后进行反复验证，导出结论；四是综合推理，表现在能够按照一定数理格式进行推理，并且推理过程简化。②

刘晓玫教授较早对数学推理进行了研究，她与杨裕前提出了关于推理能力培养问题的几点思考。她认为在以往的观念中只有几何才是培养学生推理的载体，容易忽视代数、统计内容中的推理，要转变这种狭隘的认识。另外在推理能力的培养方面要考虑到学生的不同特点、认知层次，注意层次性。特别是在演绎推理能力培养方面，不仅要注意到层次性，更要关注学生之间的差异。既要让学生体会证明的必要性，也要能够认识演绎证明的价值，自觉地进行学习。③ 很多学者也关注到了代数推理和统计推理。张云飞认为几何推理和代数推理在一定程度上可以相互转化。④ 也有学者对在具体解题中使用代数推理进行了探讨（如：黄坪⑤；陈峰⑥）。Garfield 和 Ghance 两位学者认为统计推理可以被界定为人们利用统计观念进行推理和对信息的使用。其中包含基于数据集进行解释、数据的表征、统计摘要的表述。多数的统计推理是把数据和机会结

---

① 吴锦骠、薛蕙芬：《对 1340 名男女学生学习能力的调查》，《上海教育科研》2010 年第 S1 期。

② 林崇德：《学习与发展中小学生心理能力发展与培养》，北京师范大学出版社 1999 年版，第 322 页。

③ 刘晓玫、杨裕前：《关于推理能力问题的几点思考》，《数学教育学报》2002 年第 2 期。

④ 张云飞：《几何综合推理与向量代数运算推理》，《数学通讯》2004 年第 19 期。

⑤ 黄坪：《几何解释与代数推理》，《数学通讯》1999 年第 2 期。

⑥ 陈峰：《代数问题中的平面几何模型问题》，《当代教育论坛》2008 年第 6 期。

合起来进行思考,从而做出推断和解释。① 美国科学发展协会(AAAS)在科学能力的基准(Benchmarks for Science Literacy)中总结了统计推理目标:②(1)关于数据的推理;(2)关于数据呈现的推理;(3)关于统计测量的推理;(4)关于不确定性的推理;(5)关于样本的推理;(6)关于联合的推理。③ 曹倩娅和余式厚等认为统计推理是一种归纳推理,具有从特殊到普遍的特征。从形式结构看,就是对一定量的数据进行统计分析然后得出相应结论。④

五 各国课程标准中的数学演绎推理

课程标准是开展数学教育的重要指导性纲领,在世界各国的数学课程标准中都不同程度地关注了数学演绎推理能力。这不仅体现了对演绎推理重要性的认识,也为数学演绎推理能力的培养提出了很多具体要求。

美国各州一直未有执行统一的数学课程标准,虽然NCTM研发了多个数学课程标准,但是各州仍然根据自己的情况进行标准选择。目前学术界广泛引用研究的主要有两个标准,一个是NCTM(National Council of Teachers of Mathematics)在2000年出版的《学校数学教育的原则和标准》(Principles and Standards for School Mathematics),一个是2009年全美州长协会(National Governors Association,简称NGA)和首席州立学校官员理事会(Council of Chief State School Officers,简称CCSSO)合作共同启动洲际核心标准项目(Common Core State Standards Initiative)所开发的《州际核心数学课程标准》(Common Core State Standards for Mathematics)。NCTM分为内容标准和过程标准,内容标准由数与运算、代数、几何、度量和数据分析与概率,过程标准分为问题解决、推理与证明、交流、关

---

① Joan Garfield. Assessing Statistical Reasoning. *Statistical Reaearch Journal*, Volumn2, Number1, May 2003: 22-38.

② Garfield, J. and Gal, I. "Teaching and assessing statistical reasoning. NCTM 1999 Yearbook.: Mathematical Reasoning". https://www.researchgate.net/publication/239981959_Expanding_conceptions_of_statistical_literacy_An_analysis_of_products_from_statistics_agencies#page=24, 2016-4-9.

③ 王文芳:《高中生统计推理的现状调查与比较研究》,硕士学位论文,东北师范大学,2006年。

④ 曹倩娅、余式厚:《统计推理谬误的类型与成因分析》,《浙江大学学报》(人文社会科学版)1999年第4期。

联、表征。① 该标准认为学生要在交流中发展数学推理能力，数学思维和推理包括猜想和逻辑推理，是十分重要的。并对推理与证明进行了详细解释，指出数学推理与证明提供了行之有效的方法，探索和表达不同现象的内在关系。数学证明是一种表达特定推理过程的严谨的方法。中学阶段的数学证明是基于一系列假设，通过逻辑严密的演绎推理而得到结论的过程。不能简单地想要在所谓的逻辑这样一个课程单元里，教会学生推理和证明，推理和证明应是学前期至十二年级的学生所应不断学习的数学的一部分。数学推理是一种思维习惯，像所有其他习惯一样，必须在各种情况下经常运用才能发展。有步骤地逻辑推理是数学的一个明显的特征。在不同的内容中都涉及推理，但严谨性的要求在不同的年级则不同。随着年级的升高，他们应根据课堂上学到的知识进行有效的演绎推理。六至八年级的要求通过对他们的断言和猜想的评价及利用归纳和演绎推理来建立数学论证，学生能够加深和扩展他们的推理能力。就初中整体数学推理而言，学生应该经历检查模式和结构来找出规律；就观察到的规律做出概括和猜想；检验猜想；建构并评价数学论证。学生应经常与教师和同学讨论他们的推理，解释他们猜想的依据和他们的断言的合理性。通过这些经历，学生应能更熟练地使用归纳和演绎推理。整体来看，在标准要求中比较强调归纳推理。而在《美国州际核心数学课程标准》中，提出了8条内容标准，理解问题并能坚持不懈地解决问题；抽象化、量化地进行推理；构建可行的论证，评判他人的推理；数学建模；合理使用恰当的工具；关注准确性；寻求并使用结构；在不断地推理中寻求并表征规律；② 可以看出在第2条、3条、8条明确提到了推理。但是，在这个标准中并没有明确提出数学推理的演绎与归纳类别，而是强调了论证（argument），比较重视学生在推理过程中交流，以及对别人的论证进行评价。

英国的数学课程标准将基础数学教育分为4个关键阶段。在2007年

---

① 全美数学教师理事会：《美国学校的数学教育原则和标准》，蔡金法等译，人民教育出版社2004年版，第10—11页。

② 全美州长协会和首席州立学校官员理事会：《美国州际核心数学课程标准：历史、内容和实施》，蔡金法、孙伟等译，人民教育出版社2016年版，第5—10页。

进行了新一轮国家数学课程改革，改革主要针对 KS3 和 KS4 两个阶段，其中 KS3 阶段对应我国的初中阶段。该标准于 2008 年实施。① 其中包括学习计划和成就目标两大部分，在学习计划中给出目标。在 KS3 阶段目标有三个：发展数学流畅性，数学推理，解决问题。其中数学推理是使用数学语言进行猜想、概括、论证、辩论或者证明。② 在具体目标中进一步指出学生在 KS3 阶段要经历哪些教育训练，寻找证明和反例，并且在几何、代数领域开始进行演绎推理，包括使用几何学的结构形式。在 KS4 阶段也继续要求进行演绎推理。③

法国的数学课程标准分为小学和中学部分，学校多实行 5—4 制，初中有 4 年，一般分为 6 级、5 级、4 级、3 级。其中 4 级与我国八年级相对应。每一级都结合具体内容维度细化了详细目标，例如在 4 级的几何内容维度中，就明确要培养启发能力和应用常见图形的性质、对称、度量关系、角度或面积对简单的几何进行非正式推理；维持和丰富对几何作图的实践及隐含的推理；教会学生证明。在 3 级中就进一步提高了要求，指出要熟悉算数推理；培养分析能力、推理能力和写出证明的能力等。④

德国的基础教育分为初等教育和中等教育，初中属于中等教育中一部分。2003 年开始推出了以"能力"为导向的全国性教育标准。在中学的数学课程标准中提出了一般数学能力，共计 6 项，分别为数学论证能力、数学思维解题、数学建模能力、数学表达、使用数学符号和形式语言以及电子教学辅助手段和数学交流。在数学论证能力中又进一步明确说明为用典型数学语言提出问题；对设想进行论证；进行数学论证（如

---

① 刘青云：《中英初中数学课程标准的比较研究》，硕士学位论文，广州大学，2013 年。
② Department for education in england. national curriculum in England mathematics programme of study-key stage3. 2013，https：//www. gov. uk/government/uploads/system/uploads/attachment_data/file/239058/SECONDARY_national_curriculum_-_Mathematics. pdf，2017－4－2.
③ Department for education in england. national curriculum in England mathematics programme of study-key stage4. 2013，https：//www. gov. uk/government/uploads/system/uploads/attachment_data/file/331882/KS4_maths_PoS_FINAL_170714. pdf，2017－3－8.
④ 曹一鸣：《十三国数学课程标准评介（小学、初中卷）》，北京师范大学出版社 2012 年版，第 106—107 页。

解释、论证、证明);对解题方法进行描述和论证。① 虽然在标准中没有明确指出数学演绎推理,推理与论证是密切相连的,从具体内容中可看出在数学论证中体现了对以证明为代表的演绎推理的强调。

澳大利亚数学课程标准中比较强调数学推理的培养,虽然在课程标准中没有明确提出"演绎推理",但是在很多细节要求和进一步的解释分析中也体现了类似的思想。课程标准的基本理念指出数学有其自身的价值和美,数学课程的目的是让学生体会到数学推理的力量。在核心理念(Key ideas)中指出推理发展学生日益复杂的逻辑思维和行为能力,例如分析、证明、评价、解释、推断、辩护和概括。学生进行数学推理当他们解释他们的思考、推导和证明使用的策略,以及结论的获得,当他们适应已知到未知,当他们转变学习从一种环境到另外一种,当他们证明一些是真实和错误,当他们比较和对比相关的观点和解释他们的选择。② 可以对数学推理的培养在学生进行的很多数学行为中都可以进行。同时,课程期望学校确保所有学生能在经历数学推理的过程中受益,并能够创造性、高效地运用他们的数学理解力。在数学课程的目标中,指出要在数学与代数、测量与几何、统计与概率领域能进行推理。在数学能力中明确提出了数学技能、学会推理、会用数学思维思考问题、采取策略并解决问题。③ 在八年级的数学推理要求中,具体包括证明一个计算或估算的合理性,为比较税率和价格而解释比率的正式且直观的使用,从它的余角中提取一种可能性,利用全等推断出三角形的性质,对数据做出推论。

加拿大并没有全国统一的数学课程标准,目前共有四种课程标准执行。分别为西北部教育协定组织课程标准,安大略省课程标准,魁北克省课程标准和大西洋省数学课程标准。其中西北部教育协定组织课程标

---

① 徐斌艳:《关于德国数学教育标准中的数学能力模型》,《课程·教材·教法》2007年第9期。
② ACARA. "The Australian Curriculum Mathematics". http://www.australiancurriculum.edu.au/mathematics/key-ideas, 2017-02-15.
③ 康玥媛:《澳大利亚全国统一数学课程标准评析》,《数学教育学报》2011年第5期。

准中指出数学推理主要指归纳推理和演绎推理。① 也指出数学推理可以帮助有逻辑性的思考、弄清数学的意义。学生们需要培养自信心去推理和论证数学思考，高阶的数学问题可以锻炼学生的思维和对数学的意识。② 安大略省课程标准认为数学是一门强大的学习工具，学习数学应该注意其连贯性、相关性和综合性。标准中设定了数学过程目标，在目标中提出了 7 个进程：问题解决、解决问题策略的选择、推理与证明、反思、选择工具和计算策略、内容的连接、表征、交流。③ 推理与证明具体过程涉及探索现象、开发思维、做出数学猜想、判定结果。通过深化学生对数学概念和原理的理解，使学生加深对数学的理解。魁北克省的数学课程标准中将内容分为算术、几何、测量、统计、概率五部分，同时明确了数学学习目标和能力要求。在目标中提出了要培养学生归纳与演绎推理能力。在能力要求中分为两种要求，其中第二种侧重于数学推理能力，包括理解数学概念和数学方法之间的关系，并能够从更高的思维水平加以运用。在数学学习中，学生图例能力的培养需要在相应的认知活动中进行，比如从已知信息中得出结论（演绎推理）、通过观察发现规律（归纳推理）以及重组数学运算找到解决问题的不同办法（创造性思维）。

韩国的数学课程标准在 2006 年进行了一次较大的修订，新修订的标准特别强调数学能力，注重逻辑推理能力、演绎推理能力和问题解决能力的培养，同时也关注数学交流能力。并且指出为提高数学思考和推理能力，在数学教学上应注意通过归纳和推理使学生自主地推测数学事实，并让其进行合理的解释或证明。分析数学事实或命题，组织和整理数学关系，让学生对其思考过程进行反思。在认知领域的评价方面也同样关注到了推理能力，明确要利用数学知识和技能做出合理推理的能力。2011 年韩国又发布了最新的韩国《数学课程标准》（2011 年版），提出"主要通过数学推理、数学问题解决、数学交流等数学化过程的教学来增

---

① 曹一鸣：《十三国数学课程标准评介（小学、初中卷）》，北京师范大学出版社 2012 年版，第 49—78 页。

② Western and Northern Canadian Protocol. The Common Curriculum Framework for K-9 Mathematics. http://www.wncp.ca/media/38765/ccfkto9.pdf, 2016 - 12 - 3.

③ 黄邦杰、孔德宏：《加拿大数学课程标准研究结题报告》，《课程教材教学研究》2010 年第 7 期。

进。通过数学化过程培养的核心力量不仅可以成为学好其他学科的基础，进而成为提升个人的专业能力和创意为中心的 21 世纪知识化社会的民主市民所必要的素养和竞争力的基础。"的理念。新标准中非常强调数学化的过程，数学化过程的组成要素是数学问题解决、数学推理、数学交流和数学创造性，其中数学创造性是上位水平能力。在内容标准也提出了要利用现代信息技术学习数学内容，如，在学习函数、统计、图形性质等内容时，可以借助相关的计算机软件绘制图像、图表等，并进行解释、说明与推理。①

新加坡于 2007 年颁布了数学课程标准，在课程标准的理念部分就指出 "数学是发展和提高人的逻辑推理能力、空间想象能力以及分析和抽象思维能力的重要工具。学生在学习和应用数学的过程中发展计算能力、推理能力、思维技巧和问题解决能力。" 在教育目标中又指出要培养学生逻辑推理、数学交流、独立学习及合作学习的能力。在组织与组织框架部分分为概念、技能、过程、态度和元认知 5 个方面，其中在过程维度，又划分了三个维度，推理、交流和联系；思维技能和启发法；应用和建模。并明确解释数学推理是指分析数学情境，构造逻辑论证的能力，是可以通过在不同的背景下应用数学来养成的意识习惯。在思维技能 (Think skills) 中认为包含归纳和演绎以及其他方面。指出学生初中阶段逐步地从归纳论证到演绎论证，同时，在 O 水平和 N—A (normal Academic) 水平的数学推理过程中都提到演绎推理，并要求学生能够解释、核查一个数学结论或者表述；描述逻辑结论；进行推断；书写一个数学论证。②

我国在 1963 年的数学教学大纲中提出了三大能力：运算能力、逻辑思维能力和空间想象能力，③ 但是并未明确在目标中提出推理能力。在 1992 年的教学大纲中对逻辑思维能力进行了解释说明，指出 "初中数学

---

① 崔英梅、孔凡哲：《韩国〈数学课程标准〉的特点及启示》，《全国数学教育研究会 2012 年国际学术年会论文集》2014 年 6 月。
② Ministry of Education, Singapore. Mathematics syllabus secondary One to Four. https：//www.moe.gov.sg/docs/default-(2013) source/document/education/syllabuses/sciences/files/mathematics-syllabus-sec-1-to-4-express-n (a) -course. pdf, 2017 - 3 - 5.
③ 吕世虎：《中国中学数学课程史论》，人民教育出版社 2013 年版，第 132—133 页。

教学中发展学生的逻辑思维能力，主要是逐步培养学生会观察、比较、分析、综合、抽象和概括；会用归纳、演绎、类比进行推理；会准确地阐述自己的思想和观点；形成良好的思维品质"。并进一步说明逻辑思维能力大体包括：比较、分析、综合概括、抽象等形成概念的能力，归纳、演绎、类比等进行推理和证明的能力；分类和系统化等形成知识体系的能力。① 从中可以看出推理能力一直以来都是数学教学目标中的重要内容。2011年我国颁布了《标准2011》，在前言部分提出了十个核心词，其中一个为"推理能力"。并明确指出推理一般包括合情推理和演绎推理，合情推理是从已有的事实出发，凭借经验和直觉，通过归纳和类比等推断某些结果；演绎推理是从已有的事实（包括定义、公理、定理等）和确定的规则（包括运算的定义、法则、顺序等）出发，按照逻辑推理的法则证明和计算。在解决问题的过程中，合情推理用于探索思路，发现结论；演绎推理用于证明结论。在总目标下的数学思考目标中，也进一步指出要在参与观察、实验、猜想、证明、综合实践等数学活动中，发展合情推理和演绎推理能力，清晰地表达自己的想法。并明确阐述了合情推理和演绎推理的关系，推理贯穿于数学教学的始终，推理能力的形成和提高需要一个长期的、循序渐进的过程。义务教育阶段要注重学生思考的条理性，不要过分强调推理的形式。在第三学段中，应把证明作为探索活动的自然延续和必要发展，使学生知道合情推理与演绎推理是相辅相成的两种推理形式。"证明"的教学应关注学生对证明必要性的感受，对证明基本方法的掌握和证明过程的体验。证明命题时，应要求证明过程及其表述符合逻辑，清晰而有条理。此外，还可以恰当地引导学生探索证明同一命题的不同思路和方法，进行比较和讨论，激发学生对数学证明的兴趣，发展学生思维的广阔性和灵活性。无论是"数与代数""图形与几何"还是"统计与概率"的内容编排中，都要所有渗透。标准中也多次强调合情推理和演绎推理的相辅相成，以及在教学中引导学生经历从合情推理到演绎推理的过程。总之，在2011年版的新标准中明确了数学推理的主要分类包括演绎推理，并且

---

① 丁尔陞：《九年义务教育初级中学数学教学大纲的审查说明》，《教育研究》1992年第5期。

也提出了教学中关注学生演绎推理的培养，是对演绎推理能力要求最明确、最重视的版本。

综上所述，可以发现演绎推理在各个国家不同程度地被提出或者体现。由于各个国家具体的数学教育理念以及标准开发等方面的不同，在有关演绎推理的阐述和要求方面也有所不同。其中以 NCTM（2000）和我国《标准 2011》强调的重要性最为突出，从具体要求到教学实践都有明确的阐述和案例。也有一些国家的标准中并未明确提及演绎推理，但从有关推理的内涵要求中也有相关体现。可见，在初中阶段演绎推理应该成为学生学习和经历的必要内容已成为一种共识。

第二节 有关数学认知水平的文献分析

一 布卢姆认知水平

1986 年美国教育心理学家布卢姆（布鲁姆）的著作《教育目标分类学：认知领域》引入国内，直至今日，分类学仍然在基础教育领域发挥着巨大的作用。当时布卢姆的认知分类只有一个维度，分为知识、领会、应用、分析、综合、评价 6 个层级。由于布卢姆所给出的分类是针对整体的教育而言，具体到数学学科就有其弊端出现，早在 20 世纪末期就有学者对这一问题进行了探讨。[①] 另外，一些学者也指出分类学中知识与其他层次不在同一纬度，因此，安德森与多位认知心理学家、教育家共同对其进行了修订。2001 年修订版的布卢姆教育目标分类正式公布，新版本改为了二维分类，知识单独形成一维，并且细化为事实性知识、概念性知识、程序性知识、元认知知识。而从认知心理过程分为记忆、理解、运用、分析、评价、创造。[②]

[①] 程龙海、徐龙炳：《布卢姆教育目标分类学对我国中学数学教学的影响》，《徐州师范大学学报》（自然科学版）1998 年第 2 期。

[②] ［美］洛林·W. 安德森等：《布卢姆教育目标分类学修订版——分类学视野下的学与教及其测评》，外语教学与研究出版社 2009 年版，第 1—20 页。

表2-9　　　　　　　　　布卢姆教育目标分类表

知识维度	认知过程维度					
	记忆 Remember	理解 Understand	应用 Apply	分析 Analyze	评价 Evaluate	创造 Cerate
事实性知识 Factual						
概念性知识 Conceptual						
程序性知识 Procedural						
元认知知识 Metacognitive						

修订后的布卢姆教育目标分类可以更好地用在教育评价当中，但是由于每一个具体学科往往具有特殊性，因此这个分类用在具体的学科当中时还会出现各种问题。所以，很多学科领域的专家们一直都在寻找适合本学科的测评分类框架。

二　范希尔几何思维水平

范希尔受到皮亚杰的影响，通过多年的教学经验形成了五层级的几何思维水平。

表2-10　　　　　　　　范希尔几何思维等级分类表

水平等级	表现
水平1	视觉（visual）
水平2	分析（analysis）
水平3	非形式演绎（informal deduction）
水平4	形式演绎（formal deduction）
水平5	严密性（rigor）

多年来很多数学教育研究者采用了范希尔的分类方法进行学生的几何思维研究,在一些数学教育的国际比较中也有学者使用这一框架。但是这一框架主要是针对数学中的几何领域,代数领域的研究还有不足。另外针对每一个具体水平的认知过程没有给出详细的阐述,如果从演绎推理角度看,学生只是达到了水平4,但是具体表现如何这个框架无法进行更进一步的测量。

三 SOLO 目标分类

SOLO (Structure of the Observed Learning Outcome)是"观察到的学习结果的结构"的缩写,由 Biggs 和 Collis 于 1982 年提出。SOLO 分类法的理论基础是结构主义学说和皮亚杰认知发展阶段理论,关注了学生的认知过程。它强调对学生反映的质性分析,而不是简单地记录作答的正确和错误。利用水平的划分对模式进行定性的分析,把抽象程度和题目结构上的复杂程度分为 5 个水平或结构:前结构、单一结构、多元结构、关联水平和扩展抽象水平。

表 2-11　　　　　　　　SOLO 分类理论等级描述

层次	描述
前结构 Pre-structural	低于目标方式的反应,学习者被情景中无关的方面所迷惑或误导,不能以任务中所涉及的表征性方式处理任务。
单点结构 Uni-structural	学生关注主题或问题,但只使用一个相关的线索或资料,找到一个线索就立即跳到结论上去。
多点结构 Multi-structural	学生使用两个或多个线索或资料,却不能觉察到这些线索或资料之间的联系,不能对线索或资料进行整合。
关联结构 Relational	学生能够使用所有可获得的线索或资料,并将它们编入总体的联系框架中,总体成为在已知系统中内在一致的结构。
拓展抽象 Extended Abstract	学生超越资料进入一种新的推理方式,并能概括一些抽象特征。[1]

---

[1] 蔡永红:《solo 分类理论及其在教学中的应用》,《教师教育研究》2006 年第 1 期。

通过上面分类等级内容可知,这是一个结构复杂性渐增的层次模型。它的特点有渐增的一致性,构造的维数数目逐步增加,相关原理的使用次数逐步增加。但是,研究人员发现,模糊的结构概念会导致分类的不稳定,并将出现将"扩展抽象"认为是"前结构"的误会。因此,这会造成评分者一致性信度不高的问题。

四 QUASAR 项目的目标分类

QUASAR 项目是美国全国性的学校数学教学改革研究项目,其目的在于改进学生的数学思维、推理和问题解决。该项目为了研究任务的认知水平在课堂上发生的情况,给出了基于课堂任务的认知水平分析框架:

表 2-12　　　　　　　QUASAR 项目认知框架表[①]

水平	分类	描述
低水平	记忆型	1. 包括对已学过的事实、法则、公式以及定义的记忆重现或者把事实、法则、公式和定义纳入记忆系统。 2. 使用程序不能解决,因为不存在某种现成的程序或因为完成任务的限定时间太短而无法使用程序。 3. 模糊,这种任务包括对先前见过的材料的准确再现以及再现的内容可以明白而直接地陈述。 与隐含和已学过的或再现的事实、法则、公式和定义之中的意义或概念无任何联系。
	无联系的程序型	1. 算法化,程序的使用要么是特别需要,要么明显基于先前的教学、经验或对任务的安排。 2. 成功完成任务需要的认知要求有限,对于应做些什么和如何做几乎全部是一目了然。 3. 与隐含于程序之中的意义或概念无任何联系。

---

① 周超:《八年级学生数学认知水平的检测与相关分析》,博士学位论文,华东师范大学,2009 年。

续表

水平	分类	描述
高水平	有联系的程序型	1. 为了发展对数学概念和思想的更深层次理解，学生的注意力应集中在程序的使用上。 2. 暗示有一条路径可以遵循，这种路径即是与隐含的观念有密切联系的，明晰的一般性程序。 3. 常用的呈现方式有多种，在多种表现形式之间建立起有助于发展意义理解的联系。 4. 需要某种程度的认知努力，尽管一般的程序可资遵循，但却不能不加考虑地应用。为了成功完成任务和发展数学的理解，学生需要参与存在于这些程序中的观念。
	做数学	1. 需要复杂的、非算法化的思维。 2. 要求学探索和理解数学观念、过程和关系的本质。 3. 要求对自己的认知过程自我调控。 4. 要求学生启用日期相关知识和经验，并在任务完成过程中恰当使用。 5. 要求学生分析任务并积极检查对可能的问题解决策略和解法起限制作用的因素。 6. 需要相当大的认知努力，也许由于解决策略不可预期的性质，学生还会有某种程度的焦虑。

在利用上述框架对上百堂数学课进行分析后，他们发现学生在学习高认知水平的任务时获益最大。但高认知水平的数学任务在实施的时候也是最困难，往往会在课堂中被教师下降为低认知水平的任务。

五 PISA 数学测试

在 PISA 数学素养的测试中也不断给出数学测评的框架，在测评框架中 PISA 一直都关注着内容、过程和情境三个维度。其中的过程是指认知方面的心理活动，从 2000 年开始 PISA 一直在不断修正认知过程维度。随着测评倾向的变化，认知维度的框架也在不断调整。

PISA 测试中重点依据 NISS 的观点考查了学生 8 种数学能力，但是在解决数学问题的过程中往往是多个数学能力同时发生作用的结果。因此，

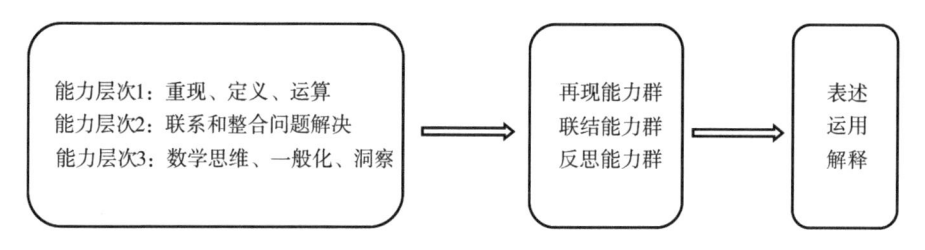

```
┌─────────────────────────┐     ┌──────────┐     ┌──────┐
│ 能力层次1：重现、定义、运算 │     │ 再现能力群 │     │ 表述 │
│ 能力层次2：联系和整合问题解决│ ──▶ │ 联结能力群 │ ──▶ │ 运用 │
│ 能力层次3：数学思维、一般化、洞察│   │ 反思能力群 │     │ 解释 │
└─────────────────────────┘     └──────────┘     └──────┘
```

图 2-4　PISA 数学测试认知分析框架变化

PISA 从认知的角度将数学能力分为三个层次。再现能力群在相对熟悉的题目中起作用，涉及的认知难度不大，往往是将所学习过的知识直接应用。联系能力群相比再现有所提高，难度有所增加，涉及的问题也较复杂，往往具有一定的背景。反思能力群是最高的认知表现，一般需要具备前两者的要求，学生在运用相关数学概念或联系相关知识以获得答案时又创造性的表现。[①] 而在 2012 年之后，PISA 测试的理念为考查学生在进行数学问题解决过程中的表现，因此，重新修改了认知方面的测试框架。从学生进行问题解决开始划分为三个阶段：表述、运用、解释，这一框架在 2015 年的测试中仍然沿用。其中表述是指用数学表达情境，运用是指运用数学概念、事实、过程和推理，解释是指阐释、运用和推理数学结论，反思数学结果，评价数学结论。2003 年和 2012 年 PISA 主测数学，所以这两年的测评框架也更受学者们关注。一些学者以此为参考开展数学教育测评研究，就本书而言，2003 年的三种数学能力分类更适合进行推理能力的测评，能够较好地解决不同类型问题和认知水平交叉的问题，特别是可以进行较好的情境分类。而在 2012 年的框架中，表述更多的是数学化的过程，应用更多的数学抽象能力。因此，本书主要是基于 2003 年的 PISA 测试评价进行构建。

六　青浦实验

20 世纪末期，为了大面积提高学生的数学学习成绩，上海市青浦县

[①] 魏爱芳：《PISA 数学素养测试及其对我国青少年数学素养评价的启示》，《考试研究》2011 年第 6 期。

开展了青浦实验行动,行动取得了非常好的效果,同时在数学认知研究方面也进行深入的研究。研究团队认为认知领域的教学目标都是由更基本的内隐因素决定的,这些因素构成了一个六变量的层级模型。通过大规模测试后的因素分析,研究者认为其中综合与分析可以进行合并,应用和领会可以进行合并,知识和计算可以进行合并。① 这样就很好地解决了布卢姆分类学在数学上的应用问题,形成了记忆、说明性理解、探究性理解三个层次。

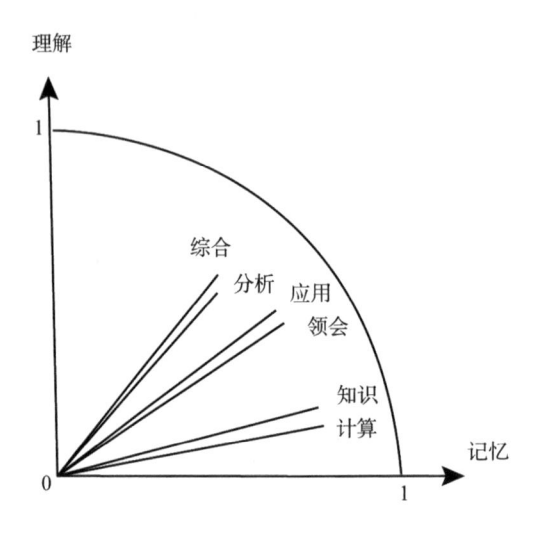

图2-5　青浦实验六变量矢量表示

在 21 世纪初,青浦实验的新世纪行动团队又对这一分类进行深入研究,在实验初始形成了 5 种水平的测试量表"计算、概念、领会、运用、分析",通过两度因素分析实验结果,认为领会和应用可以进行合并,进而分为四个等距的层次。②

---

① 顾泠沅:《青浦实验——一个基于中国当代水平的数学教育改革报告》(上),《课程·教材·教法》1997 年第 1 期。
② 杨玉东、贺真真:《数学教学改革三十年:现实与实现——来自青浦实验的新世纪行动》,《上海教育科研》2007 年第 12 期。

表 2-13　　　　　　　　青浦研究高低认知划分表

较低认知水平	较高认知水平
计算——操作性记忆水平	领会——说明性理解水平
概念——概念性记忆水平	分析——探究性理解水平

这一结果给出了很好的数学教育测量框架，但是在教育研究中再好的框架也难以适应所有的研究目的。针对具体的问题往往需要更为细节地去思考，例如，在测量数学演绎推理中，运算被认为是演绎推理的一种形式，框架中的计算将难以和其他维度进行融合。因此，需要寻找更加适合大规模测量的框架。

第三节　有关教育测量的统计方法分析

教育测量是一个近几年备受关注的领域。从国内的文献看，在2000年以前有关教育测量的发文量每年不足10篇。在2000年之后逐渐开始大幅度增加，2012年之后达到高峰，每年发文量都在百篇以上。探究其原因主要有两方面：一方面，教育测量、教育评价逐渐受到教育研究者的重视，其内在价值、意义逐渐在教育活动有所彰显；另一方面，受到PISA、TIMSS等国际大规模测试的影响，先进的测量学技术开始进入教育领域，使测量结果的可信度、真实性更加可靠，促使了部分研究者在教育研究中开始关注技术的应用。

一　经典测量理论

"经典测验理论"（Classical Test Theory），也称为"真分数理论"，简称CTT[1]。其基本模式是：$X = T + E$，其中 X 表示实际得到的分数，T 表示学生的真实分数，E 代表误差分数（error score）。被试接受测验所获得的分数为实际分数，而不是真实分数。虽然，严格意义上来看，通过测验无法得到被试的真实分数，但重复测验可以在一定程度上弥补其中的

---

[1] 马江山、秦霞：《两种测量理论（CTT和IRT）的分析与比较》，《上饶师范学院学报》2005年第3期。

误差，获得更加接近真实的分数。也就是说降低了误差分数，提高了可信度。这在实际应用中要满足一些基本假设：

假设1：实际得到的分数的期望和真实分数相同，即
$$Exp(X) = Exp(T) + Exp(E) = Exp(T+E) = Exp(T) = T$$
假设2：X、T、E 为互相独立的，即
$$\rho_{XT} = 0;\ \rho_{TE} = 0;\ \rho_{ET} = 0$$

难度（difficulty）、区分度（discrimination）、信度（reliability）和效度（validity）是 CTT 理论的重点关注指标。其中，难度可以理解为试题的困难程度。一般情况下用该试题的得分率来表示。

1. 主观题：$P = \dfrac{\bar{X}}{W}$，其中，$\bar{X}$ 表示得分的均值，W 为该题总分。

2. 客观题：$P = \dfrac{R}{N} \times 100\%$，其中，$N$ 代表人数，R 为答对人数。

一般情况用 P 来表示难度，根据上面的计算公式 P 会处在 0 到 1 之间。P 值越大表示试题越简单，反之越难。

区分度主要表示的是试题在测量中的区分情况，进一步解释为高水平学生可以答对较多的试题，而低水平只能答对较少试题。如果在测试中发现低水平学生能答出很多问题，这样就很难区分不同水平的学生，测试工具需要进一步改进。

一般区分度用 D 来表示，计算公式为：
$$D = P_H - P_L$$

其中 P_H 表示高水平学生答对该题的百分比，P_L 表示低水平学生答对该题的百分比。D 值介于 −1 到 1 之间。

信度是指一份测验结果的可信、可靠程度，或者也可以理解为多次测量的一致性。信度越大，误差越小。其理论公式为：$\rho_{XT}^2 = 1 - \dfrac{\sigma_E^2}{\sigma_X^2}$。具体在实际计算时，主要有重测信度、复本信度、评分者信度、内部一致性信度四种方法：重测信度主要是指同一测验在不同时间的稳定性。复本信度主要是指相似的测验用于同一组被试。评分者信度（scorer reliability）

是指不同评分者在评阅相同内容时产生的一致性。内部一致性信度是在测验中最常使用的信度指标,主要是指测试中试题之间的同质性,也就是不同试题测试的目标是否一致。学者们普遍使用 Cronbach's alpha 信度系数作为内部一致性信度系数。当然这种情况的前提是测验为单维结构,也就是所有试题测量了单一特质,此时 α 系数等同于内部一致性。①

其公式如下:

$$\alpha = \frac{n}{n+1}\left(1 - \frac{\sum_{i=1}^{n}\sigma_i^2}{\sigma_X^2}\right) \leqslant \rho_{XT}^2$$

如果 α 系数越高,表示测验信度高;反之,若 α 系数低,则信度低。一般的测验信度至少要 0.8 以上,但是目前很多实证研究的工具信度也不能达到这一要求。所以信度也并非绝对数值衡量标准,还要依据测量目的和实际情况而定。所以在一些测验中量化的指标只是作为重要的参考依据,最终进入测试的试题还由学科专家来决定。

效度是指一个测验工具能够进行准确测量的程度,或者说一个测验是否有效的强度。也可以进一步理解为根据测验所得结果进行推论的有效性程度。一般来说效度包括以下三种:

1. 内容关联效度(content-related validity):主要指测验内容是否具有代表性,目前主要应用于基本标准的学业测评活动。

2. 效标关联效度(critarion-ralated validity):效标指的是被试的真实表现,这里主要考查的是被试的测验成绩与其真实表现的相关关系。具体来说可以分为同期效度和预期效度。测验分数与实施测验同一个时间所取得的效标之间的相关称为同期效度,测验分数与实施测验后一段时间所取得的效标之间的相关称为预期效度。

3. 构念效度(construct-related validity):构念效度指的是经验性证据能证实某种构念确实存在的程度,以及评估工具能准确测量这一构念的程度。②

---

① 温忠麟、叶宝娟:《测验信度估计:从 α 系数到内部一致性信度》,《心理学报》2011 年第 7 期。

② 陈吉:《基于标准的大规模数学学业评价之命题研究——中美比较》,博士学位论文,华东师范大学,2012 年。

随着教育测量学的不断发展，人们逐渐发现在测量中 CTT 理论存在一些问题。例如，被试者在测试中获得了相同的得分，通常对被试能力的评价趋近一致。但是不同被试在不同试题上的作答表现却差异较大，这表明被试的潜在能力并不相同。事实上，试题反应模式所显示的意义并不会相同，所估算出的潜在能力也应该不同（Wendy，2006）。[①]

例如，A、B 被试在某项测验中 1—10 题的作答结果如下。

表 2 - 14　　　　　　　　　学生作答情况

	1	2	3	4	5	6	7	8	9	10	总分
A	√	√	√	√	√	√	√	√	√	X	9
B	X	√	√	√	√	√	√	√	√	√	9

从表格中可以看出 A 和 B 两位被试的总得分相同，说明他们的潜在能力值是相同的。但是在实际情况下，一套测试工具中的试题难度是不相同的。如果从 1 题到 10 题的难度依次增加，虽然得分是一样的，但是学生的能力值显然是不同的。A 被试在最难的题目上出现错误，而 B 被试在简单题上出现错误。事实上 B 被试的能力要高于 A，这是一个在测试中最为常见的例子。因此，在 CTT 的测量背景下，这些信息就被隐含了，也不能够更加真实地刻画学生之间的能力差异。为此在统计学的发展下，人们开始使用目前最为主流和前沿的 IRT 理论。

二　IRT 测量理论

（一）项目反映理论（IRT）的发展

IRT 又名项目反应理论，是 Item Response Theory 的缩写。最早是洛德（Lord）在其博士论文《关于测验分数的一个理论》中对该理论进行了阐述，此论文也被人们认为是 IRT 理论诞生的标志。[②] 并且，洛德提出了正态肩型曲线模型，这也是项目反应理论的第一个模型，函数模型为

[①] Wendy M. Yen，Anne R. Fitzpatrick. Item Response Theory. in Robert L. Brennan（Eds.）EDUCATIONAL MEASUREMENT. New York：Greenwood Pub Group Press，2006，pp. 111 - 113.

[②] Lord，F，M. A theory of test scores. *Psychometric Monographs*，Vol. 7，1952.

$$P_i(\theta) = \int_{-\infty}^{a_i(\theta - b_i)} \frac{1}{\sqrt{2\pi}} e^{-\frac{z^2}{2}} dz$$

具体来说，项目反应理论是用项目特征参数估计被试潜在特质的一种测量理论。在该数学模型下，可以反映出被试的潜在特质（能力）对试题的反应情况。也就是说被试答对试题的概率受到了试题难度和被试能力的影响，这一点与 CTT 有着巨大差异。那么也是基于这样的数学模型，就可以根据被试在试题上的作答来估计潜在特质和测试工具的难易程度。除此之外，IRT 理论下还有一个更大的优势。不同被试在作答了不同的试题时，通过 IRT 也可以进行比较，改变了以往 CTT 理论的限制。

表 2 – 15　　　　　　　　　　IRT 常见模型

维度数量	计分方式	参数个数	模型提出者	适用软件
单维度	二元计分	单参数模型	Rasch（1960）	Bigstep, BILOG ConQuest
		二参数模型	Lord（1952）	
		三参数模型	Birnbaum（1968）	
	多元计分	类别反应模型	Bock（1972）	MULTILOG, ConQuest
		等级反应模型	Same jima（1969）	
		局部评分模型	Wright&Master（1982）	
		评定量尺模型	Andrich（1978）	
多维度	二元计分	二参数模型	Mckinley & Reckase（1983）	NOHARM, CONQUEST
		三参数模型	Hattie（1981）	
	多元计分	多元计分模型	Adams，Wilson & Wang，（1997）	

（二）IRT 的常见模型

IRT 理论其实是许多项目反映理论模型的总称。随着计算时代的到来，当代 IRT 理论的各种模型都得以应用，目前已经有许多 IRT 模型分别使用在不同的测验情境中。常见的 IRT 模型可以根据其所包含的试题参数数目来分，分为单参数的 Rasch 模型、二参数模型和三参数模型

(Birnbaum, 1968)。① 在确定了参数个数之后还可以依据计分形式来分，分成二元计分模型与多元计分模型；或是依据作答方式来分，分成评定量尺模型、部分计分模型、名义量尺模型等。这些模型目前都能通过相应的软件进行计算。

（三）IRT 与 CTT 的比较

IRT 与经典测量理论相比在模型特性、能力值与量尺特性、试题参数特性、应用等几个方面均有差异。在模型特征方面，CTT 理论针对的是整卷总分，IRT 针对的是单一试题，并且适用于多种不同计分方式的试题。能力值与量尺特性方面的最大区别就是 IRT 理论下被试的能力值估计不会受到题目的影响，所有被试的能力值会呈现在一把量尺上。CTT 理论下往往是将各题得分累加，用总得分或者平均分来估计能力值，因在不同难度试题的表现不同会产生较大误差。另外在结果的解释方面，前者所有被试能力在同一量尺上，可以直接进行比较，后者更多时候要结合常模数据才能进行解释。试题参数特性方面 IRT 理论下不会受到被试能力差异的影响，CTT 理论下会受到影响。在应用方面 IRT 更为广泛，可以编制量表、等值、计算机自适应等。整体看 IRT 理论具有明显的优势，但也存在不足，数学模型相对复杂，不易理解，必须依赖计算机软件完成运算。CTT 虽然便于理解，容易计算，但对被试能力估计和试题参数估计的精准性较差。

表 2-16　　　　　　　　　CTT 与 IRT 对比情况

	IRT	CTT
优势	被试能力值估计准确；题目参数估计不受能力影响；可以进行锚题设计；便于结果解释；应用范围较广	模型简单，容易理解；计算量小
不足	模型较多，难以理解和选择必须应用计算机辅助	被试能力估计不准确；题目参数受到能力影响；应用范围小

---

① Birnbaum, A. Some latent trait models and their use in inferring an examinee's ability. In F. M. Lord & M. R. Novick (Eds.), *Statistical theories of mental test scores.* Reading, MA: Addison-Wesley. 1968. pp. 395–479.

从对比中可以看出 IRT 理论具有很强的优势。通过文献梳理发现，目前我国的数学教育研究领域中，很多专家学者都已经开始研究或者应用 IRT 理论开展相关测量研究。例如，綦春霞教授开展了基于 IRT 理论的试题编制研究①。刘坚教授开展的质量监测研究，② 曹一鸣教授进行的数学学科能力测量研究，③ 徐斌艳等开展的数学学科核心能力研究④，另外，宋乃庆教授团队⑤，以及刘鹏飞⑥等学者也都开展了基于 IRT 理论的数学教育测量研究。但是这并不意味着 CTT 理论可以完全放弃，受到样本容量，以及测验目的等影响，CTT 理论也将继续发挥强大的作用。将两种理论整合应用在数学教育的相关测量中，发挥各种理论的优势，是现阶段最为可行的研究方式。

三 Rasch 模型

（一）Rasch 模型及其特点

Rasch 模型是丹麦数学家和统计学家 Georg Rasch 基于 IRT 理论提出的一个潜在特质模型。⑦ Rsach 模型认为，被试答对试题的概率主要由试题难易程度决定，如果能够将被试的能力或者潜在特质与试题的难易程度建立起联系，就可以计算出被试答对的概率是多少。从 20 世纪 60 年代开始，Rasch 模型逐渐受到学者们的青睐，从自然科学到社会科学的研究领域中都开始应用这一模型。经过半个世纪的发展，Rasch 模型已在心理科学领域得到了广泛应用。另外在教育领域、卫生和医学领域、体育和运动科学领域也有相关研究。根据晏子的研究，⑧ 我国在 2000 年之后学

---

① 綦春霞、张新颜、王瑞霖：《八年级学生数学学业水平的现状及其影响因素研究——以三地测试为例》，《教育学报》2015 年第 2 期。
② 刘坚、张丹、綦春霞、曹一鸣：《大陆地区义务教育数学学业状况及影响因素研究》，《全球教育展望》2014 年第 12 期。
③ 曹一鸣、刘晓婷、郭衎：《数学学科能力及其表现研究》，《教育学报》2016 年第 4 期。
④ 徐斌艳、朱雁、鲍建生、孔企平：《我国八年级学生数学学科核心能力水平调查与分析》2015 年第 11 期。
⑤ 闫成海、杜文久、宋乃庆、张健：《高考数学中考试评价的研究——基于 CTT 与 IRT 的实证比较》，《华东师范大学学报》2014 年第 3 期。
⑥ 刘鹏飞：《义务教育数学课程学段划分研究》，博士学位论文，东北师范大学，2015 年。
⑦ 罗冠中：《Rasch 模型及其发展》，《教育研究与实验》1992 年第 2 期。
⑧ 晏子：《心理科学领域内的客观测量——Rasch 模型之特点及发展趋势》2010 年第 5 期。

者才开始重视 Rasch 模型。目前有关 Rasch 的研究主要在统计学、教育测量、心理学、课程与教学、医学方向有较多研究。例如：罗冠中[①]；詹沛达等[②]；田清源[③]；王磊等[④]；江进林等[⑤]；陈维等[⑥]。

Rasch 模型是一种可以测量被试潜在特质的模型，通过被试在测试题目上的作答表现来测量潜在的变量。根据 Rasch 模型原理，被试回答某一题目正确与否完全取决于被试能力和题目难度之间的比较。Rasch 模型是一个理想化的数学模型，但是也要求所获得的数据要符合规定的标准和结构，才能确保测量结果的客观性。Wrigh 和 Stone（1979）指出，Rasch 模型对于客观测量有两个要求，一是对任何题目，能力高的被试要比能力低的被试有更好的表现。二是任何被试在低难度题上的表现要好于高难度题。在 Rasch 模型中，被试的能力，题目的难度，以及被试给出正确答案的可能性之间的关系可以由下面的方程来表达。

$$P_{mi}(x_{mi}=1/\theta_m,\delta_i) = \exp(\theta_m-\delta_i)/[1+\exp(\theta_m-\delta_i)]$$

$$P_{mi}(x_{mi}=1/\theta_m,\delta_i)$$

指的是能力为 θ_m 的个体正确回答（$x=1$）难度为 δ_i 的题目的概率。

Rasch 一个最大的特点是将被试和题目共用同一把量尺。基于各自在此单维度连续体上的位置，个体与个体之间、题目与题目之间、个体与题目之间可以方便地进行直接比较。这是 Rasch 模型区别于传统测量方法的一个显著特征，也是实际应用当中最有意义的一个方面。例如：在传统测量方法下，学生必须经过测验工具的检验后才能知道他的能力情况，

---

① 罗冠中：《Rasch 模型及其在香港中学会考水平参照等级评定中的应用》，《考试研究》2008 年第 2 期。

② 詹沛达、王文中、王立君、李晓敏：《多维题组效应 Rasch 模型》，《心理学报》2014 年第 8 期。

③ 田清源：《主观评分中多面 Rasch 模型的应用》，《心理学探新》2006 年第 1 期。

④ 王磊、支瑶：《化学学科能力及其表现研究》，《教育学报》2016 年第 4 期。

⑤ 江进林、文秋芳：《基于 Rasch 模型的翻译测试效度研究》，《外语电化教学》2010 年第 1 期。

⑥ 陈维、葛缨、胡媛艳、张进辅：《人生意义量表（修订版）的适用性和推广性：基于 CTT 和多维 Rasch 的分析》，《中国临床心理学杂志》2015 年第 4 期。

如果一个学生没有接受试题的测量，就无法进行判断。但是在 Rasch 模型下，只要学生经过类似的测验工具检测，那么学生的能力表现就会被标记在量尺上。通过这样的方法，两个没有作答同一份试卷的学生也可以进行能力值的比较。

（二）Rasch 模型的主要应用

目前有关 Rasch 的应用研究在多维 Rasch 模型、等值以及计算机自适应方面研究较多。多维度 Rasch 模型（Multidimensional Rasch Model）是其中一个很重要的研究领域。在多维度 Rasch 模型里，对同一维度的个体能力和题目难度的标定仍然固守单维度原则，但与此同时，它充分利用相关维度特质所提供的有用信息，以提高测验的效率和对目标特质测量的精确度。多维度 Rasch 模型在某种程度上解决了单维度模型分析多维度测验数据时遇到的信、效度问题，[1]也使测验在涵盖较为广阔范围内容的同时，也有较高的测验精确度，从而极大地延伸了 Rasch 模型的应用空间和前景。

测验的等值和链接（Test equating and linking）是 Rasch 模型应用的另一个热点领域。测验的等值与链接是指将不同测验中取得的分数转化为可以互相替换或比较的分数的统计过程。等值主要处理内容相同而难度不同的测验，而链接则用来处理内容和难度都不相同的测验。[2] 越来越多的研究着眼于运用 Rasch 模型建立一把垂直量尺（vertical scale）。另外，在一些纵向研究（longitudinal study）中，研究被试往往要跨越多个年级，而使用测量试题是不能相同的。因为一个基本事实是在同一份试卷上，九年级学生数学能力要显著高于七年级，但是怎样才能将七年级与九年级进行对比呢？Rasch 模型下的测量方法，通过锚题的嵌入就可以解决这个问题，从而使进行有关能力的发展研究中获得的测量数据更加有效真实，也可以进行比较研究。

目前有关 Rasch 的研究和应用多集中在教育测量和心理测量领域。近

---

[1] Yao, L., & Schwarz, R. "A multidimensional partial credit model with associated item and test statistics: An application to mixed format tests". *Applied Psychological Measurement*, Vol. 30, No. 6, 2006, pp. 469–492.

[2] Kolen, M. J., & Brennan, R. L. Test equating, scaling, and linking: Methods and practices (2nd ed.). *New York: Springer*, 2004, pp. 156–160.

些年，在课程与教育方向的研究中近些年也开始引入Rasch模型进行研究，例如在数学、科学、语言等学科的相关测量研究中都已经开始使用。例如：曹亦薇等；[①] 何莲珍等；[②] 李航；[③] 但整体看应用程度还并不广泛，仅有一部分前沿专家学者进行应用研究。可见，相关的教育测量方法走进普通学者还需时日。

虽然部分Rasch的研究者坚定地认为Rasch模型与IRT有着重大的区别，不属于IRT模型。但本书则认为从数学教育研究者的角度出发，这两者的关系并不重要。重要的是这些前沿的测量方法解决了我们以往研究中无法解决的问题，也指出了后面我们开展数学教育测量研究的基本范式。

Rasch模型区别于IRT模型或其他统计方法的重要一点就是Rasch模型要求所收集的数据必须符合模型的要求。通过conquest运行时可以得到卡方拟合指标：Outfit Mean Square（Outfit MNSQ）和Infit Mean Square（Infit MNSQ），这些拟合指标都是由残差计算而来。Outfit MNSQ是残差的均方，Infit MNSQ则是加权（以方差为加权系数）后的残差均方。Outfit MNSQ受极端值影响较大，Infit MNSQ对题目难度与被试能力水平相当的数据较为敏感。Outfit MNSQ和Infit MNSQ的取值范围在0和正无穷大之间。理想值为1，表示所测得数据与Rasch模型完全相拟合。如果测得数值大于1则表示实际数据的变异数大于预期；小于1表示变异数小于预期。所以在测试工具的开放中这两项指标是重点关注的内容，在一定程度上检验测试试题的优劣。根据Linacre及Wright（1994）的看法，对于评定量尺而言，MNSQ在0.7—1.3之间是合理的，代表被试在题目上的反应符合模型预期的范围。

Infit和Outfit指标中还提供了ZSTD值，ZSTD为Z standardized fit statistics的缩写。其理想值为0，标准差为1。Chien（2006）研究发现当测

[①] 曹亦薇、毛成美：《纵向Rasch模型在大学新生适应性追踪研究中的应用》，《心理学报》2008年第4期。

[②] 何莲珍、张洁：《多层面Rasch模型下大学英语四、六级考试口语考试（CET-SET）信度研究》，《现代外语》2008年第4期。

[③] 李航：《基于概化理论和多层面Rasch模型的CET-6作文评分信度研究》，《外语与外语教学》2011年第5期。

验同分时，建议取用（1）Infit 及 Outfit 的 MNSQ 以其较低者为较优；（2）当 Infit 及 Outfit 的 MNSQ 互有高低时，以 Infit 的 MNSQ 为认定标准。另外，由于 ZSTD 值受到样本量的影响较大，在本书中，我们主要从 MNSQ 指标评判拟合度。

第三章

演绎推理能力测评框架构建

测评任务的首要工作就是对测评目标、概念与内容进行详细的说明，形成测评框架。测评框架（Framework）从广义来说，是对测评内容的界定与说明；从狭义来说，是对测评框架组成维度的说明，及框架包括哪些维度，每一个维度又由哪些内容组成，如何通过对于这些内容要求的描述来科学准确地说明学生们知道什么、能做什么。[1] 韦伯（N. L. Webb）认为测量学生所掌握的内容既是一门科学也是一种艺术。[2] 科学在于其拥有概念性框架、数学模型及可重复的程序方法，艺术则是最终还要以专家判断为基础。可见，学科专家的判断在构建测评框架时具有重要作用。虽然专家的判断是主观性的行为，但构建的过程中往往也要考虑多方面因素，基于一定的理由。就目前开展的学业水平测试而言，学科专家们要综合考虑公民的核心素养构成、心理学与教育学理论、相关课程体系、前期研究成果等。目前很多的学业成就测验框架由两个或两个以上的维度构成，一个是内容维度，包括了基本概念，主题内容。另一个是认知维度，考查被试在认知水平或者操作水平的表现。为了使本书的测评框架更加合理有效，研究者将梳理更多与数学演绎推理有关的研究，从多个角度探讨数学演绎推理的内涵、主要特点，梳理测评中要关注的关键要素。并结合多位学科专家的意见构建测评框架。

---

[1] 张咏梅：《大规模学业成就调查的开发：理论、方法与应用》，北京师范大学出版社2015年版，第71页。

[2] Cynthia A B S, Catherine J W. Test Development. BRENNAN R L. *Educational Measurement.* 4th. Westport, CT: Praeger, 2006. pp. 307–334.

第一节 数学演绎推理的内涵、特点及价值分析

一 数学哲学视角下的数学演绎推理

数学与哲学是人类历史上发展最早的两门学科，甚或是一门学科。数学与哲学在早期并没有分开，所以那些我们耳熟能详的数学家几乎都是哲学家。例如，柏拉图、亚里士多德、笛卡尔、莱布尼茨、康德、休谟、罗素等。这种独特的发展使数学与哲学有着很多特殊的渊源，或者说是数学的发展中不断地融入了哲学的思考。哲学被认为是人类最为高深的学问，是众多学科的起始。哲学对于本原、真理的追求超过任何学科。由于数学与哲学这种特殊的关系，使人们不断地在数学中追求真理、本原。虽然在后期的发展中数学与哲学逐渐分开，数学的发展更为广阔、深入、精细，致使很多哲学家已经无法触及或者理解当下的数学内容。但是在早期或者说 20 世纪那段有关数学哲学问题的探讨，也使人们从哲学的视角审视了数学的本身。

数学哲学主要关注数学的本体论、认识论和方法论三方面的问题。本体论是有关数学的研究对象存在性和客观性问题，认识论是有关数学的性质、数学的真理性问题，方法论是有关数学研究的基本方法问题。其中，演绎推理是认识论和方法论中重要的研究内容。

（一）数学认识论中的演绎推理

从数学历史的角度看，毕达哥拉斯学派是最早对数学进行深入研究的学者群体。毕达哥拉斯认为数学对象独立存在于可感事物之中，而柏拉图认为数学对象独立存在于可感事物之外，亚里士多德认为数学对象抽象地存在于可感事物之中，可见这三位数学家的观点有着很大不同。毕达哥拉斯和柏拉图的本质都是万物皆数，认为数是本原。而亚里士多德批判了这种观点，认为数是事物的属性。在无理数危机爆发后，人们认识到感性是不可靠的。数学家泰奥索鲁斯和阿尔基塔开始认为感性直观是不可靠的，强调数学是研究抽象的，发展了假设—演绎方法。实际上，人类最先认识的是"名数"，它与事物的质相联系。然后才从不同的具体名数概括或抽象出其共同的数量特征，出现抽象的数概念，也就是常量。后来常量的研究发展为变量的研究，而在 19 世纪后量的研究又出

现了新的形式——结构。因此，林夏水教授认为数学是研究量的科学，只是在不同时期量的抽象层级不同。不过从另外一个角度来看，数学研究的对象是不存在的，我们谁见过数"1""2""3"呢！在小学的数学课堂上，老师们经常会说"你有一个苹果，老师又给你一个苹果，现在你有几个苹果？"学生们会说"2个苹果"。由此，老师引导学生了解了 1+1=2。事实上，我们看到的只是苹果，不是数字。这种研究对象的特点与自然科学不同，物理学、生物学都有着自己看得见、摸得着的研究对象。数学与其不同，这种特点也使其产生了独特的研究方法——演绎方法。这也导致了认识论上有关数学性质的争论，数学是演绎科学还是经验科学？

中世纪后，数学又迎来了新的发展。对数学的若干哲学问题仍然吸引着学者们进行研究。笛卡尔在经验与理性的关系上，片面强调理性认识的作用，认为理性是与经验相对立的。理性的主要表现是它否定只是起源于感觉经验，从那些无须验证的公理出发，经过严格的演绎推理而得到。感觉经验是靠不住的，只有依靠理性的直觉和演绎的知识才是可靠的。他还指出了演绎与直观的区别，认为心灵上的直观或者直觉与演绎的区别表现在演绎中包含着运动或某种前后相继的关系，而直观中没有。更进一步指出，起始原理本身则仅仅是通过直观（直觉）而得知，而后续的推论只是仅仅通过演绎而获得。[1] 笛卡尔所指的起始原理不是通过经验积累或者初步逻辑推理而获得，而是天赋的，这就是唯心主义观点。与其相似，莱布尼茨（leibniz, G. W. von）认为数学是一门天赋的演绎科学。真理和谬误二者都从属于思想，而不从属于事物。[2] 也就是说只有对事物作出思想或陈述时，才能判定思想或陈述的真假。他认为真理有两种，推理的真理和事实的真理。推理的真理是必然的，事实的真理是偶然的。

在20世纪初期，这种哲学上的思考达到了顶峰，人们开始关注数学的基础问题。这种研究的起始是数学家们对数学无矛盾性的特殊坚持和

---

[1] 笛卡尔：《探索真理的指导原则》，管震湖译，商务印书馆1995年版，第11页。
[2] 莱布尼茨：《莱布尼茨自然哲学著作选读》，祖庆年译，中国社会科学出版社1985年版，第19页。

追求。非欧几何诞生时并没有立即受到人们的重视和认可，一些数学家还对此提出了很多质疑，产生了数学历史上的重要争论。非欧几何不被广大学者们接受一方面是超越了人们当时的直观认识，更主要的还是没有展示它的无矛盾性。后来，数学家们就把非欧几何的无矛盾性归结为欧氏几何的无矛盾性，毕竟欧式几何的无矛盾性是受到认可的。然而这种认可也只是相对的，并不严格，谁也说不清欧氏几何是否也存在矛盾。就这样，数学家们又通过解析几何将欧氏几何的无矛盾性化归为实数算术的无矛盾性。随着分析学的发展实数系统的无矛盾性也缺乏逻辑基础。特别是康托尔证明了超越数的存在，林德曼进一步证明 π 是超越数。数学家们开始转向关注无理数，因为他们认为有理数是没有逻辑问题的，并且试图用有理数来定义无理数。而随后在研究有理数时又将其转化为整数，皮亚诺又将整数转化为自然数问题。19 世纪 70 年代戴德金和弗雷格又将自然数问题转化为了集合论问题，而此时，已经不仅仅是非欧几何的无矛盾性转化为集合论问题，整个现代数学的基础都转化为了集合论的无矛盾性问题。不过，罗素的悖论击碎了数学家们的美好愿望，集合论出现了矛盾。由此，数学家们开始了讨论数学基础的问题。以罗素和弗雷格为代表的逻辑主义认为数学就是逻辑，并形成一段颇为经典的话"逻辑是数学的少年时代，数学是逻辑的成人时代"。逻辑主义认为数学定理可以通过纯粹的逻辑演绎法而从逻辑公理推导出来。[1] 如此一来，就可以保证数学的可靠性和真理性。这里我们看出在逻辑主义学者强调的演绎方法，罗素与怀特海合著《数学原理》也体现了他们试图通过将数学从逻辑推导出来。可以看出逻辑主义者认为确保数学基础可靠性的是演绎方法。而另外一方面——形式主义也将演绎方法看成是确保可靠的基础，并且在逻辑主义的基础上更上升一步，将数学完全看成一套公理体系，在公理体系中使用的语言只是演绎推理。虽然最后三大学派都没能成功地找到数学的基础，但是他们的研究也使人们再次开始探讨数学的性质，数学是经验学科还是演绎学科。卡尔马认为数学是经验的，不是纯粹演绎的。拉卡托斯也认为数学不是纯演绎的，但也不认为数学是经验的，并提出了拟经验的数学观点。他认为数学知识是可错的；数

---

[1] 林夏水：《卡尔纳普的数学哲学》，《自然辩证法通讯》1995 年第 5 期。

学是假设——演绎的；数学历史是重要的；强调非形式数学的重要性；强调知识创造理论。① 虽然他的观点也受到了批判，但并不是完全的错误。我国学者也有类似观点，林夏水认为数学的演绎性是数学性质的一种表现，数学具有演绎的性质。对数学性质的概括不能偏废实践性和演绎性，而只能阐述他们之间的辩证关系，或者说数学是演绎与经验在实践基础上的辩证统一。

长期以来对于数学的性质思考一直是经验性与演绎性的交替，历史上数学家们表现出了不同的数学观，也形成了不同的对数学性质的论述。虽然这些观点不同，但是其中对演绎性的认可是不言而喻的。正如 S. 麦克莱恩（Maclane, S.）所说："认识数学的顺序也许是这样的，直觉、试验、错误、推测、猜想、证明。这些步骤的结合和顺序在不同的领域内会有很大的不同，但是有一种共识，就是最终的产品是严格的证明。"而证明的应用恰恰是演绎推理的体现。因此，我们可以说数学的性质不是纯粹的演绎，但是演绎是数学的重要性质。

从哲学层面看演绎推理不仅是作为数学学科的一种方法和表现形式，更为重要的是演绎推理也是哲学层面思辨世界的一个理性的方法。从这种意义上来说，在数学教育的层面讨论演绎推理的问题，不仅可以使我们有更高的数学哲学认识和理解数学，更为重要的是它从一个哲学的层面，成为我们窥探人类认识世界理性的一个窗口。

（二）数学方法论中演绎推理

数学不像自然科学那样采用观察、归纳、实验的方法，除了这些方法以外，还运用概念、判断、推理的演绎法。因此，演绎推理成为数学区别于其他科学的重要方法论特征。② 演绎推理最直观的体现就是公理化方法和形式化方法。公理化从一些基本概念和公理出发，根据一定的逻辑推演规则，推导出一系列定理，这样建立的演绎系统叫作公理系统。③ 公理化方法就是把一个朴素的数学理论构造成一个公理系统的方法。从朴素数学理论的大量命题中挑选出一组命题作为公理，它们是不加证明

---

① 綦春霞：《数学认识论的历史及其发展趋势》，《数学教育学报》2002 年第 2 期。
② 林夏水：《数学哲学》，商务印书馆 2003 年版，第 304 页。
③ 林夏水：《数学哲学》，商务印书馆 2003 年版，第 399 页。

的命题。其他命题则由公理出发，应用逻辑规则推演出来的。这样推演出来的命题成为定理，而这个推演过程称为证明。这样，由基本概念、公理、推理规则和定理构成的演绎系统就是一个公理系统。欧几里得的《几何原本》是数学历史上第一个公理系统，从最基本的点线面开始，以演绎的形式进行推导，逐渐构成一个公理系统。但是公理系统要保证无矛盾性、完备性和公理的独立性，否则人们是无法放心使用的。非欧几何，被归结为欧氏几何，欧氏几何通过解析几何被归结为实数系统的无矛盾性，最后归结为集合论。

形式化方法，就是形式化了的公理系统。具体来讲就是在推导过程中去除了具体内容，将基本概念写成符号，把公理变成符号公式，把定理变成符号公式的变形，把证明变成符号公式有穷序列。这样就通过公理化方法或形式化方法把数学理论转变成一个公理系统或形式系统，然后在公理系统或形式系统中推演定理或公式，这个推演过程称为证明。因此，可以看出证明是一个演绎推理过程。

从数学史的研究角度看，梁宗巨认为数学区别于其他自然科学的最突出特点之一是演绎推理和公理法。[①] 李文林也认为数学发展史是算法与演绎倾向的交替。[②] 而事实上，公理法是一种应用方法的理论，其微观是演绎推理。从这个意义上说演绎推理是数学具有的天然属性。而这种不同属性所带来的就是数学的"确定性"，或者是"真理性"，只有通过演绎推理所得到的结果才被人们所认可。不过，在我国的古代数学发展历史上，却鲜见有对数学进行这种深入的研究。有关中西文化中对演绎推理的讨论已经超过了数学哲学的研究范围，也许从数学文化的视角看会得到更为清晰的答案。

综上所述，在方法论层面，演绎推理不仅作为一种数学的方法涉及了数学的形成，演变与构造。更为重要的是，在哲学层面演绎推理作为一种方法论表现形式，不仅是人们构造数学和探索数学的方法。它的深层意义在于它是人类理性认识世界的一种独特的方法论形式。在这种意义上说，从初等数学的学习层面讨论演绎推理的作用是对人类认识世界

---

① 梁宗巨：《世界数学史简编》，辽宁人民出版社1980年版，第8—10页。
② 李文林：《算法、演绎倾向于数学史的分期》，《自然辩证法通讯》1986年第5期。

初级理性形式的一种积极探索。

二 数学文化视角下的数学演绎推理

数学的历史可谓源远流长，不仅时间跨度长，范围也广。因此，在众多的文化背景中去考查数学的发展变化是有意义的。这种意义不仅仅是一种跨文化的比较，更多的是对人类未来数学的认识和数学的发展产生影响。在进行有关数学哲学的探讨中我们可以看出在历史上，西方文化对数学投入了巨大的研究精力，从哲学家到数学家给出了很多答案，而其研究的主题在我们看来却是非实用性的，甚至虚无的。相比而言，中国古代先哲们却较少讨论数学问题。下文将更多从跨文化比较的角度探索中西文化中对数学演绎推理的认识。

（一）数学演绎推理在中西文化中的差异

论及数学演绎推理的文化差异，我们首先要考查数学在中西文化中的差异，这不仅仅是因为数学演绎推理是数学的重要内容，而且了解中西文化中的数学诞生、发展、构造上的差异对于我们了解整个数学文化都是有必要的。从历史的角度看，中西文明是人类历史上两种不同类型的文明现象，两种文明形态通过不同的外在表现使一个或者多个民族从原始和蒙昧走向现代和文明。在民族文化的进化过程中数学一直扮演着重要的角色，但是在不同文化中数学所扮演的具体角色却有不同。按照罗素的分析，"西方文化来源于：希腊文化、犹太宗教及其理论、现代工业主义。西方人从希腊人那里学得了文学和艺术、哲学和纯数学，以及许多社会生活中温文尔雅的礼节；从犹太人那里学到了狂热的信念即所谓的信仰；从应用于工业的科学中学到了力量和力量的意识。"[①] 所以可以说现代的西方文明就是古希腊文明的一种延续，而在这种文明的延续过程中数学一直是一种主要的力量。古希腊数学的发展开始于毕达哥拉斯学派，他们认为"万物皆数"，即世界的本原是由"数"构成的。这就使得数学上升到探讨世界本原问题的层次，这种在哲学层面对数学的关注被一直延续下来。这之后柏拉图提出了世界是由五种正多面体构造的观点。再之后，托马斯·阿奎那又把数学与宗教结合起来，让

---

① ［英］罗素：《罗素文集》，王正平译，改革出版社1996年版，第30页。

数学具有了信仰色彩。这种对数学不断的认识进一步强化了数学在文化系统中的地位，使数学处于文化传统的主导层面。在这种观念的支配下，数学自然会受到全社会的重视，促使社会上的精英分子投身到数学研究当中。

在对数学的研究过程中，数学家的自身价值得以实现，兴趣、爱好有了依靠和寄托。同时，数学本身又取得了发展，可以说这是一个良性循环发展模式，这种对数学的偏爱与执着是世界上任何一个民族都不曾有过的。通过对西方数学历史的考查可以发现，许多数学家同时又是哲学家。在西方社会中数学领域是最精英人群的聚集地，西方的哲学从毕达哥拉斯、柏拉图之后，无论是笛卡尔、斯宾诺莎、康德、黑格尔都可以看见数学理性的影响。[1] 这样数学本身所蕴含的确定性、逻辑性、构造性、无限探索性等被数学家与哲学家带给了整个社会。

相比而言，在中国古代社会中，数学的研究和传承也有特定的群体，但是这个群体很少有社会的上层人士进入，其群体的延续性也不够稳定。这主要原因是社会或者民族观念对数学的认识问题。文化学研究认为，文化系统可划分为三个亚系统：技术系统、社会系统和思维意识系统。思维意识系统对整个文化处于主动有影响力的主导层次，技术系统处于被动的较低层次，一般对文化影响较小。重大的科技影响整个社会也是要转为思想意识之后，才对整个文化系统产生影响。[2]

按照这种划分方法，西方数学处于西方文化的思维意识层面，中国古代数学则处在中国文化的技术系统层面。显然，在这里中西数学在文化体系中出现了不同。西方数学处在社会文化的最核心位置，受到了全社会精英群体的关注，大量精英的投入自然促使数学发展迅速。所以可以看到微积分诞生在西方，解析几何诞生在西方，以至于近代文明诞生在西方。中国处于思维意识系统的是儒家文化，或者说社会文化核心位置被儒家文化占据。儒家文化注重了社会问题、伦理问题的研究，但是忽略了中国古代的数学。原因是儒家观念认为"德成在上，技成在下"，

---

[1] [英]罗素：《西方哲学史》（上卷），商务印书馆1963年版，第143—196页。
[2] [美]怀特：《文化的科学》，山东人民出版社1988年版，第350—375页。

筹算在当时只看作是一种"技艺"。这样一来筹算及筹算中使用的数学方法看作一种文化的技艺从属地位。在这种文化传统背景下，历代中国的有识之士便都投身到了伦理道德的研究之中，受到冷落的数学只能处在社会文化的边缘，沿着一条实用性的路线发展。

M. 克莱因认为："在最广泛的意义上说，数学是一种精神，一种理性精神。正是这种精神激发、促进、鼓舞和驱使人类的思维得以运用到最完美的程度，亦正是这种精神，试图决定性地影响人类的物质、道德和社会生活；试图回答有关人类自身存在提出的问题，努力去理解和控制自然；尽力去探求和确立已经获得知识的最深刻的和最完美的内涵。"①

所以，我们可以看出在中西方文化传统中数学是处在不同的文化层次的，这样也就带来了数学发展的不同。而数学演绎推理是伴随着数学发展和演变而不断影响着民众的思维意识。虽然中西方数学中都有演绎推理，但是西方文化中数学演绎推理已经进入社会的意识层面，对整个社会的建构、民众的思维意识都进行着影响。《独立宣言》的撰写就可见一斑。中国古代数学并没有进入到如此高的社会层次，只是处在技艺层面，仅仅是一种工具。这一点从中西数学历史上的代表作就可窥见。《几何原本》作为西方数学历史上的重要著作，不仅流传甚广，其内容更是完全的抽象、推理，与古希腊生活没有明显关系。而《九章算术》作为中国古代数学的杰出成果与之截然相反，书中246个问题全部是生活、生产的实际问题。这明显地反映了中国古人对数学价值的定位。②

基于此我们也可以发现在中西文化对数学的态度是不一样，西方数学从古希腊开始就一直被作为一种理念，一种精神，一种哲学理性，进而当作一种宗教的理性。而中国的传统文化将数学看成一种技艺，并不在"修身、齐家、治国、平天下"的儒家文化观念中。中国传统文化中，

---

① [德] M. 克莱因：《西方文化中的数学》，张祖贵译，复旦大学出版社2007年版，第9页。

② 郝连明、刘鹏飞、徐乃楠：《中西方数学价值观差异及其影响——兼论中国古代筹算衰退的原因》，《吉林师范大学学报》（自然科学版）2013年第2期。

数学不是形而上的"道",而是形而下的"器"。它从未获得与《周易》或儒家理性观念相同的地位。① 同样,对于数学演绎推理也是不同的。西方社会重视演绎推理,而且已经形成了一种演绎的思维习惯。对此,中国古代社会并没有给予过多关注,古代数学多是通过归纳进行规律的总结,形成一套实用的计算法则。正是由于演绎推理是否对民族的思维意识、观念等进行影响,直接影响了东西方不同的文化形态。东方重视归纳、融合,西方重视演绎、分析。

可以认为,在中西文化比较的层面,探索演绎推理的作用可以为我们民族文化的发展提供一种理性思考。使中华民族从重视数学,重视数学教育,进而重视演绎推理的层面,提高中国文化中演绎推理的数学理性成分。

(二) 数学演绎推理是理性精神的内在属性

从古希腊文化开始,西方文化一直信仰、崇拜和应用着数学的概念、方法和思维方式。这种对待数学的态度把数学的概念、方法和思维方式融入了整个民族文化当中。其中,数学作为一种理性、作为一种精神表现出来的最重要的特征是对事物思辨的确定性和数量性。

中国古代文化提倡"和谐、统一",善于思考整体性、相关性,更喜欢把主观世界与客观的自然界合为一体。一些先哲们试图把所有主观客观的关系都归结到伦理体系中,重视关系的思辨。中国文化中"道"的含义从来没有确定过,老子说"道可道,非常道",后世的学者至今也没有把"道"弄清楚,没有像西方学者那样进行确定化的分析。所以今天我们仍然在感悟、分析老子"道"的内涵。与之不同的是,在欧洲中世纪,阿奎那把神学系统的解释方式,从奥古斯丁的柏拉图体系转化为亚里士多德系统时,更是把确定性、数量性的观念融入神学之中,由于神学在西方文化中占据重要影响,这种融入其中的思维方式、观念也随之一同进入到了民众的意识中,进而影响到了整个民族的思维习惯。另外,西方文化更强调用因果式的逻辑思维表述事物,这是《几何原本》演绎方法上升为一种理性观念带来的结果。除去《几何原本》的数学内容,留下的即是逻辑演绎方法的形式。而这种演绎过程实质上是一种确定性

---

① 王宪昌:《关于中国数学教育学研究的问题解析》,《数学教育学报》2004年第1期。

的推理过程，基于一个前提，而后通过必然性的规则得到结果。在这样一个过程中隐藏了对因果关系的追求，一切结果都要有确定的原因，也都要理清之间的关系。相比而言，中国传统思维是整体协调、相互关联的。大家更喜欢将一些关系归结成"有机融合"，而究竟什么才算"有机"却很难说清楚。

从数学文化的角度看中西方数学在数学理性精神方面是存在巨大差异的。① 数学理性的内涵或特征可以分为四个方面：（1）确定性（数量性）及对事物变化过程中的主客体的分离性；（2）因果关系的逻辑思辨性或者称之为数学式的形式逻辑思辨性；（3）对事物思维过程的逻辑构造性；（4）对事物思辨中的抽象性、超言性和无限指向性。可见，数学理性精神的最重要体现就是演绎推理。演绎推理不仅仅是确定性的保证，还是西方文化崇尚、追求因果关系的保障。只有通过严格的演绎推导才能确保结果的准确。然而，人类并不都是把数学看作是逻辑演绎化的数学思维方式和公理化的表述方式。在中国古代文化中，就一直把数学看作是一种实用的"技艺"，追求的是数学的准确、快捷的实用，因此它不会强化逻辑演绎化模式的思维方法。相反，中国古代数学形成的模式化运算的操作技巧，表现了中国古代数学的非逻辑思维的类比、归纳、联想等灵活的思维方法。②

一个民族的理性精神是一个民族思考自身、思考社会、思考宇宙万物的特定思维方式，进而民族理性会以特定的思维方式表述其评判的事物。显然，从数学哲学和数学文化角度进行宏观探讨让我们一次次地认识到演绎推理对于数学，乃至对人类文化发展的重要性，但是如果更为详细地认识数学演绎推理，或者说从微观的角度进一步了解数学演绎推理则需要从数学思想和方法角度进行探讨。

三　数学思想视角下的数学演绎推理

人类的思维模式主要有三种：形象思维、逻辑思维、辩证思维。数学属于逻辑思维，最主要的体现就是数学的推理。从数学思想的角

---

① 王宪昌：《数学文化在数学教育中的地位》，《数学通报》2006 年第 6 期。
② 袁晓明：《数学思想史导论》，广西教育出版社 1991 年版，第 140 页。

度看，史宁中教授依据基本数学思想的两个原则：数学产生和发展所必须依赖的那些思想；学习过数学的人应当具有的基本思维特征，认为抽象、推理、建模是数学最基本的三种数学思想。[①] 而通常我们在教学中常说的等量代换、数形结合、换元法等只是数学的思想方法，不能称为数学基本思想。推理是对命题的判断，是从一个命题判断到另一个命题判断的思维过程。这里说的命题，是可供判断的陈述句。如果也用陈述句表述计算结果，那么，数学的所有结论都是命题。而数学命题具有主观性和客观性，主观性主要针对的是归纳推理，客观性针对的是演绎推理。命题可以分为性质命题和关系命题。陈述内容只涉及研究对象本身的性质，称之为性质命题。陈述内容涉及多个研究对象之间的关系，称之为关系命题。[②] 演绎推理是命题的适用范围由大到小的推理，是一种从一般到特殊的推理。演绎推理包括三段论、反证法、数学归纳法、算法逻辑等。人们借助演绎推理，按照假设前提和规定的法则验证那些通过归纳推理得到的结论，这就是数学的"证明"。通过证明能够验证结论的正确性，但不能使命题的内涵得到扩展。也就是说，演绎推理能保证论述的结论与论述的前提一样可靠，但不能增添新的东西。

数学推理的基本形式有很多，目前很多学者大多是通过逻辑学研究的形式进行划分，例如在研究数学推理时研究假言推理、条件推理、选择推理等等。这些推理形式虽然在数学中是普遍存在的，但是往往只关注到了表面的呈现形式。其内在的数学规律并没有进行深入讨论，特别是在真实的数学情境下，很多推理的表现并不是严格的逻辑学所要求的形式，而是数学内容所特有的呈现方式。对此，史宁中教授经过多年的研究，认为从数学推理在传递性的体现上只有两种形式，一种是性质传递推理，另一种是关系传递推理。

关系传递：

令 A 是一个集合，$\approx$ 是集合上的二元关系，对于集合中的元素 a，b 和 c，如果 $a \approx b$，$b \approx c$，则 $a \approx c$，称这个关系对于集合具有传递性。进一

[①] 史宁中：《漫谈数学的基本思想》，《中国大学教学》2011年第7期。
[②] 史宁中：《数学基本思想18讲》，北京师范大学出版社2016年版，第132—133页。

步，令 ⊙ 是集合 A 上的一种运算，称这个关系对于运算具有传递性，如果 $a \approx b$，则 $a \odot c \approx b \odot c$。称基于关系传递的推理具有关系传递性。

性质传递：

第一类：令 A 是一个集合，P 是一个性质。$A \to P$，如果 $x \in A$，则 $x \to P$。

第二类：1. 令 A 是一个集合，P 是一个性质。$\forall x \in A$，如果 $x \to P$ 则 $A \to P$。

2. 令 A 和 B 是两个集合，Q 是一个属性，P 是一个性质。A 和 B 中的元素都具有属性 Q，如果 $A \to P$，则 $B \to P$。

性质传递的第一类是典型的三段论式推理，第二类的第一种是归纳推理，第二种是类比推理。

由此可见，数学演绎推理的形式可以分成关系传递和性质传递。而在三段论形式中，又进一步分成四种格，其中后三种都可以归结为第一种格。第一种格又有四种型，全称肯定型（AAA）、全称否定型（EAE）、特称肯定型（AII）和特称否定型（EIO）。

这里我们不妨举一个例子，看看在数学中四种型是如何表述的。

全称肯定型：平行四边形对边相等，矩形是平行四边形，矩形对边相等。

全称否定型：没有内角和等于 180° 的平行四边形，所有的矩形是平行四边形，没有内角和等于 180° 的矩形。

特称肯定型：矩形四个内角都为 90°，有些平行四边形是矩形，有些平行四边形四个内角都为 90°。

特称否定型：梯形是不能两组对边都平行的，有些四边形是梯形，有些四边形是两组对边都不平行的。

上述四种类型推理在中学数学中是非常常见的，但是全称肯定、全称否定、特称否定在数学教育的视角下是有意义的，而特称肯定型并没有多大意义。因为这四种推理形式都可以进行很好的论证，而特称肯定型所得出的结论往往不具有很强的有效性。例如我们要论证一个结论"平行四边形对角相等"，下述就是一个相关的特称肯定型论证过程：

> 所有的正方形对角都相等，
> 有些平行四边形是正方形，
> 有些平行四边形对角相等。

这个推理结果虽然正确，但在论证中并不是有效的，或者说对于解决所要论证的问题并没有实质作用。相比而言，特称否定型就更为有效，在数学中为了证明一个定理往往需要长长的逻辑推导链，而反驳一个定理只需要一个反例就够了。例如，一个命题是"对角线相等的四边形是矩形"，那么为了反驳这个命题我们需要推理出的反例是"对角线相等的四边形不都是矩形"。为此，可以得到下述反例：

> 等腰梯形对角线相等，
> 等腰梯形不是矩形，
> 有些对角线相等的四边形不是矩形。

在上面这个反例过程中可以发现从推理的形式来讲并不是规范的三段论形式，但是这在数学中是有效的。因此，在数学学科的很多论证过程中是会省略大前提、或者小前提。显然，在上面的论证过程中省略了等腰梯形是四边形的大前提。类似逻辑学中的严格逻辑推导过程在数学中是很少见到的，因为结合了数学内容之后，数学的演绎推理过程就变得数学化。数学论证过程并不完全是三段论组合，因为数学毕竟不等于逻辑，它已独自发展几千年，尤其是它的符号系统，使得它有自身的一套简单推理形式或规则。从数学教育方面来讲，数学思想应被理解为更高层次的理性认识，那就是对于数学内容和方法的本质认识，是对数学内容和方法进一步的抽象和概括。[①] 显然，从数学演绎推理的角度来看，对其研究并不能完全依据形式逻辑，在结合了数学之后，要以数学内部环境的特点来思考。特别是在考虑数学演绎推理能力培养的角度看，这涉及教育的范畴。单纯的考虑形式已经不能满足要求，要从数学教育的

---

① 邵光华：《作为教育任务的数学思想与方法》，上海教育出版社2009年版，第138—139页。

发展要求中找出有关数学演绎推理能力的关键要素。

四　数学教育视角下的数学演绎推理

有关数学教育视角的讨论主要基于基础教育阶段的课程标准进行。课程标准代表了一个时期对数学教育任务的基本要求，也体现了当时的数学教育理念。探究不同时期数学课程标准对演绎推理能力的要求将有助于了解其发展历程，也能从能力培养的角度进一步了解数学演绎推理能力的关键要素。新中国成立后，数学教育逐渐开始走向规范化。在当时的社会环境下，数学教育开始学习苏联的模式，并于1952年制定形成了《中学数学教学大纲（草案）》。自此，数学教育有了明确的指导要求。1956年对大纲进行了修订，在此次修订中，"教学目的"中提出发展学生的逻辑思维和空间想象力。虽然在大纲中并未明确逻辑思维的具体内涵，但是从此后逻辑思维成为了数学教学大纲中的重要内容。1963年，人民教育出版社根据中央的精神，以及所进行的研究，起草了《全日制中学数学教学大纲（草案）》。此次修订中提出了著名的三大能力："计算能力、逻辑思维能力、空间想象能力。"后来，"文革"开始，数学教育停滞不前。"文革"接近结束的时候，教育部颁布了《全日制十年制学校中学数学教学大纲（试行草案）》，在教学目标中继续强调对学生三大能力的培养。1982年，1987年的修订当中仍然保持了三大能力的提法。在1992年修订《九年制义务教育全日制初级中学数学教学大纲（试用）》当中也继续使用三大能力（运算能力、逻辑思维能力、空间观念）的提法，但是对教学目的中所使用的名词（运算能力、逻辑思维能力等）进行了解释和说明，这是历史上第一次进行解释说明。指出："初中数学教学中发展学生的逻辑思维能力，主要是逐步培养学生会观察、比较、分析、综合、抽象和概括；会用归纳、演绎、类比进行推理；会准确地阐述自己的思想和观点；形成良好的思维品质。"并进一步说明逻辑思维能力大体包括：比较、分析、综合概括、抽象等形成概念的能力，归纳、演绎、类比等进行推理和证明的能力；分类和系统化等形成知识体系的能力。① 可以看出，多年来提出的逻辑思维能力包含了演绎推理能力。

2001年《义务教育数学课程标准（实验稿）》与之前制定的教学大纲有很大的改变，开始了中国新一轮的数学教育课程改革，也进一步明确了对演绎推理的要求。指出学生要"经历观察、实验、猜想、证明等数学活动过程，发展合情推理能力和初步的演绎推理能力，能有条理地、清晰地阐述自己的观点。"同时，新标准对"推理能力"等核心概念的含义进行了解释。在七至九年级明确要学生"体会证明的必要性，发展初步的演绎推理能力"对"推理能力"的解释为，"主要表现在：能通过观察、实验、归纳、类比等获得数学猜想，并进一步寻求证据、给出证明或举出反例；能清晰、有条理地表达自己的思考过程，做到言之有理、落笔有据；在与他人交流的过程中，能运用数学语言合乎逻辑地进行讨论与质疑。"整体看，从内容和难度角度，新标准对演绎推理的要求降低了。但是，新标准也是较为明确的有针对性的提出了"演绎推理"，这是在标准中第一次正式提出这一概念。

2005年开始针对实验稿进行修订，并于2011年颁布《标准2011》。新标准中延续了实验稿对数学推理的重视，在十个核心词中明确提出了"推理能力"，并对推理能力作了进一步的阐述。指出演绎推理是从已有的事实（包括定义、公理、定理等）和确定的规则（包括运算的定义、法则、顺序等）出发，按照逻辑推理的法则证明和计算。在具体目标中延续了实验稿的要求。在新课程标准中共计出现15次数学演绎推理，可见对演绎推理的重视程度。

虽然在课程标准中并没有对能力本身进行界定和讨论，但是通过梳理不同的研究可以进一步了解能力本身的内涵。能力在不同的研究对象、领域、背景下，能力往往有着不同的内涵和外延。目前就数学能力的界定主要有两类，一是延续了前苏联克鲁捷茨基的观点，从心理学的视角进行研究，将数学能力看成一种顺利完成数学活动的个性心理特征。二是西方数学教育界近年来对数学能力的界定强调形成数学能力的数学活

---

① 丁尔陞：《九年义务教育初级中学数学教学大纲的审查说明》，《教育研究》1992年第5期。

动特征。① 例如尼斯，掌握数学就意味着拥有数学能力（mathematical competency），即能在不同的数学背景与情境内外理解、判断和使用数学，其中能被清晰识别的主要的数学能力结构成分及数学能力成分。数学演绎推理能力属于数学能力的一个方面，魏德林的研究认为一般数学推理在数学能力结构中是起决定作用的因素。曹才翰认为，数学能力是对主体运用数学认知结构进行数学活动所表现出的数学认知特点的概括，它以一定的个体素质作为其生理基础，以个体智力作为其一般能力基础，而数学认知结构则构成了其存在和发展的"物质"基础。② 这里所谓的"物质"意味着，数学认知结构不是纯粹客观的或生理的东西，它既具有某种"客观实在性"。又是主观的一部分，是主客体的统一。因此，数学演绎推理能力对于数学教育是重要的，也是需要从认知、情境等方面进行关注的。

综上所述，通过从数学哲学、数学文化、数学思想和数学教育的不同视角了解演绎推理，我们可以发现数学演绎推理在数学的发展流变，以及现阶段的数学教育中都占有重要地位，有着无法替代的重要作用。从数学哲学角度看，数学演绎推理是数学的一种基本性质，是数学理性的体现。演绎推理的最大特点就是结论的确定性和推导过程的严谨性。从数学文化角度看，数学演绎推理是东西方数学发展差异的典型表现，甚至影响到了整个民族文化内核的构建。从数学思想的角度看，数学演绎推理可以分为性质传递性和关系传递性。传递性的背后是依托了最基本的演绎推理形式，也就是说推理运行的基础是形式规则的有效运用。从数学教育视角看，演绎推理能力是数学教育的重要内容，是课程设置、教育目标的重要关注点，也是数学能力的重要组成部分。

通过上述不同方面的讨论，可以使我们进一步认识到数学演绎推理的重要性，数学演绎推理并不单纯的是一种推理的类型，一种推理的范式。它的重要性已经涉及一个民族在文化传统、行为方式、思维方式的

---

① 斯海霞、朱雁：《中小学数学核心能力的国际比较研究》，《比较教育研究》2013年第3期。

② 曹才翰、蔡金法：《数学教育学概论》，江苏教育出版社1989年版，第52—60页。

层面。进而影响到了整个民族在人类文化发展过程中所扮演的角色。人类的发展离不开文化，从当今世界环境看，一个国家、一个民族的发展已经不再是依赖资源储备、地理环境、身体结构等方面为优势，而是上升到民族文化的融合性、可塑性、发展性。演绎推理对人类文化发展所形成的特有思维方式已经不仅仅是解决数学内部的问题，已然是触及了民族文化发展的核心领域。从这样一个角度看在初等教育中深入开展数学演绎推理教育是必然的，也是重要的。在以往有关课程标准的讨论，有关数学教学的讨论中，受到传统应试教育的影响，一些证明、计算等方面的内容被弱化。虽然从改变考试观念的角度看这样做可以降低学业负担，促进评价理念的转变，不过也容易造成忽视演绎推理能力培养的错觉。事实上，数学演绎推理能力的培养绝非简单地理解为证明过程书写的标准化、计算步骤的严格正确、计算公式的熟练应用等等。应该是在以一定的数学演绎推理训练中让学生体会到演绎推理过程的严谨性，结论的确定性，进而将这种思考方式融入行为观念中，最终成为一种重要的思维方式。结合在数学教育视角下有关演绎推理能力培养的讨论，可以认为数学演绎推理能力是在不同情境下，运用不同推理形式，面对不同推理内容所进行的论证、证明、解释、交流等活动时所展现的能力。通过这样的分析，可以初步了解了在数学教育的视域下开展数学演绎推理能力测评所要关注的主要方面，为后续构建测评框架奠定基础。

第二节　数学演绎推理能力测评框架

一　测评框架形成过程

测评框架的形成并非简单地根据文献梳理，进而模仿其他测评项目而得。教育研究的一个主要任务是为教育实践服务，更好地开展教学实践活动。因此，在制定测评框架的过程中，研究者多次邀请国内外数学教育专家对测评框架进行评定、讨论，以期能够更大效果地开展测评活动。具体在测评框架制定过程中先后进行一次数学教育博士讨论和三次专家评定。

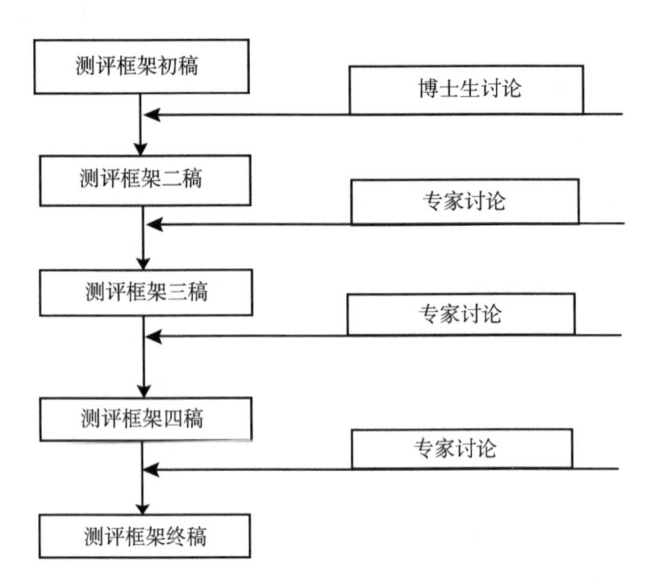

```
┌─────────────┐
│ 测评框架初稿 │
└──────┬──────┘
       │         ┌──────────┐
       │◄────────│ 博士生讨论 │
       ▼         └──────────┘
┌─────────────┐
│ 测评框架二稿 │
└──────┬──────┘
       │         ┌──────────┐
       │◄────────│ 专家讨论  │
       ▼         └──────────┘
┌─────────────┐
│ 测评框架三稿 │
└──────┬──────┘
       │         ┌──────────┐
       │◄────────│ 专家讨论  │
       ▼         └──────────┘
┌─────────────┐
│ 测评框架四稿 │
└──────┬──────┘
       │         ┌──────────┐
       │◄────────│ 专家讨论  │
       ▼         └──────────┘
┌─────────────┐
│ 测评框架终稿 │
└─────────────┘
```

图 3-1　框架形成流程

第一轮评定

通过上面多个视角的讨论，研究者探索与数学演绎推理能力测量密切相关的方面，初步确定了推理形式，认知水平，推理情境，推理内容四个方面。首先，推理一定依赖的是某种形式规则，没有依赖形式规则的推理是无效的。所以，在演绎推理能力的测评中一定要考查推理形式维度，也可以说重点要考查推理形式维度。情境维度的关注来源于对推理能力的思考，随着学者们对数学能力的新认识，情境已经成为关注数学能力不可或缺的重要因素。因此，在考查学生在不同情境环境下演绎推理能力表现也是重要的。推理内容方面考虑的是数学演绎推理的标志性特点，在很多有关演绎推理的研究中所使用的工具并不是基于数学内容的推理，往往是生活语言，或者是字母。研究者认为数学演绎推理能力的前提应该是基于数学对象的推理活动，所以在测评中设置了内容维度。认知方面的考虑受到了国际测评项目的影响，很多测评活动都开始关注认知维度。学生所面对的真实数学问题并不是单纯的形式规则应用，而是进行一个问题的解决。了解学生在不同认知类型或者阶段上的表现，对于数学教育有着积极价值。所以，研究者基于这种思考初步确定了演绎推理能力表现测评框架。框架总计分为四个维度，可以从四个不同角度了解学生在数学演绎推理能力上的表现情况。

具体框架分为形式、认知、情境、内容。形式分为性质传递推理，关系传递推理；认知分为：了解、理解、掌握、运用。情境分为数学、个人、职业、社会、科学。内容分为数与代数、图形与几何、统计与概率。通过与多位数学教育、教育测评领域的博士研究生沟通讨论，进一步修改了测评框架中的相关内容。一些研究生表示情境维度参考PISA分成多个方面确实考查得较为详细，但是从测量学角度看则需要更多的题目覆盖，这就增加了测试的难度。另外在推理形式方面，是测量的重点，应该进一步细化，有助于结果的分析。因此，研究者在结合了部分意见后，初步将测评框架修改为：

  内容：数与代数、图形与几何、统计与概率
  形式：三段论、关系推理、数学运算
  情境：有情境、无情境
  认知：了解、理解、掌握、运用

第二轮评定

在进一步修订框架之后，研究将测评框架交予多位数学教育领域专家和教育测评领域专家进行评定，总结多位专家意见进行修改。在对第二稿的评定中，专家们认为PISA的情境划分虽然比较详细，不适宜完全参考使用，但目前的情境划分过于简单，可以进一步细化。在认知方面，根据课程标准的描述，掌握为"在理解的基础上，把对象用于新的情境"。运用为"综合使用已掌握的对象，选择或创造适当的方法解决问题"。虽然从语言描述上可以为二者划出界限，但在实际操作中界限较为模糊，在应用到新情境时也往往进行了综合使用。所以，部分专家建议可以进一步合并。研究者在总结了专家们的意见后，将测试框架修订为：

  内容：数与代数、图形与几何、统计与概率
  形式：三段论、关系推理、数学运算
  情境：数学情境、模拟情境、现实情境

认知：了解、理解、运用

第三轮评定

在本轮评定中研究者邀请到了四位来自数学教育领域的专家，分别为两位教授、博士生导师，一位特级教师兼教研员，一位一线教师兼校长。在对第三稿的测评框架评定中，专家们认为测量的内容载体应该是代数和几何，在八年级阶段代数和几何是最为主要的学习内容，且在统计与概率中演绎推理涉及较少。认知水平划分部分需要修改，了解、理解、运用属于课程标准中的描述，是行为动词，用来代表学生的演绎推理认知层次略有欠妥，可以参考相关测试项目进行修改。在情境方面，这种划分并没有文献和理论上的支持，模拟和现实难以确定与学生距离的远近，不建议使用这样的分类。因此，在总结多位专家的意见后，对测评框架再一次进行修订。

内容：数与代数、图形与几何
形式：三段论、关系推理、数学运算
情境：数学情境、熟悉情境、陌生情境
认知：再现、联结、反思

第四轮评定

在本轮专家评定中有四位专家参与，来自数学教育领域和教育测量领域。一位教授、博士生导师，三位副教授。参与评定的专家们对框架的可行性进行了认真的分析讨论，一致认为该框架在工具开发、结论分析方面能够达到要求，可以进行数学演绎推理能力测评的应用。不过，在情境方面专家们也认为所有的推理内容都是基于数学对象，而情境的划分又依据距离学生生活远近，所以建议将"数学情境"的称谓可以改为"无情境"。因此，测评框架最终确定为如下形式。

内容：数与代数、图形与几何
形式：三段论、关系推理、数学运算
情境：无情境、熟悉情境、陌生情境

认知：再现、联结、反思

二 测评框架构建结果

通过前期基于文献的参考，以及多轮专家评定，最终形成了数学演绎推理能力测评框架。本框架主要是适合大规模测试应用，包含四个维度：推理形式、推理内容、推理情境和认知水平。框架中的四个维度并不是推理能力的内在结构，是考查推理能力的四个评价维度。为了更好地表述测评框架的结构，通过四面体的形式进行表述。

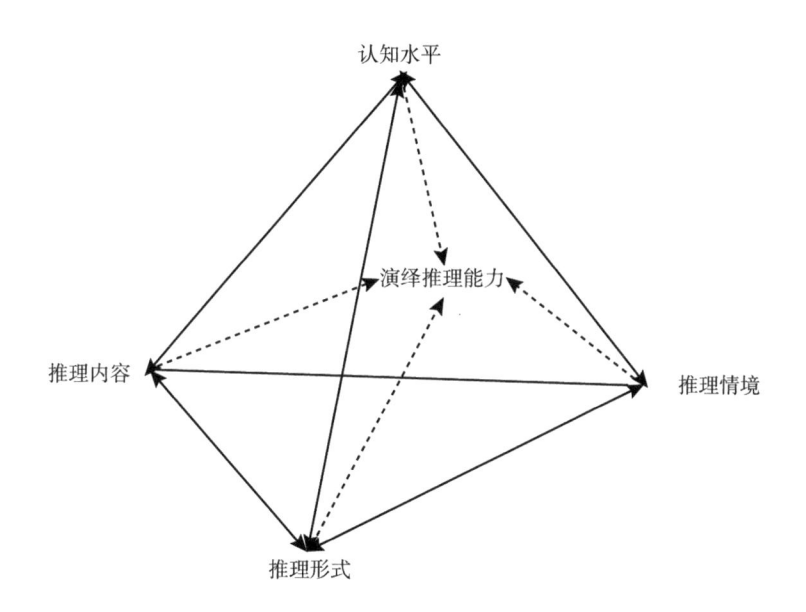

图 3-2 数学演绎推理能力表现测评框架

1. 推理形式。推理的表现依赖于推理形式的掌握，这种观点是受到普遍认可的。皮亚杰也支持这种观点，以至于几个相关的心理学理论也是在此基础上形成。在形式逻辑学中有很多关于推理形式的分类，分类十分庞杂，这主要是因为逻辑学关注的是形式本身。与此不同，数学演绎推理的研究是融入了数学知识内容，这种有了内容实体的推理就尤显独特性。数学是一种形式化的模式，这种形式化的符号、规律及其理论构造使演绎推理成为其重要的逻辑表现形式。世界上任何一门学科，都有形式和内容两个侧面。一般而言，内容决定了形式，形式又影响内容的发展。① 史宁中教授也指出推理依赖的是形式。② 由此可见，推理形式是研究演绎推理所必须关注的重要内容。在有关数学演绎推理形式的研究中学者们往往基于逻辑学的分类进行探究，很多分类并没有形成严格的界限，不同的称谓下往往有着相同的研究内容。史宁中教授从数学学科本质角度出发进行了深入讨论，认为在数学领域内演绎推理本质上只有两种类型，一是性质传递，二是关系传递，并且说明"传递性"为推理的本质属性。性质传递的最基本形式是三段论，关系传递有两种基本形式，一种是满足 $a>b$，$b>c$，则 $a>c$ 的类型，我们可以称之为"关系推理"，另一种是数学中最常见的数学运算。因为运算在数学中是确定的，也是严格的，并且是应用了数学的定义、法则等进行的一种关系推演，满足数学演绎推理的定义。因此，在国内比较明确地将数学运算称之为演绎推理。为此，在本书中数学演绎推理形式方面分为三段论、关系推理、数学运算推理三个维度进行测评。

2. 认知水平。认知方面的关注开始于认知心理学对教育的影响，从布卢姆开始教育认知方面的研究就受到广大教育者的关注，很多测评框架都被应用于对评价任务的认知要求的评价分析。③ 现阶段，众多的测评研究中出现了不同的认知测评框架，有类似布卢姆的从学习过程的分类，也有针对学科内部的认知测评框架，像威尔逊、青浦实验等，也有更适合测评角度构建的框架，例如 PISA，SOLO 等。在本书中，主要是针对数学演绎推理能力进行评价，因此希望能够让评价框架与测评目的更加切合。通过与多位专家的讨论，最终确定依据 PISA 的测评框架，采用再现、联结、反思的认知分类。綦春霞教授在推理评价的研究中也认同这个评价框架。④ 其实，在教育测量中测评框架的选择并不像自然科学那样严格，甚至有唯一性。在教育测评中往往根据研究目的以及所面临的实际情况进行选择。因此，不同的测评框架会涉及不同的测量技术要求，

---

① 王宪昌：《数学思维方法》，人民教育出版社 2010 年版，第 291 页。
② 史宁中：《数学思想概论》，东北师范大学出版社 2009 年版，第 171 页。
③ Mislevy R J. Cognitive Psychology and Educational Assessment, R L. Educational Measurement. 4th. *Westport*, *CT*: *Praeger*, 2006, pp. 257–305.
④ 綦春霞、王瑞霖：《中英学生数学推理能力的差异分析——八年级学生的比较研究》，《上海教育科研》2012 年第 6 期。

也要面对不同的测试工具开发,这往往受到研究者本人的实际情况影响。

3. 推理情境。根据 Weinert 的观点,能力被定义为认知能力和技能,个体可以通过学习获得。这种能力可以使他们能够解决特殊的问题,包括动机、意志品质和社会准备,以及应用能力成功的、负责的,在各种环境下去解决。① NISS 认为掌握数学意味着拥有数学能力,而数学能力指能在不同的数学背景与情境内外理解、判断、使用数学,能被清晰识别的主要的数学能力结构成分即数学能力成分。在研究者看来在不同情境下考查学生的表现更符合学生真实的数学能力表现。所以在本书中融入了情境维度,而有关情境的融入很多学者进行了探讨或者实践。情境的分类多是参考了 PISA 的分类,个人、社会、职业、科学四个方面。而 PISA 的分类原则是情境本身与学生的距离,很多研究都采用了这个分类,例如王光明教授在高中数学素养测评中也参考了这个分类方法。② 本书中也参考了这一原则,但是考虑到测试工具开发等方面的原因,将情境划分为无情境、熟悉情境、陌生情境。

4. 推理内容。数学演绎推理虽然是依据固定的逻辑形式在进行逻辑推演,但是在推演的过程中呈现的是实实在在的数学内容。内容与形式是结合在一起的,针对八年级学生而言数学内容相对较少,处在基础阶段。根据课程标准对初中阶段数学内容的分类,可以分成三个方面,数与代数、图形与几何、统计与概率。演绎推理在全部的数学中都广泛存在,但是,具体而言在数与代数和图形与几何方面更多,学生也更为熟悉。而在统计与概率方面相对较少,在与部分专家的讨论中也达成了共识。因此,在推理内容方面最终确定了两个大的方面,数与代数、图形与几何。

八年级学生所学内容因使用的教材不同而不同。我国在数学课程标准中给出了明确的学段要求,其中七至九年级为一个学段,具体知识要求并没有划分到具体学年。因此,不同版本的教材在知识的安排上会有不同。本书的测试对象所使用的教材为人教版教材,通过对该教材的梳理,具体知识如下。

---

① Weinert, F. E.. Concept of competence: a conceptual clarification. In D. S. Rychen & L. H. Salganik (Eds.), *Defining and selecting key competencies*. Seattle: Hogrefe & Huber Publishers. 2001. pp. 45–65.

② 王光明:《高中生数学素养的操作性定义》,《课程·教材·教法》2016 年第 7 期。

表 3-1　　　　　　　　　八年级数学知识点汇总

知识领域	知识维度	具体知识点
数与代数	1. 有理数	1.1 有理数 1.2 相反数和绝对值 1.3 有理数运算 1.4 乘方 1.5 科学记数法
	2. 实数	1.1 平方根 1.2 立方根 1.3 实数
	3. 估计	3.1 无埋数 3.2 近似数 3.3 二次根式 3.4 二次根式四则运算
	4. 字母表示数	4.1 字母表示数 4.2 代数式
	5. 整式分式	5.1 整式 5.2 整式的加减 5.3 分式及其性质 5.4 分式的乘除、加减、整数指数幂 5.5 分式方程（方程中的分式不超过两个）
	6. 因式分解	6.1 提公因式法 6.2 公式法
	7. 一元一次方程	7.1 列方程 7.2 等式 7.3 解一元一次方程
	8. 二元一次方程（组）	8.1 代入消元法 8.2 加减消元法
	9. 不等式	9.1 不等式 9.2 解一元一次不等式 9.3 确定一元一次不等式组解集 9.4 列一元一次不等式

续表

知识领域	知识维度	具体知识点
数与代数	10 一次函数	10.1 确定一次函数表达式 10.2 待定系数法 10.3 一次函数图像 10.4 正比例函数
图形与几何	1. 点线面角	1.1 线段 1.2 距离 1.3 角及角的大小 1.4 度、分、秒
	2. 相交线与平行线	2.1 对顶角、余角、补角 2.2 垂线 2.3 点到直线距离 2.4 同位角、内错角、同旁内角 2.5 平行线及其性质 2.6 利用三角尺和直尺画平行线 2.7 平行线的判定
	3. 三角形	3.1 三角形、内外角、中线、高线、角平分线 3.2 内角和定理 3.3 等腰三角形 3.4 等腰三角形性质定理 3.5 直角三角形 3.6 直角三角形性质定理
	4. 多边形（含多边形内角和、外角和）	4.1 多边形 4.2 多边形内角和、外角和
	5. 全等三角形	5.1 全等三角形 5.2 全等三角形判定
	6. 勾股定理	6.1 勾股定理 6.2 勾股定理的逆定理
	7. 四边形（含平行四边形）	7.1 平行四边形的性质、判定、三角形中位线 7.2 矩形、菱形正方形的判定和性质 7.3 三角形、平行四边形的重心

续表

知识领域	知识维度	具体知识点
图形与几何	8. 立体图形	8.1 几何体 8.2 几何体展开与折叠 8.3 几何体截面
	9. 平移与轴对称	9.1 轴对称 9.2 画出给定平面图形的轴对称图形 9.3 等腰三角形、正多边形、圆的轴对称性质 9.4 平移基本性质
	10. 平面直角坐标系	10.1 有序数对 10.2 平面直角坐标系 10.3 平面直角坐标系中求平移或对称后图形顶点坐标
	11. 尺规作图	11.1 作与已知线段等长的线段 11.2 作与已知角等大的角 11.3 作角的平分线 11.4 作垂直平分线 11.5 作垂线 11.6 利用基本图作三角形 11.7 根据条件作相关的圆或圆内接图形

本书的试题命制主要依靠以上知识点框架，形成细目表，具体试题难度将以数学课程标准的要求为基准。

三 操作性定义

心理特质是一种客观存在。桑代克（E. L. Thorndike）认为"凡客观存在的事物都有其数量"，麦考尔（W. A. McCall）认为"凡有数量的东西都可以测量"。因此，心理特质作为一种相对稳定的存在，是可以测量的，这就是心理特质的可测性假设。但是，心理特质的测量是相对困难的，它无法直接测量，只能通过被试对一些刺激的行为反应来推测，即进行间接测量。①

在明确了演绎推理能力测评的框架之后，要进一步形成演绎推理能力测评的操作性定义。因为仅仅知道概念性定义是不够的，是无法进行量化测量的。而操作性定义的价值在于可以构建可观察、可测量的量化框架。关于操作性定义布里奇曼曾说对于任何一个概念，我们意指的不过就是一系列操作，一个概念与相符的系列操作是同义的。如果这个概念是物理学的，如长度概念，那么有关的是实际上的物理操作，也就是测量长度的操作。② 因此，在构建了测评框架之后研究者基于此进一步构建了数学演绎推理能力的操作性定义，并在细化了在每一个维度上的具体数学表现和测量方案。

以长度的概念为例，为了找到物体长度，我们必须做一定的物理操作。当测量长度的操作被确定时，长度概念因此被确定。那就是说，长度概念所包含的不过就是决定长度的那一系列操作。总而言之，如果这个操作是心理的，如数学连续性概念，有关的操作是心理操作，即我们用以决定一个已知量值集合体是否是连续不断的。这并不意味着在物质概念和心理概念之间存在着严格的永久的分界线，或者一种概念并不包含另一种概念的成分。

1. 推理形式。主要指数学演绎推理的最基本逻辑规则，从形式逻辑的角度看推理的形式有几百种，已经达到无法记忆的程度，但是在数学领域内，特别是中学阶段的数学教育中，很多推理形式是无意义的。对此根据八年级的学习实际，具体要求学生能够完成：

三段论：理解和应用数学定理进行推导和判断。例如，应用平行四边形判定定理判断图形为形状，根据平行四边形性质定理确定图形中边、角的关系。根据三角形全等判定方法确定两个三角形关系。理解尺规作图中线段垂直平分线的意义。

关系推理：在直角坐标系中连续比较两点间线段的长短，判断多个字母同时出现时所代表的线段长短大小关系，能够根据部分条件判断多个字母代表的数值大小关系。

---

① 谢圣英：《数学教育测量与评价九讲》，湖南师范大学出版社 2015 年版，第 16 页。
② 涂纪亮、陈波：《布里奇曼文选》，社会科学出版社 2009 年版，第 211 页。

数学运算：进行基本的有理数数值计算，在简单函数关系中根据自变量估计出因变量大小范围。进行三次根式的表示，能够写出数轴上数的运算过程。设计运算程序，满足结果要求。

2. 认知水平。再现聚类能力在那些相对熟悉、本质上需要的是知识的再现的问题中使用。联结聚类能力的典型问题是有非简单常规程序情境的，包含有点熟悉的背景，或者仅仅有相对程度较小的拓展，需要在情境的不同表征之间进行联系，或者联系问题情境的不同方面以达到解决方案。反思聚类能力在需要一些洞察力和反思，甚至识别相关的数学或连接相关的知识以产生创造性解法的那些问题中使用，典型的问题包含更多的元素，会对学生有额外的要求，比如一般化或解释和证明他们的结论。

再现：学生能够将课堂学习中教师讲授的方法，或者教材中出现的定理等内容提取并在解决问题中直接应用，不需要经过加工，例如勾股定理的应用，完全平方公式的应用。

联结：能够联系多个相关的知识进行问题解决，或者在具体过程中也使用多个推理形式的综合应用，或者应用到了几何、代数的多个内容。例如，在解决立方体问题时，需要进行数学运算表示。

反思：能够进行深入的观察，通过试题的呈现寻找一定的规律，并且根据题目进行设计、创造，并且能够对自己的作答进行评价和证明。例如，需要学生设计一个运算程序，并且验证这个程序结果是否正确。学生猜测一个结果是否正确，并且给出严谨的证明过程。

3. 推理情境。关于情境的讨论影响最大的是 PISA 测试。PISA 将情境分为个人、职业、社会、科学四个层次，但分类的主要依据为情境与学生生活距离的远近。在本书中也将情境根据距离学生生活远近作为参考，分为"无情境""熟悉情境"和"陌生情境"。

无情境：是指完全数学语言表达的情境，包括使用数轴、三角板、量角器进行的表达。

熟悉情境：学生应该能够理解在自身家庭生活，娱乐活动，学校校园、课程生活背景，例如跷跷板游戏，公园花坛形状的认识，天气预报，钟表的解读，购物打折等。

陌生情境：学生在生活中较少遇到，很少去解读的情境，例如，考古活动，池塘扩建，工程设计，游泳池设计与管理等。

4. 推理内容。测试工具所依托的内容载体，涉及具体的数学知识领域。本次测试中主要涉及数与代数和图形与几何内容领域中的部分知识。

数与代数：涉及 $a.$ 有理数，$b.$ 实数，$c.$ 估计，$e.$ 整式分式，$f.$ 一元一次方程，$h.$ 二元一次方程，$i.$ 不等式，$j.$ 一次函数。

图形与几何：涉及 $k.$ 点线面角，$l.$ 相交线与平行线，$m.$ 三角形，$n.$ 多边形，$o.$ 全等三角形，$p.$ 勾股定理，$q.$ 平行四边形，$r.$ 平面直角坐标系，$u.$ 尺规作图。

第四章

测试工具开发及标准设定

第一节 测试工具基本情况

一 测试工具基本信息

测试工具总计 30 道试题,分为 A、B、S 三套试卷,其中 A、B 卷为独立试卷,S 卷为 A 卷和 B 卷中的部分试题组合而成。A 卷总计 15 道试题,B 卷总计 15 道试题,S 卷总计 16 道试题。测试工具的题型分为选择题(四选一)和解答题。解答题最少为两问,最多为四问。

表 4-1　　　　　　　A/B/S 试卷基本信息

试卷	人数	信度
A	6022	0.810
B	5931	0.819
S	46579	0.891

表 4-2　　　　　　　A/B/S 试卷区分度(CTT)

序号	A 卷题号	区分度	B 卷题号	区分度	S 卷题号	区分度
1	M8A0021	0.511	M8B0011	0.437	M8S0021	0.549
2	M8A0031	0.566	M8B0021	0.394	M8S0031	0.561
3	M8A0041	0.555	M8B0031	0.520	M8S0041	0.577
4	M8A0091	0.523	M8B0041	0.462	M8S0061	0.391
5	M8A0101	0.549	M8B0071	0.419	M8S0081	0.729

续表

序号	A卷题号	区分度	B卷题号	区分度	S卷题号	区分度
6	M8A0111	0.324	M8B0091	0.468	M8S0111	0.769
7	M8AS132	0.671	M8B0101	0.405	M8S0121	0.630
8	M8AS141	0.635	M8B0111	0.497	M8SS132	0.529
9	M8AS142	0.573	M8B0121	0.529	M8SS141	0.424
10	M8AS161	0.468	M8BS151	0.679	M8SS142	0.530
11	M8AS1622	0.495	M8BS152	0.633	M8SS161	0.782
12	M8AS163	0.559	M8BS171	0.646	M8SS171	0.738
13	M8AS164	0.617	M8BS181	0.610	M8SS172	0.739
14	M8AS172	0.604	M8BS182	0.749	M8SS181	0.716
15	M8AS173	0.612	M8BS183	0.691	M8SS182	0.806
16					M8SS183	0.751

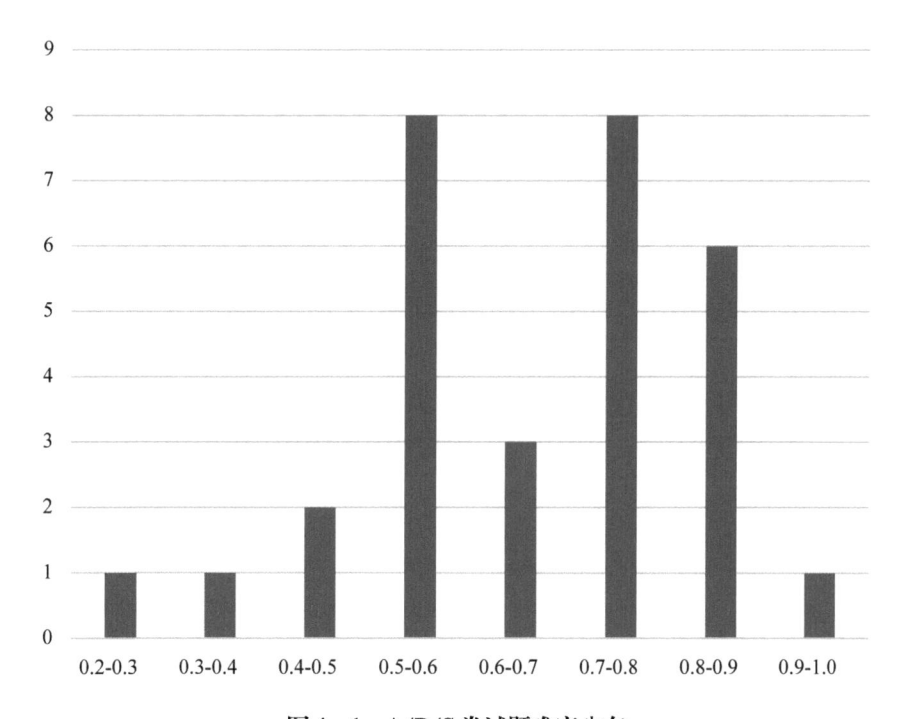

图4-1　A/B/S卷试题难度分布

表4-3 A/B/S试卷试题测试维度分布

试卷	内容	测评维度									各维度题量总计	试卷题量总计
		推理形式			推理情境			认知水平				
		三段论	递推	运算	数学情境	熟悉情境	陌生情境	再现	联结	反思		
A	数与代数		M8AO091 M8AS142	M8AO021 M8AO041 M8AO101 M8AS132 M8AS141	M8AO021 M8AS141 M8AS142	M8AO041 M8AO101	M8AO091 M8AS132	M8AO021 M8AS141	M8AO041 M8AO091 M8AO101 M8AS132	M8AS142	7	15
	图形与几何	M8AO031 M8AO111 M8AS1622 M8AS163 M8AS164 M8AS172 M8AS173		M8AS161	M8AO031 M8AO111 M8AS161 M8AS1622 M8AS163 M8AS164		M8AS172 M8AS173	M8AO031 M8AO111 M8AS161	M8AS1622 M8AS163 M8AS172	M8AS164 M8AS173	8	

续表

试卷	内容	推理形式		运算	测评维度			认知水平			各维度题量总计	试卷题量总计
		三段论	递推		数学情境	推理情境		再现	联结	反思		
						熟悉情境	陌生情境					
B	数与代数		M8BO011 M8BO101	M8BO031 M8BO071 M8BO121 M8BS151 M8BS152	M8BO031 M8BS151 M8BS152	M8BO011 M8BO101	M8BO071 M8BO121	M8BO011	M8BO031 M8BO071 M8BO101 M8BO121 M8BS151	M8BS152	7	15
	图形与几何	M8BO021 M8BO091 M8BO111 M8BS171 M8BS181 M8BS182 M8BS183	M8BO041		M8BO021 M8BO091 M8BS171	M8BO041 M8BO111	M8BS181 M8BS182 M8BS183	M8BO021 M8BO041 M8BO091 M8BS181	M8BS171 M8BO111 M8BS182	M8BS183	8	
总计		15	5	10	11	11	8	9	14	7	30	30
		30			30			30				

表4-4　　　　　　　　　试卷锚题设计

A卷	S卷	B卷
M8AO020	2	
M8AO030	3	
M8AO040	4	
	6	M8BO090
	8	M8BO101
M8AO111	11	
	12	M8BO121
M8AS132	13（2）	
M8AS141	14（1）	
M8AS142	14（2）	
	16（1）	M8BS171
	17（1）	M8BS151
	17（2）	M8BS152
	18（1）	M8BS181
	18（2）	M8BS182
	18（3）	M8BS183

二　IRT理论的试卷质量分析

利用单维Rasch模型所得各题MNSQ（Weighted FIT）值见表4-5。

表4-5　　　　　　　　　试题MNSQ值

题号	MNSQ	题号	MNSQ
M8AO021	0.97	M8BO011	1.00
M8AO031	1.01	M8BO021	0.97
M8AO041	0.98	M8BO031	1.00
M8AO091	1.05	M8BO041	1.08
M8AO101	1.02	M8BO071	1.14
M8AO111	1.24	M8BO091	1.00
M8AS132	1.09	M8BO101	1.15

续表

题号	MNSQ	题号	MNSQ
M8AS141	0.73	M8BO111	1.03
M8AS142	1.15	M8BO121	1.02
M8AS161	0.82	M8BS151	0.90
M8AS1622	0.80	M8BS152	0.79
M8AS163	0.90	M8BS171	0.88
M8AS164	1.04	M8BS181	0.73
M8AS172	0.99	M8BS182	0.82
M8AS173	1.14	M8BS183	1.30

全部试题指标值在0.7—1.3之间，符合要求。用分布评分模型同时对试题中所有项目进行分析，结果主要包括试题的难度以及项目反应与Rasch模型的拟合。

表4-6　　　　　　　　　试题拟合度

序号	项目	等级数	难度				拟合度	区分度
			1	2	3	4		
1	M8AO021	1	-1.98				0.97	0.50
2	M8AO031	1	-0.77				1.01	0.50
3	M8AO041	1	-1.23				0.98	0.52
4	M8AO091	1	-0.27				1.05	0.45
5	M8AO101	1	0.17				1.02	0.48
6	M8AO111	1	-0.47				1.24	0.33
7	M8AS132	3	-0.69	0.08	0.11		1.09	0.74
8	M8AS141	2	-1.21	-0.91			0.73	0.78
9	M8AS142	2	-0.45	0.22			1.15	0.62
10	M8AS161	1	-2.62				0.82	0.48
11	M8AS1622	1	-2.49				0.80	0.50
12	M8AS163	1	-0.01				0.90	0.58
13	M8AS164	3	0.07	1.02	2.05		1.04	0.47
14	M8AS172	2	0.38	0.56			0.99	0.68

续表

序号	项目	难度 等级数	1	2	3	4	拟合度	区分度
15	M8AS173	3	0.57	0.63	0.90		1.14	3.18
16	M8BO011	1	−2.27				1.00	0.39
17	M8BO021	1	−2.63				0.97	0.36
18	M8BO031	1	−1.34				1.00	0.45
19	M8BO041	1	−0.66				1.08	0.39
20	M8BO071	1	−0.34				1.14	0.34
21	M8BO091	1	−1.51				1.00	0.49
22	M8BO101	1	−1.38				1.15	0.37
23	M8BO111	1	−1.06				1.03	0.43
24	M8BO121	1	−0.16				1.02	0.47
25	M8BS151	3	−1.48	−1.18	−0.37		0.90	0.80
26	M8BS152	2	−1.35	−0.84			0.79	0.77
27	M8BS171	3	−1.25	−1.15	−0.94		0.88	0.79
28	M8BS181	2	−1.53	−1.32			0.73	0.76
29	M8BS182	3	−1.20	−0.26	0.42		0.82	0.82
30	M8BS183	4	−0.54	−0.30	−0.19	0.07	1.30	0.78

三 典型试题举例

例1：M8AS132

如图，在"模拟考古"活动中有这样一块石板，上面篆刻了一些数学算式，图中四个符号代表1—9中的四个数字。

求出✲和∝所代表的数字。

试题分析：此题为解答题，试题背景是平时较少见到的考古情境。这一背景与学生的学习生活距离较远，因此将其界定为陌生情境。从推理形式角度看此题是典型的数学运算推理，学生需要将题目中的符号想象成为字母，然后综合四条信息得出结论，并非简单应用课堂教学知识的再现。而是联结了多个不同表征形式，在一个较为复杂的背景下的运算推理，所以在认知水平上属于联结层次。

表4-7　　　　　　　　　　　例1试题情况

试题维度指标	等级类别
推理形式	运算
推理情境	陌生
认知水平	联结

例2：M8BO071

2007年我国铁路第六次大提速，京沪线列车提速后速度是 a km/h，比提速前速度快 b km/h，已知京沪线全长约1450km，那么列车提速前用时（　　）。

A. $\left(\dfrac{1450}{a} - \dfrac{1450}{b}\right)$　　　　B. $\left(\dfrac{1450}{a} + \dfrac{1450}{b}\right)$

C. $\dfrac{1450}{a-b}$ h　　　　D. $\dfrac{1450}{a+b}$ h

试题分析：近年来随着我国铁路事业的发展，特别是高铁的快速发展，铁路已经成为中国的一张名片。有关铁路的新闻也多见于各类报道，因此，从推理情境角度分析此题所涉及的背景对于学生来说并不陌生，属于熟悉情境。从推理形式角度分析此题是典型的关系性传递中的运算推理。题目的解决需要学生掌握整式、分式的相关运算知识，推理形式属于运算推理。在认知水平方面,该题属于在熟悉情境下的问题解决。所应用知识并非是简单的数学运算、公式、定律的再现,而是需要在情境中提取、加工。经过多位专家的综合评定,认为此题在认知水平维度属于联结水平。

表4-8　　　　　　　　　　例2试题情况

试题维度指标	等级类别
推理形式	运算
推理情境	熟悉
认知水平	联结

例3：M8BS181

如图,某村有一口平行四边形形状的池塘,在它的四个角A、B、C、D处均种有一棵柳树。现准备扩建池塘,扩建要求为：①保持柳树位置不动且仍在池塘岸边；②使扩建后的池塘面积为原来池塘面积的两倍；③要求扩建后的池塘仍为平行四边形形状。

为了便于规划池塘的扩建,小明首先连接AC,将原池塘分成两部分。求证：
$\triangle ABC \cong \triangle CDA$；

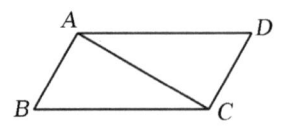

试题分析：此题是典型的三段论形式推理问题,要求学生证明两个三角形全等。从内容上看属于几何领域,在认知水平方面看学生可以直接应用相关判定定理进行操作,并没有更多复杂的信息进行干扰,属于再现水平。在情境方面认为池塘本身对于学生并不陌生,但是池塘的扩建往往学生接触较少,并且在扩建中设定了较复杂的限制要求,最终确

定为陌生情境。在形式方面，学生需要找到两个三角所具有的一些性质，根据三角形全等的判定条件来证明它们全等。在这个证明过程中要使用三段论形式的推理，例如学生应用边边边来进行证明，那么其中一个推理过程为"三条对应边相等的两个三角形全等，△ABC 和 △CDA 三边对应相等，△ABC 和 △CDA 全等"。

表 4-9　　　　　　　　　　例 3 试题情况

试题维度指标	等级类别
推理形式	三段论
推理情境	陌生
认知水平	再现

例 4：M8BO101

小萍、小琪、小思、小婷的体重分别为 P、Q、S、T，其中 $S = T$，如图所示，他们在玩跷跷板，他们的体重大小关系是（　　）。

A. $P > S > Q$　　　　　　B. $Q > S > P$
C. $S > P > Q$　　　　　　D. $Q > P > S$

试题分析：此题背景是学生非常熟悉的跷跷板，无论是城市还是农村地区对于这个背景都十分熟悉，因此，此题的情境维度为熟悉情境。推理形式方面此题是典型的关系推理。在认知水平方面认为学生需要在较为熟悉的情境中进行问题解决，能够理解变化后的表征形式。在全部的 12 位评定专家中有 11 位认为处于联结水平，1 位认为属于反思水平。最终将此题界定在联结水平层级。在解决此题的过程中学生首先要将题干中给出的四个学生与字母进行对应替换，然后根据题中给出的两幅图进行信息转换。从左侧图中可以得出 $S>P$，从右侧图中可以得出 $P+T>S+Q$，由于题中已知了 $S=T$，所以将三个关系整合在一起，可以判断出 C 选项正确。

表 4-10　　　　　　　　　　例 4 试题情况

试题维度指标	等级类别
推理形式	关系推理
推理情境	熟悉
认知水平	联结

第二节　测试工具开发流程及原则

一　开发流程

测试工具的开发是测评实施的重要环节，对测评结果的质量、测评目的的达成都至关重要。边玉芳教授根据 Anderson 等人的研究给出了测试工具开发的一般流程，总计有 5 个环节 14 个步骤，每一个步骤的实施都需要数周时间。[①] 杨涛教授也根据实践经验给出了测试工具开发的 9 个步骤。[②] 虽然学者们给出的具体步骤不同，但都是开发过程所必须关注和经历的步骤，只是提炼总结的视角不同而已。通过对这些开发环节和步骤的整理，研究者将开发流程进一步简化为下列步骤：

测评工具是进行测评工作的重要载体，没有有效、可信的测评工具测评，结果只是一组无意义的数据，不能反映学生的真实状况，测评研究也失去意义。因此，开发一套信度、效度合理的测评工具是任何实证

[①] 边玉芳、梁丽婵：《基础教育质量检测工具研发》，北京师范大学出版社 2015 年版，第 27 页。

[②] 杨涛、李曙光、姜宇：《国际基础教育质量监测实践与经验》，北京师范大学出版社 2015 年版，第 171 页。

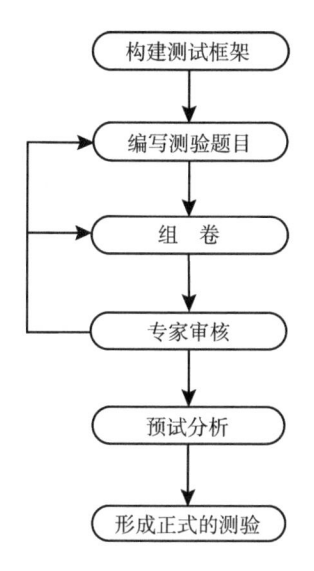

```
构建测试框架
     ↓
  编写测验题目  ←┐
     ↓          │
    组 卷       │
     ↓          │
   专家审核     │
     ↓          │
   预试分析  ───┘
     ↓
  形成正式的测验
```

图 4-2 测试工具开发流程

研究的基础。测试工具在开发中首先根据研究文献和前期研究基础，界定中学生数学演绎推理能力及各项指标体系含义，形成操作性定义，构建测评框架。在研究中依托了北京师范大学中国基础教育质量监测协同创新中心数学学科团队，形成了由数学教育研究专家（5人）、一线数学教师和教研员（6人）、数学教育研究博士和硕士生（5人）组成的研究团队。研究者对整个团队进行数学演绎推理能力指标体系进行解读，提供样题讨论，并收集国内外各种测试中的典型题目，初步编制试题，后在部分成员多轮讨论下编制测试工具。

测试工具开发的过程中严格按照工具开发的流程进行，先后经历6人访谈、30人测试、300人预测试过程，在每一轮测试后都根据数据反馈情况对试题进行修改。在试题的修改与评定中使用了专家评定法，在测试工具进行300人预测试之后，邀请多位数学教育专家、一线教师、数学教育研究生对试题进行评定，评定的主要目的是进一步确定所开发试题的测试维度，确保每一道试题的测试有效性。测评工具开发的过程中还重点关注测试工具的信度和效度，采用了统计学中的IRT理论，使用CONQUEST软件对试题进行分析，得到信度、难度、区分度、ICC 曲线等。

二　工具开发的基本原则

通常情况试题分为客观题和主观题，也称之为选择反应题和建构反应题。客观题主要分为单选题、多选题。主观题多分为：简答题、解答题、论述题等。客观题和主观题的选择各有利弊。以选择题为例，选择题的优点是题目构成简单，学生作答时间短、阅卷快，更具有经济性。但是也有学者认为选择题难以考查出学生高层次思维。主观题相比而言能够比较深入和考查学生的高层次思考表现，但是阅卷较为复杂，致使在信度和效度有所降低。因此，无论哪种题型都有其优势和弊端，而在一般的测试中往往两者兼而用之。

测试工具的具体开发应遵循一些基本原则。虽然从本质上看测评项目中的试题与学生课后、习题中所做的习题都是检测试题，但其承载着更多的测验目的。因此，必须严格开发每一道测试题。张咏梅根据多年的监测经验中总结了关于在学业成就测验中试题开发的一系列基本原则，这些原则对于相关的测试工具开发将有指导意义。①

1. 依据测验蓝图编制足够多的试题，保证题目内容的代表性。

2. 对于题目的文字描述要适合相应年龄、年级阶段学生的阅读水平，题目情境需与认知水平及真实的生活经历相适应。

3. 对题目的文字描述要语言精当，简明扼要、内涵清晰。

4. 杜绝对于教科书内容逐字逐句的陈述，避免呈现与题目无密切关系的背景材料。

5. 背景材料信息必须符合实际情况，图表数字等材料均应出自权威可靠网站、期刊，不可杜撰。

6. 确保题目内容间相互独立，不宜相互重叠。

7. 避免与性别有关而不能准确理解的题目。避免由于刻板印象为常规角色和观点指定性别来源或者暗示对某性别的轻视。

8. 编写国际测验题目时，要特别注意和国籍、文化、民族和地理位

---

① 张咏梅：《大规模学业成就调查的开发：理论、方法与应用》，北京师范大学出版社2015年版，第91—93页。

置相关的题目,避免将题目信息限定在少数参与国际范围内从而造成不公平。

9. 编写国际测验题目时,要避免会因语言间翻译而影响题目内容与理解的问题。

10. 编写国际测验题目时,要尽可能考虑到参与国家学生多样化的成长环境并给予额外的关注。

11. 确保题目答案科学、明确,且必须得到广泛认同,避免争议性。

本书所选取样本为大陆地区学生,因此不涉及国际测试问题,但一些测试题命制的原则也有很大启示。例如梁贯成教授在关于 TIMSS 的报告中举过一个试题命制的例子。"六边形有多少条边?"这道题在英语国家是成立的,但是在中国就是不成立的。原因是在英文语言环境下该题的表述为 "*How many sides of the hexagon?*" 显然学生并不会从题干中获得与 "six" 有关的信息。在英文中四边形为 *Quadrilateral*,五边形为 *pentagon*,不同于中文环境下按多边形边数进行命名的习惯。因此,要考虑不同地区的语言、文化差异。所以在试题命制时也要考虑这种地域差异,例如试题中出现机场、地铁等大城市普通的背景信息,但是在农村地区却可能成为障碍,影响试题的有效性。另外一个比较重要的原则,也是多数时候容易忽视的原则。在主观题的设计中往往有 2—3 个小问题,甚至更多,通常这些小问题的难度是由易到难的。同时,下一问的解答往往需要利用上一问的答案作为已知条件进行作答。这在标准的测试中是不被允许的,每一道题作答成功与否不能受到其他试题的影响。

选择题由题干和选项组成。相关学者研究认为题干的设计也要有相应要求:①②(1)采用正向提问。例如"请选出下列最佳答案"或者"下列选项中正确的是",避免出现例如"请选出错误的选项"的提问。(2)采用疑问形式提问。尽量将问题空放置在题干最后,避免出现在题

---

① 张咏梅、田一、郝懿:《北京市义务教育阶段学业水平测验的开发》,《教育科学研究》2009 年第 9 期。

② Haladyna, T. M., Downing, S. M., & Rodrignez, M. C. "A Review of Multiple-Choice Item-Writing Guidelines for classroom Assessment". *Applied measurement in education*, Vol. 15, No. 3, 2002.

干前部或者中间位置，例如"a 边为_____时，a、b、c 三条边可以构成一个三角形。"此题干可以改为"如果 a、b、c 三条边可以构成一个三角形，则下列选项正确的是（　　）"。（3）题干要简洁，包括题目的中心语义及大部分陈述，避免呈现无关信息。（4）题干中要清晰地、准确地表述任务要求，尽可能使学生在阅读选项前就可给出大致答案。（5）避免出现凭借个人意愿进行判断的试题要求。例如"你认为下列哪个图形更加漂亮？"等等。

选项的要求：（1）确保所有选项语法结构与题干相称，选项在长度上较为一致，避免学生根据长短喜好进行选择。（2）不要在选项中重复出现题干中已出现的词从而暗示正确答案。（3）运用尽可能多的、合理的、合适的选项（一般不超过 4 个）。（4）以肯定的语气进行陈述，避免否定陈述，选项间按照逻辑顺序或数字大小顺序排列，选项间相互独立，不出现包含关系，同一题目内所有选项在内容上同质；避免运用特定副词，例如"以上都不对""无正确答案"等选项。避免那些可能为学生提供线索的诱答选项。（5）正确选项不可重复出现在同一位置，例如每题的 B 选项都是正确答案，整体看选择题中每个位置放置正确答案数要相对均衡。（6）将学生易犯错误作为诱答选项，运用熟悉但不正确的陈述作为诱答选项，避免具有逻辑错误的诱答选项。通常诱答选项是由于学生在某一问题的理解或者某一步的计算出现错误导致结果错误。

主观题又称建构性反应题目，以建构主义理论为基础。认为不能靠简单提取已有知识来解决问题，而应当根据具体情境，以原有知识为基础，建构用于指导问题解决的模式。这种强调整体、强调情境、强调运用理论解决实际问题表现出真实的能力的观点是其本质特征。主观题可以用来测量选择题表现不佳的高层次思维，但是，也同样可以用来测具有记忆水平的能力。其命制原则有：（1）运用更清晰、明确、具体的行为动词进行题目叙述；（2）命题点必须针对重要的学习结果；（3）最好不采用选做题形式；（4）提示每题的作答时间与配分；（5）尽可能设计真实情境引发考生展现思维的完整过程或关键点。

三 试题修订过程举例

案例1：M8AO111

原始题目：

根据下图能判断哪个四边形为平行四边形？（　　）

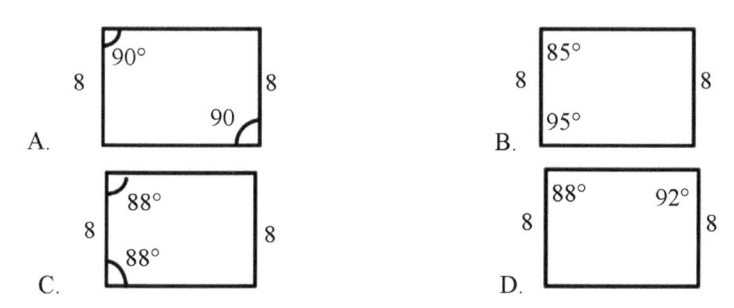

A. 矩形，上边8，右边8，左上角90°，右下角90

B. 矩形，上边8，右边8，左上角85°，左下角95°

C. 矩形，上边8，右边8，左上角88°，左下角88°

D. 矩形，上边8，右边8，左上角88°，右上角92°

该题在进行讨论中，认为题目能够考查学生在性质传递方面的演绎推理情况，属于三段论形式推理。涉及学生八年级所学的平行四边形知识，在知识的应用上有一定的变化，属于联结的认知水平。但是B选项的度数"85°"和"95°"差异太大，容易辨识，因此改为与D选项相同的度数。另外A选项中的"90°"的标示符号应修改为直角的特殊标示符号。该题在修改后为：

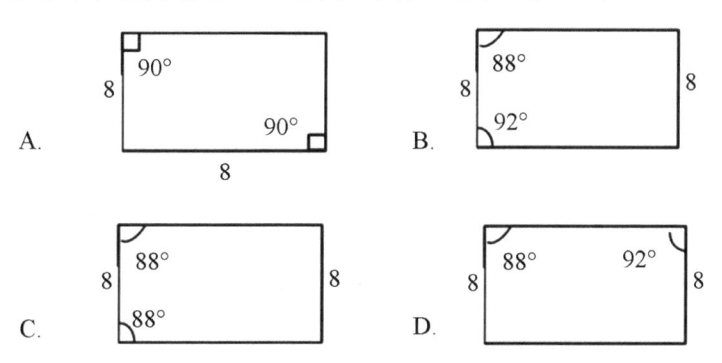

根据下图能判断哪个四边形为平行四边形？（　　）

A. 矩形，上边8，下边8，左上角90°，右下角90°

B. 矩形，上边8，右边8，左上角88°，左下角92°

C. 矩形，上边8，右边8，左上角88°，左下角88°

D. 矩形，上边8，右边8，左上角88°，右上角92°

试题修改后进行了 6 人访谈，通过对学生的访谈了解试题情况。访谈主要关注以下问题：(1) 学生是否了解该题考查的是什么知识？(2) 学生是否明白题意？(3) 学生是否见过此题？(4) 学生认为此题难易程度如何？(5) 学生认为有哪些不理解的地方？

通过汇总学生访谈的结果，认为此题考查知识点非常明确，题意较为清晰，难度适中，学生普遍反映之前未曾做过此类试题。从学生的这些作答中可以认为此题处在可接受的范围内，但是学生也反映题干中表示要"根据下图"来判断，从观察的角度看每一个图形都是矩形，都满足要求，难以判断。因此，对此题进行修改，在题干中对题目要求进一步明确，题干改为"根据图中所给出的边长和角度，哪一个能判断四边形为平行四边形？（　　）"。

根据图中所给出的边长和角度，哪一个能判断四边形为平行四边形？（　　）

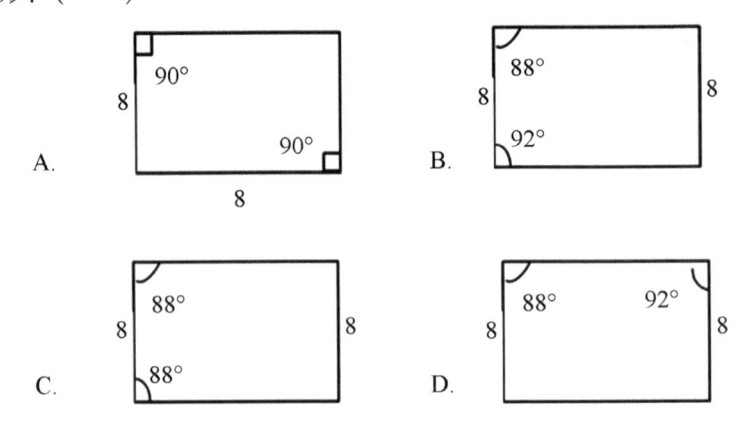

A. 矩形，上下边长为8，左边长为8，左上角90°，右下角90°

B. 矩形，上下边长均为8，左边长为8，左上角88°，左下角92°

C. 矩形，上下边长为8，左边长为8，左上角88°，左下角88°

D. 矩形，上下边长为8，左边长为8，左上角88°，右上角92°

该题在随后的 30 人和 300 人测试中数据较好，难度适中，可以用来作为测量工具。在经过专家评审时，专家给出一些修改建议：(1) 四个图形观察为相同矩形，与所给出数据不符；(2) 题干表述比较清晰，但可以更为缩减，减少学生阅读量。通过分析评审专家给出的修改建议，对试题再一次修改，得到最终测试表述。

第四章 测试工具开发及标准设定 / 115

根据图中标示的边长和角度，是平行四边形的为（　　）

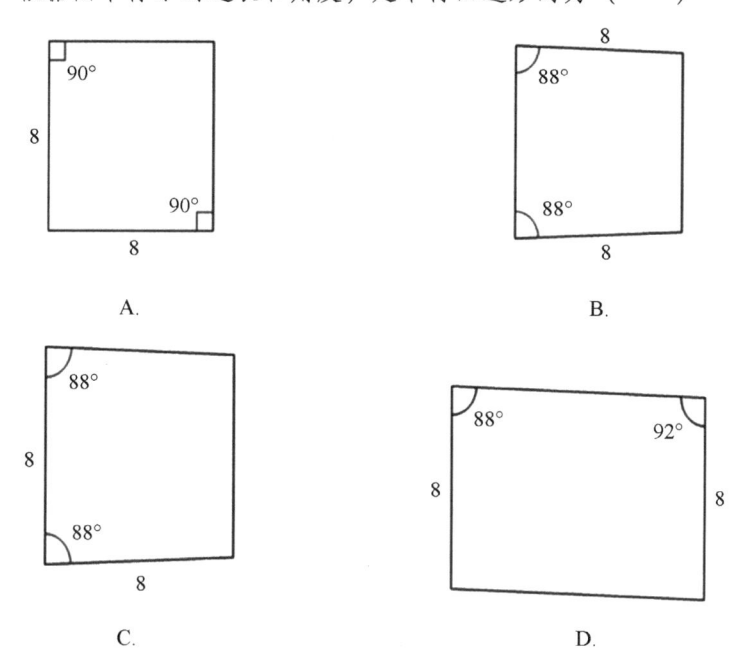

A.（边长8，两角90°）

B.（上下边8，两角88°）

C.（边长8，两角88°）

D.（边8，角88°和92°）

修改后各个图形的形状发生了变化，出现了曲折的空间呈现，解决了图形的表现与数据矛盾的问题。题干也进一步优化，降低了文字阅读量。此题的各维度判定结果为：推理形式：三段论。推理情境：数学情境。认知水平：联结。所测试内容为图形与几何领域知识。

案例2：M8BS151/152

原始题目：

请按照图中的计算程序，回答下列问题。

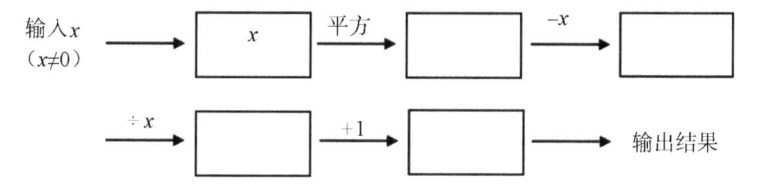

输入 x（$x \neq 0$）→ x → 平方 → □ → $-x$ → □ → $\div x$ → □ → $+1$ → □ → 输出结果

1. 请完成下表。

输入	-3	-1	0	$\frac{1}{2}$	1	……
输出结果						

2. 根据填写表格，你发现了什么规律？
3. 请你解释说明你的发现是正确的。

此题在修改过程中认为第二问"发现规律"的设置更接近"归纳推理"的测试范畴，不适合用来测量"演绎推理"，因此，应当进行较大程度修改。

请观察计算程序，回答下列问题。
（1）观察下图的计算程序，与有何关系？写出计算过程。

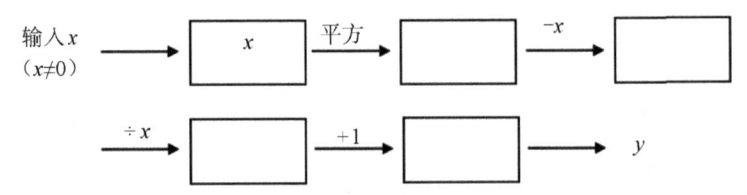

输入 x（$x\neq 0$）→ [x] →平方→ [ ] →$-x$→ [ ]
→$\div x$→ [ ] →$+1$→ [ ] → y

（2）请仿照下面的框图设计并绘制一个新的计算程序，使和的关系与（1）中相同。

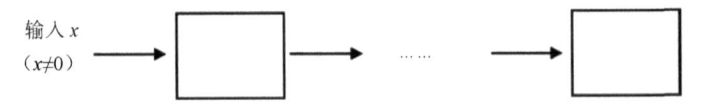

输入 x（$x\neq 0$）→ [ ] → [ ] …… → [ ]

在经过修改后，试题变为2个问题。第2问从认知角度达到了再现水平，需要学生利用所学知识进行创造性地作答，属于高水平试题。在对学生的访谈过程中学生普遍认为此题较为新颖，平时没有见过类似题型。但是，学生反映此题比较难，题意也不是很清楚，特别是第2问不会作答。经过总结发现，目前此题的题干部分属于空白，不能起到指导2个小问的作用，并且2个小问之间存在较严重的依赖关系。如果学生不会做第1问，第2问将无法作答。因此，对试题进行了修订。

观察运算程序，回答下列问题。

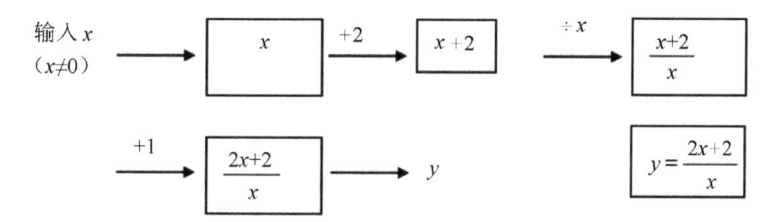

```
输入 x        ┌───┐  +2   ┌─────┐  ÷x   ┌─────┐
(x≠0)  ───→  │ x │ ───→ │ x+2 │ ───→ │ x+2 │
             └───┘       └─────┘       │ ─── │
                                        │  x  │
                                        └─────┘

         +1   ┌─────┐                 ┌──────────┐
       ───→  │ 2x+2│ ───→ y          │ y = 2x+2 │
              │ ─── │                  │     ─── │
              │  x  │                  │      x  │
              └─────┘                  └──────────┘
```

（1）补全下图的运算程序，求出 y 与 x 的关系，写出计算过程。

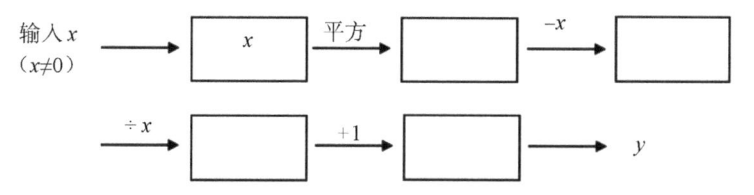

```
输入 x        ┌───┐  平方  ┌───┐  -x   ┌───┐
(x≠0)  ───→  │ x │ ───→  │   │ ───→ │   │
             └───┘        └───┘       └───┘

         ÷x   ┌───┐  +1   ┌───┐
       ───→  │   │ ───→ │   │ ───→ y
              └───┘       └───┘
```

请仿照上面的框图设计，绘制一个新的运算程序，使 y 与 x 的关系为 $y = 2x + 1$。

试题修改增加了题干部分的举例说明，使第 2 问的作答更加清晰。第 2 问的要求与第 1 问进行了区分，将关系固定为 $y = 2x + 1$，这样即使学生无法做出第 1 问也不会有影响。但是在 30 人测试中，此题的作答率较低，第 2 问的作答效果并不理想，学生多是使用 1 步或者 2 步的方法设计程序。例如：

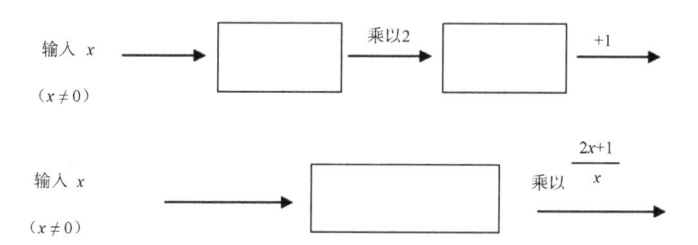

```
输入 x        ┌───┐  乘以2  ┌───┐  +1
(x≠0)  ───→  │   │ ────→  │   │ ──→
             └───┘         └───┘

                                          2x+1
                                          ───
输入 x                    ┌───┐    乘以    x
(x≠0)  ─────────────→    │   │  ────────→
                          └───┘
```

虽然这两种作答都是正确的，但是作答步骤过少，原因在于题干中没有对程序步骤进行要求。因此，讨论认为将步骤数限定在 3 步以上较为合适。对试题进行了新的修订。

观察运算程序，回答下列问题。

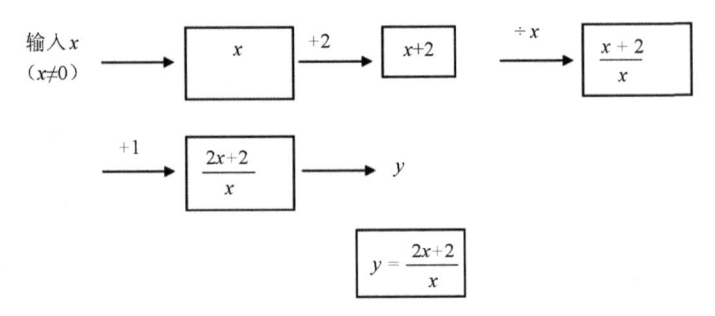

```
输入x         +2          ÷x
(x≠0)  →  [ x ] → [ x+2 ] → [ (x+2)/x ]

       +1   [ (2x+2)/x ]
        →              → y

                [ y = (2x+2)/x ]
```

（1）补全下图的运算程序，求出 y 与 x 的关系，写出计算过程。

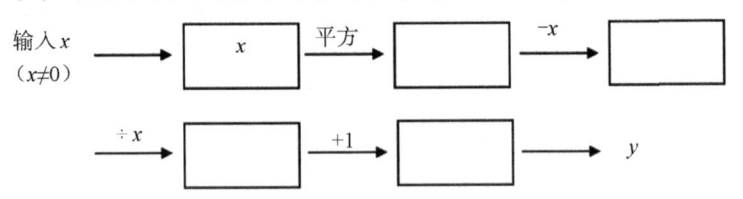

```
输入x         平方        -x
(x≠0)  →  [ x ] → [   ] → [   ]

       ÷x          +1
        → [   ]  →  [   ]  → y
```

（2）请仿照上面的框图设计，绘制一个新的运算程序，使 y 与 x 的关系为 $y = 2x + 1$，要求运算步骤不少于 3 步。

在 300 人的预测试中发现学生可以按照步骤要求进行作答，区分度较好。在专家对试题的审定中有专家认为此题在题干的表述中可以进一步明晰，箭头过多容易导致学生的认知负荷增加。另外，在预测试中一部分学生在第 1 问中只将空白处填答，没有写出 y 与 x 的关系。因此，对试题的各部分表述进一步修订。

观察运算程序，回答下列问题。

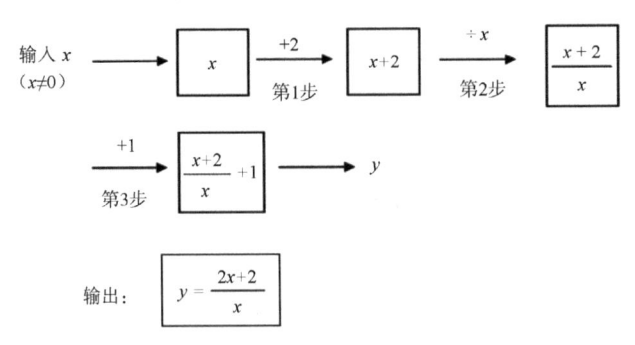

```
输入x         +2           ÷x
(x≠0)  →  [ x ] → [ x+2 ] → [ (x+2)/x ]
               第1步       第2步

       +1   [ (x+2)/x +1 ]
       第3步              → y

       输出：[ y = (2x+2)/x ]
```

（1）补全下图的运算程序，求出 y 与 x 的关系，并在输出框图中化简；

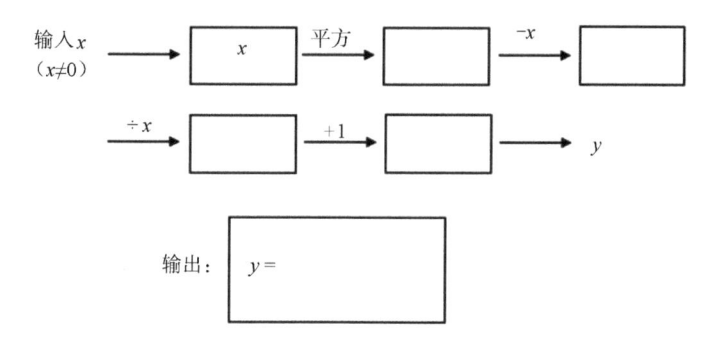

```
输入 x        ┌───┐  平方  ┌───┐  -x   ┌───┐
(x≠0)  ───→  │ x │ ────→ │   │ ────→ │   │
             └───┘       └───┘       └───┘

       ÷x   ┌───┐  +1   ┌───┐
      ───→  │   │ ────→ │   │ ────→ y
            └───┘       └───┘

输出:   ┌─────────┐
        │  y =    │
        └─────────┘
```

（2）仿照上面的框图设计，编写一个新的运算程序，使 y 和 x 的关系为 $y = 2x + 1$，要求运算不少于 3 步。

修订后，增加了程序运算的步骤指示说明，使试题的表述更为清晰。第 1 问中给出作答的框图，使学生能够明确作答的内容和位置。

在专家对试题的所属维度进行标定后认为此题可以用来进行测试。具体维度属性为：M8BS151：推理形式——数学运算，推理情境——无情境，认知水平——再现；M8BS152：推理形式——数学运算，推理情境——无情境，认知水平——反思。

四 测试工具维度标定

在确定了测试工具后，需要邀请专家对测试工具进行维度评定。一道测试题既要满足测试本身的要求，也就是试题的命题规范，同时更要符合测试的目的。本测试的目的是调查学生的演绎推理能力表现。因此，测试工具要满足测试框架的要求。但是原始题目的维度设定在试题的不断修改中很容易发生改变，因此，在试题最终确定后需要邀请专家对试题的测试维度进行最后评定。

能力估计的精准性取决于个体测量误差，测量误差可理解为参加若干相似的测验，学生测验分数可能的变化情况。而要减少这种误差最好的办法是让学生进行多次测试，或者在一次测试中回答更多的题目。因此，从测量学的角度看题册中的试题越多所刻画的学生能力值越可靠。通过初期筛选最终参与测试的共有 35 道试题，最终评定专家达成一致性较高的有 30 道题。另外 5 道题专家们的意见分歧较大，做删除处理。例如：

如图，圆圆在玩剪纸游戏，她先将一张长方形纸片 ABCD 沿 EF 对折一次使 AB 边与 CD 边重合，然后剪去重叠的一对角，剩余部分展开后构成一个多边形。该多边形的内角和为（　　）。

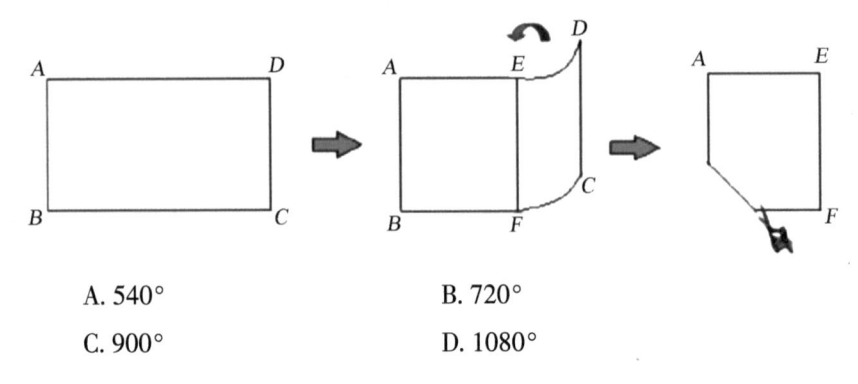

A. 540°　　　　　　　　B. 720°
C. 900°　　　　　　　　D. 1080°

在上题中，原始题目打算构建一道有关三段论推理形式的问题，在经过多轮修订后，最终形成上述试题。12 位评定专家对该题的评定差异较大，其中有 5 位专家认为是三段论形式，7 位认为是运算。在情境方面专家们一致认为是数学情境，但是在认知维度，有 2 位认为是再现，6 位认为是联结，4 位认为是反思。通过与部分专家的沟通发现这道测试题的测试指向不明晰，该题需要进行一定程度的运算才能得出结论，而对于该题的理解不仅仅有对多边形知识的掌握，还需要有一定的几何直观能力。特别是对于折叠前后变化的把握，而在认知维度有些专家认为学生在平时还是较少见到类似题目，需要在反思的基础上才能进行作答。也有专家认为该题情境是学生较熟悉，学生需要联系多个方面的知识才能作答，属于联结维度。可见此题的专家分歧较大，不合适作为测量工具使用，最后决定删除此题。

五　测试组卷原则

"组卷"是将开发好的试题按照一定的顺序排列成一套测试卷的过程。目前还很难为测试题的顺序编排找到相应的理论基础。但是根据经验考虑，普遍是把难度系数低的题放在前面，较难的放在后面。在读写能力的国际测试 PIRLS 中认为，前面的题应该比较简单，高级思维能力题目均匀分布试卷中，避免放在卷尾使未做完学生失去展示机会。台湾学者在题目编排的研究中进行了总结，提炼出10条原则：（1）可依据题型来排列，先易后难；（2）根据题目难度排列，先易后难；（3）同类试题聚集，避免不同题型交错；（4）试题呈现不分页；（5）选择题答案另起一行；（6）题目标示明确；（7）测验版面考虑评分空间；（8）排版方向、字体统一；（9）考虑不同年龄学生情况；（10）低龄学生预留更大作答空间。[1] 本书作者在结合实践测评经验基础上认为，从题型角度看，选择题放在前面，解答题放在后面。就客观选择题而言，正确答案的选项分布尽量保持一致。也就是如果有8道选择题，那么正确选项中要包含2道A选项、2道B选项、2道C选项和2道D选项。主要目的是防止学生的随意作答，影响测试结果。由于本次测试为八年级学生，不涉及跨年龄测试问题。最终本次测试采用了客观题和主观题结合的方法，其中客观题16道，主观题19道。

六 评分标准及阅卷流程

评分标准的制定不仅要根据学业表现标准和既有经验对评分标准进行提前建构，还要依据预测、实测的结果对于评分指南进行重构，循环往复此过程2—3轮。通常评分系统有四种主要的类型：整体型、分析型、分布型、双重编码；整体型评分是指就作答情况给一个整体分数，基本假设是考生的能力是一个整体，只能产生一个分数。该种方法评分较快，但是不能对考生做出更为详细的反馈。分析型评分是指将作答分成若干维度进行特征描述，然后单独给分。该种方法认为整体是可以分成若干部分的组合，总能力也可以由各种能力构成。该种方法对学生的考查较详细，能够得到更多的信息，但是评分时间花费较多，成本较大。另外也有观点认为一个整体能力并不完全等于各维度能力之和。分布型评分是指将作答分成三种类型，不正确、部分正确、完全正确。这里的完全正确并非是绝对完全的作答，而是忽略了微差错之后的作答。双重编码评分又称为两位数诊断评分系统，是指在评分过程中，除按照正确性为学生的作答进行编码之外，还提供一套按照学生在解决既定问题过程中所使用的策略或者按照阻碍学生得出正确解决方案的错误概念的类型来编码评分的方式。双重编码的优势在于可以收集到更多关于学生信

---

[1] 李宗坤：《教学评量》（第三版），心理出版社2009年版，第61—172页。

息，包括学生的错误概念。常犯错误以及采取的不同作答策略。TIMSS 和 PISA 均采用这种评分方式，本书也采用这种评分方式。

在本书中双重编码共计有两位数字，例如 10、11、20、30、90、91 等等。其中第一位数字"1、2、3"代表的是学生在该题的得分，"9"代表学生在该题没有得分。第二位数字"0、1"代表的是类型，"10"代表的是学生在该题得 1 分中第一种类型，"11"是得 1 分的第二种类型。"90、91"代表的是学生在该题没有得分，但是错误有多种类型，又进而分成了几个不同的错误分类。下面以一道具体题为例。

如图，在"模拟考古"活动中有这样一块石板，上面篆刻了一些数学算式，图中四个符号代表 1—9 中的四个数字。

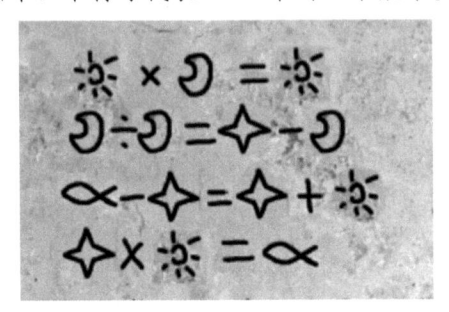

求出✹和∝所代表的数字。

表 4-11　　　　　　　　　　评分细目表

	正确回答（4 分）
40	二元一次方程组列式正确，结果正确由前两个方程可知月亮代表1，星星代表2。设小鱼为 x，太阳为 y。……1 分；则由后两个方程可得 $\begin{cases} x-2=2+y \\ 2y=x \end{cases}$，……3 分；分解方程即得 $\begin{cases} x=8 \\ y=4 \end{cases}$，……4 分
41	选用正确的式子计算，结果正确
	部分正确回答（1 分、3 分）
10	设列二元一次方程组正确，但无结果或结果错误
11	选用两个正确的式子计算，但无结果或结果错误

续表

	正确回答（4 分）
19	无过程，但结果正确
30	设列二元一次方程组正确，利用等式性质合并同类项，但无结果或者结果错误
31	选用两个正确的式子计算，利用等式性质合并同类项，但无结果或者结果错误
	错误回答（0 分）
90	错误作答
	没有回答（0 分）
0	空白

从上题的评分标准中可以看出该问满分为 4 分，学生的作答一共分成 9 种类型，完全空白的为"0"。有作答但是错误的为"90"，根据作答的正确成分多少给予不同的编码。在 IRT 的统计方法下，试题的满分多少并没有实质作用，最后都要转换成能力分来进行比较，更进一步说一套测试题的满分并非要 100 分，98 分或者 58 分都是可以的，因此，在确定试题的分数时往往参考学生的作答类型来确定，类型层级较多则分值高些。类型少，分值则可以少一些。

评分标准流程：理论预定、30 份测试修订、300 份测试修订、正测后进行预阅卷，每题 500 份。检验评分标准覆盖范围，合理性，最终确定评分标准。

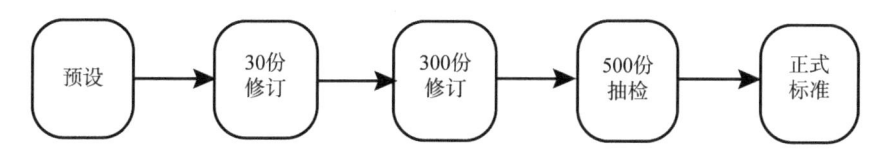

预设 → 30份修订 → 300份修订 → 500份抽检 → 正式标准

图 4-3　评分标准制定流程

阅卷员为数学专业本科生和研究生。阅卷流程为讲解测试任务性质、下发评分标准、讲解试题及评分标准；试评 50 份、提出疑问，进行讲解；再试评 100 份、提出疑问，再进行讲解；最后进入正评。评卷监督机制，30% 的试卷进行第二次评分，两个不同阅卷员进行评分，如果给分不一致进入第三次评分。每个阅卷员所阅题目随机重新评阅，给分不一致会显示一致性系数。通过严格的阅卷程序保证了阅卷的准确率,提高了测试结果的有效性。

第三节 标准设定

一 标准设定方法概述

标准设定(standard setting)是标准参照测验中非常重要的环节,标准设定的过程就是通过合理、有效的方法,使表现标准转化为一个公平、有效的分界分数。[1] 标准参照测验(Criterion-referenced Test)是判断参加测验的考生是否具有某项能力、掌握某种知识的测验,判断标准是考生是否已达到预先设置的划界分数(Cut Scores)。划界分数则是标准参照测验成绩的度量,是标准设置过程中将考生划分到不同成绩级别上的分数点。具体来讲标准设定是指在测验分数分布中划出两类以上的分界分数的过程。[2] 通过标准设定,考生可以被分为通过和不通过两类,或者更多的有序类别,如:基础以下,基础,熟练,高级。更为具体地说,就是在测验分数上设定一系列能够反映对被试能力要求的分界分数,并以此对被试的能力水平进行判定。[3] 虽然这样的研究设定在理论上或者期望上是好的,也是可行的。但是实际进行中却是一个主观行为,不可能完全客观地进行操作。不过其仍是可信且有效的,完全可以被客观地运用到所有受试者群体中去。

从20世纪60年代开始,标准设定随着标准参照测验的兴起而发展,起初标准设定受到了一些学者的质疑。有学者认为标准设定是武断的、错误的,整个标准设定过程也是主观、无常,不可验证的。[4] 但是,随着测量方法的不断发展,标准设定流程的规范,教育测量技术的进步,标

---

[1] Norcini, J. J., &Shea, J. A. "The credibility and comparability of standards Applied Measurement in Education". *Applied Measurement in Education*, Vol. 10, No. 1, 1997, pp. 39–59.

[2] 李珍、辛涛、陈平:《标准设定:步骤、方法与评价指标》,《考试研究》2010年第4期。

[3] 陈平、辛涛:《Bookmark标准设定中的分界分数估计方法比较》,《北京师范大学学报》2013年第1期。

[4] Glass, G. V.. "standards and criteria. Journal of Educational Measurement". *Journal of Educational Measurement*, Vol. 15, No. 4, 1978, pp. 237–261.

准设定逐渐成为人们接受的过程。同时，也出现了很多标准设定的方法，其中 Angoff 方法是最早被广泛使用的标准设定方法之一，并且拥有很多变式。其基本思想是由评委专家对多项选择题进行审阅之后，给出每道题目上临界水平考生正确作答的概率估计；然后把单个评委在每个项目上的概率估计进行加和，求出所有评委的平均数，即得到表现标准。而这样的过程往往需要多轮才能得到最终的临界分数。近年来，随着测量技术的不断进步，Angoff 也在不断变化。香港全港性系统评估（Territory-wide System Assessment，TSA）是香港教育署（教育局）委托香港考试及评核局教育评核服务部举办的一个大规模的水平参照学生学业评估，用来测评香港的小学三年级，小学六年级和中学三年级学生在中文、英文和数学三科达到基本能力方面的表现。该评价项目就采用了一种基于 Rasch 模型的 Angoff 方法。[1]

在不断改进 Angoff 的同时，一种基于 Angoff 的新方法也随之出现。1996 年 Lewis，Mitzel，Green 提出了 Bookmark（书签法）方法。该方法引入了项目反应理论（IRT），通过对试题的难度进行排序后再邀请专家根据要求进行界限划定。根据美国各州 K-12 教育评价中所用标准设定方法调查表明，Bookmark 方法得到最为广泛的应用，有 31 个州使用它进行标准设定。Bookmark 逐渐取代 Angoff 方法，成为美国各州使用最多的标准设定方法。[2] Bookmark 方法除得到广泛应用外，也是国外学者的研究热点，相关研究包括"Bookmark 与其他方法的比较""RP 的选择""评委对题目难度的感知""Angoff 与 Bookmark 方法的模拟比较""评委对 Bookmark 标准设定任务的理解"及"Bookmark 方法有效性"六个方面。[3] 近些年除了教育测量专业的文章之外，在学科教育领域也逐渐出现一些有关标准设定的文章，说明标准设定已经开始受到国内学科教学的重视。以往固定地将 60 分看成及格，90 分作为优秀的划分方法也逐渐开始改变。

Bookmark 是一种基于 IRT 理论的标准设定方法，首先将项目难度映

---

[1] 常蕤：《一种基于 Rasch 模型的 Angoff 方法及其应用》，《心理学探新》2008 年第 28 期。
[2] 李珍、辛涛、陈平：《标准设定：步骤、方法与评价指标》，《考试研究》2010 年第 2 期。
[3] 陈平、辛涛：《bookmark 标准设定中的分界分数估计方法比较》，《北京师范大学学报》（自然科学版）2013 年第 1 期。

射到 IRT 能力量表上，得到项目难度定位值（Bookmark difficulty location，BDL），然后将试题按照 BDL 值由小到大排序生成有序测验项目册（Ordered Item Booklet，OIB）。之后，要求评委在 OIB 的某两个项目间放置书签，使得从整体上而言，与某个表现标准对应的临界水平考生能够掌握书签之前试题所反映的内容，或者能够以某个预定的反应概率（Response Probability，RP）正确作答书签之前的所有试题，书签之后的试题则不能满足 RP 值的要求。目前在 Bookmark 方法中最受欢迎的概率为三分之二，或者67%。因此，在本书中 RP 值选择了三分之二。书签确定之后，采用分界分数估计方法确定每个评委的分解分数，再计算所有评委的平均数或中位数，即可得到整个评委组的分界分数。这个获得分界分数的过程往往要进行3轮，最后将考生的能力估计值与分界分数进行比较，最终确定考生的表现类别。

作为 Bookmark 方法的重要组成部分，分界分数估计方法的优劣将直接影响到分界分数的估计准确性。目前，比较有代表性的分界分数估计方法有两种：（1）PI 方法，将书签前一个题目的 BDL 作为分界分数估计值；（2）BI 方法，将书签两旁题目的 BDL 均值作为分界分数估计值。有研究表明，当不考虑评判误差时，BI 优于 PI 方法；当考虑评判误差时，PI 和 BI 方法都存在统计负偏，BI 方法的负偏程度更小。[①] 在本书中选择了 BI 方法进行临界分数获得。而在 OIB 方面目前没有研究去比较试题的最低数量，但是更多的切分线就要求有更多的试题，Daniel. Lewis, Howard C 和 Matthew Schulz 认为最少的试题数是40，或者50个计分点。[②] 参与标定的专家人数方面认为12—19人较好。

相比而言，Bookmark 方法比 Angoff 法有很多优势。（1）适用于两级计分和多级计分两种题型。（2）精减了学科专家的任务。（3）可为多种测验类型设置划界分数。（4）能够将"分数线说明"与测验要考查的内

---

① Reckase M. D. "A conceptual framework for a psychometric theory of standard setting with examples of its use fore valuating the functioning of two standard Setting methods". *Educational Measurement: Issues and Practice*, Vol. 25, No. 2, 2006.

② Daniel M. Lewis, Howard C. Mitzei, Ricardo L. Mercado, &E. Matthew Schulz. The bookmark standard setting procedure. in Gregory J. Cizek (Eds). setting performance standards. *New York: Routledge*, 2012, pp. 225–251.

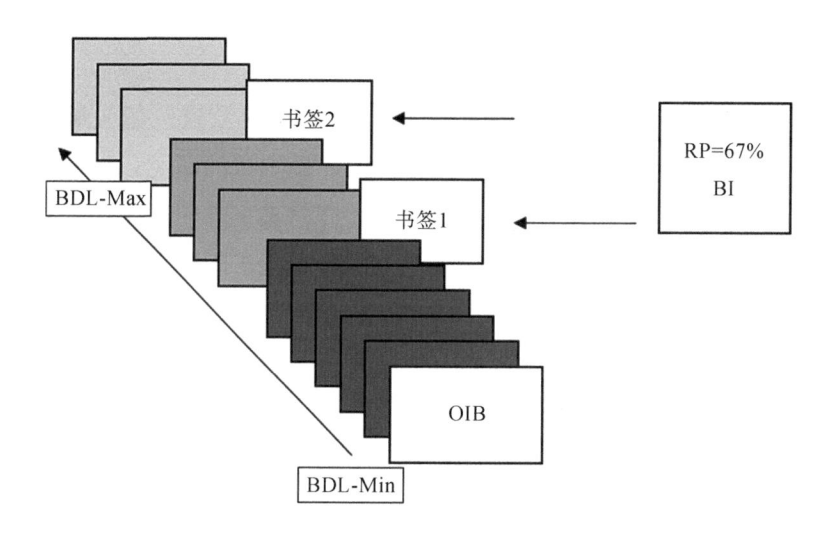

图 4-4　Bookmark 标准设定示意

容联系起来。(5) 可设置多重划界分数线。(6) 提高了时间效率,降低了划界分数的标准误。① 虽然 Bookmark 方法有很多优势,但在进行专家评价之前,需要进行大量的项目反应分析和计算。由于项目反应理论在我国考试机构或其他基于标准的教育考试的执行机构尚未得到很好的掌握和应用,因而我国熟悉和掌握 Bookmark 标准设置方法的人不多,实际应用较少,国内在这方面的研究文献也相对较少。整体看 Bookmark 法的优点在于评判专家进行评判的次数比 Angoff 法要少得多,对评判专家也相对比较容易,而且适用性好,既适合于客观题,也适用于主观题。特别是在题量很大的考试中,Bookmark 法优势明显。② 因此,本书选用 Bookmark 方法进行标准设定。但在具体标定中限于实际原因,参与评定的专家没有进行集中面对面的交流,而是通过网络进行沟通。全部材料通过邮件形式进行往来,为了便于专家在集体交流中更好的表达观点、质疑观点,所有专家均匿名进行评定。

---

① 陈梦竹、张敏强:《bookmark 法设置划界分数的研究述评》,《心理科学进展》2009 年第 5 期。

② 王晓华:《Bookmark 法在基于标准的教育考试中设置划界分数的应用》,《中国考试》2014 年第 7 期。

二 标定水平等级设定

水平等级制订主要有两项工作：(1) 确定水平等级数量；(2) 确定每一个水平等级的描述。根据国际以及国内大规模测试的研究，发现在 PISA 的测试中数学共分为 6 个精熟度，实际上还存在一个低于 level1 的学生群体，学生的水平层级被划分为 7 个等级。TIMSS 划分为 5 个水平级，NEAP 划分为 4 个水平等级。国内中国基础教育质量监测协同创新中心开展的区域健康体检项目将学生划分为 4 个水平等级。江苏省开展的义务教育质量监测项目也分为 4 个等级。由此可见，不同测试项目根据不同的实际情况对学生划分了不同的等级。

在本书中学生的等级划分将成为后续表现分析的重要前提。为此，研究者在总结其他测试项目等级划分的基础上，又通过问卷和访谈的方式进行了调查。调查中有 11 位教师对学生的演绎推理等级进行了划分，并且从平时表现和考试作答两个角度对学生进行等级描述。具体结果如下。

表 4-12　　　　　　　　演绎推理能力等级划分专家意见表

序号	等级
教师 1	3
教师 2	6
教师 3	4
教师 4	5
教师 5	7
教师 6	4
教师 7	5
教师 8	4
教师 9	3
教师 10	3
教师 11	3

从初步的调查结果可以看出，教师对于演绎推理应该划分计分水平等级并没有形成统一的认识，且认为 3 等级和 4 等级人数较多。在对 4 位

一线教师的访谈中也没有形成统一的结果,但是教师们多认为3—4个水平在实际操作上较容易。就对等级划分而言,具体需要划分几个等级要根据研究的目的以及实际情况来确定。所以,很难以形成统一的认识。后在与三位数学教育专家(一位教授,两位副教授)的交流讨论中,一致认为就本书而言更多的可以参考借鉴中国基础教育质量监测协同创新中心的等级划定。最后讨论决定划分4个水平。

在确定水平等级数量后,需要对每一个水平等级学生的特点进行描述。在综合分析11位教师对学生演绎推理等级的描述后,发现教师们在表述学生的演绎推理时具有一定的共同特点,在经过析取后发现更多的使用了"逻辑性、条理性、情境、信息、解释、思路"等词汇,因此,在对学生的最终等级描述中重点考虑了上述关键词汇。在借鉴了国际测试项目,以及国内测试项目的相关表述之后,结合教师们提出的关键词,最终与几位数学教育专家商讨后确定了演绎推理能力等级划分的描述,以及在3个主要推理形式上的描述。

表4-13　　　　　　　数学演绎推理能力表现水平描述

等级	学生表现描述
水平4	能够非常熟练地解决简单的推理问题,能够在复杂情境下提取多个信息进行综合推理。推理过程逻辑严谨、思路清晰、步骤完整,能够解释自己的思路、观点,讲解自己的推理依据和理由。在陌生的情境下能够利用基本知识创造性地提出假设,并进行验证或者证明。
水平3	能够应用演绎推理方法在较为复杂的情境下解决问题,能够在熟悉或者陌生的情境下提取多个相关信息,并将多个信息综合进行推理。推理过程具有一定的逻辑性和条理性,但不能完整、清晰地表述自己推理过程中的理由和依据。在背景复杂的情境下容易出现推理偏差,推理步骤烦琐或者容易出错。
水平2	能够理解和掌握一定的演绎推理方法,能在简单情境中进行多步骤的简单数学运算,能够通过性质、定理、公式等得出简单结论。但是在进行推理过程中逻辑性不够严谨、条理性不够清晰。
水平1	了解初步的演绎推理知识,能够进行简单的代数运算,在形式标准或者相对简单的情境中能够复制基本推理方法进行推理。但是不能够进行复杂运算,不能够在相对复杂的情境下提取信息完成证明。

表4-14　　　　　　　　三段论推理形式表现水平描述

等级	描述（三段论）
水平4	能通过演绎的方法，使用已知的数学结论和条件，对自己提出的假设进行验证或者证明，证明过程清晰、完整，条理流畅，能在复杂情境下根据要求进行复杂的作图，理解作图的依据。能够识别出模型、自然语言、图表、字母中的数学信息，通过信息的重组，获取解决问题的有效信息，并做出合理的假设与推断，能从基本事实出发，用说理的方式确认某一结论的正确性。 能应用三段论进行证明，并表述理由和依据。
水平3	能够在复杂情境下应用三段论的内容，从现有事实或结论出发，进行简单推理，并验证推理的结果和结论，推理过程基本符合逻辑； 能结合具体情境中使用尺规进行基本作图，作图较为标准，过程规范；能获取给定问题情境中的信息，并做出合理的假设与推断；能对结果的意义进行解释，能根据意义验证结果的合理性；能利用生活现象、直观模型等进行简单推理，验证获得的结果和数学结论，但过程不完整，不能严谨地给出原因和理由。
水平2	理解三段论推理的基本知识，能够在简单情境下应用三段论进行证明或者运算； 能获取给定情境中的数学信息，从信息中作出简单的假设与推理； 能运用基本作图方法作图。
水平1	了解三段论的基本知识，能够在数学知识背景中提取基本信息，复制所学知识解答简单问题；不能对数学结果进行举例验证和给出简单的解释，或推理和解释的方法与过程不合理； 不能用简单工具进行基本作图，或者作图中出错。 不能对数学结果和结论进行简单的解释，或论证和解释。

表4-15　　　　　　　　关系推理形式表现水平描述

等级	描述（关系推理）
水平4	能够在复杂或者陌生的情境下提取多个数学信息，应用关系推理知识进行推理；能够应用关系推理知识进行证明、运算；能够应用关系推理知识对解答过程进行解释、说明、论证。
水平3	能够在复杂的情境下提取相关信息，可以根据实际问题对多个信息进行大小比较，并综合推理结果得出问题答案；推理过程比较清晰，具有一定条理性。
水平2	理解关系推理的知识，能够在简单情境下应用，可以对不同数值进行大小比较。
水平1	了解关系推理的基本知识，能够在简单情境中提取基本信息，仅可以复制所学知识解答简单问题。不能通过递推关系确定三个变量之间的相等、大小关系。

表 4-16　　　　　　　　　运算推理形式表现水平描述

等级	描述（运算推理）
水平 4	理解运算法则与运算方法之间的关系，在较复杂情境下辨识出数学对象，选择正确的法则，进行操作和计算；能够对具体运算问题进行一定程度的抽象与概括，能运用数学概念、定义、公式、法则进行数学运算，解决比较陌生或开放性的问题，思考缜密，思路清晰；能用文字、算式说明运算的合理性，能够选择合适的运算方法解决数学问题，并能简化运算过程；能够在实际情境中进行估算；能够构造运算程序。
水平 3	在复杂情境中识别解决具体问题所需要的算法、法则和公式等，综合应用多个数学信息列式并计算出正确结果；能够有对具体运算问题进行抽象与概括的意识；能用常规的数学运算方法解决熟悉的或已练习过的问题，思路较清晰；能用文字、算式表示出运算的基本过程。
水平 2	理解运算的基本形式，记忆和辨别数学运算中常用的数学概念、定义、公式、法则和定理；能进行数与式、方程等基本运算；能在简单情境中识别具体问题所需要的算法、法则和公式等，并通过列式计算、画图等方法进行正确的操作或计算；能够在简单情境下解决常规运算问题。
水平 1	了解运算的基本形式，仅能够复制所学简单公式、法则进行简单的运算，或在运算中频繁出错。

三　分界分数设定

分界分数的设定是标准设定的最核心工作，在本书中采用 Bookmark 方法进行。共有 13 位专家参加，后有一人在标定前退出标定工作。专家都是工作多年的一线教师，对学生和初中数学有较深刻的了解。具体参加标定人员情况如下。

表 4-17　　　　　　　　　标准设定专家情况汇总

序号	地域	学校	教龄	学历
1	吉林省	长春市净月实验中学	9 年	本科
2	北京市	景山学校	9 年	硕士

续表

序号	地域	学校	教龄	学历
3	北京市	101 学校	9 年	硕士
4	北京市	北师大朝阳附中	6 年	硕士
5	北京市	北京四中	16 年	本科
6	福建省	厦门双十中学	9 年	本科
7	福建省	厦门杏南中学	9 年	本科
8	海南省	海口义龙中学	9 年	本科
9	陕西省	宝鸡龙泉中学	14 年	本科
10	浙江省	温州市绣山中学	9 年	本科
11	北京市	北达资源中学	5 年	硕士
12	北京市	教研员	16 年	本科

在标定工作开始之前，研究者制定好了标定计划，编制了《演绎推理能力标准设定工作说明》《标准设定试题划定表》《标准设定试题题册》《专家结果汇总表》等材料，并以邮件形式发给各位专家。在各位专家收到相关材料后通过电话一一进行流程解释，标定工作的意义、方法。全部专家在微信群内对部分问题进行了交流。在确保了全部专家能够按时保证开展工作后，标准设定工作正式进行。

全部试题总计有 30 道题目，共 50 个计分点。（例如，一道题满分为 4 分，会有学生得到步骤分，1 分、2 分、3 分、4 分，那么此题就有 4 个计分点。）题册的编写需要将 50 个计分点按照所需要的能力值进行排序，从最低能力值到最高能力值。通过 COUQUEST 软件对 30 道参测试题的数据进行分析，得到每一个计分点上的难度值（θ 值），而这个难度值只是该题的难度数值，并不能代表学生解答这一题所需要的能力值。因此，需要通过难度与能力之间的转化求得能力值。对此，S. Natasha Beretvas

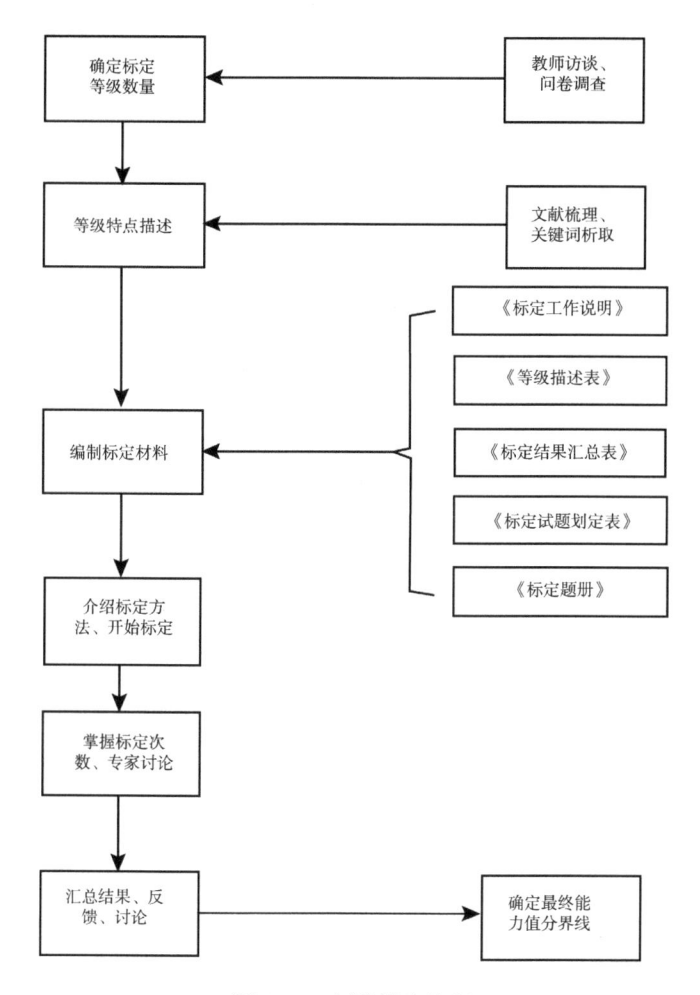

```
┌─────────┐         ┌─────────┐
│确定标定 │◄────────│教师访谈、│
│等级数量 │         │问卷调查 │
└────┬────┘         └─────────┘
     │
     ▼
┌─────────┐         ┌─────────┐
│等级特点 │◄────────│文献梳理、│
│描述     │         │关键词析取│
└────┬────┘         └─────────┘
     │                    ┌─《标定工作说明》
     │                    │
     │                    ├─《等级描述表》
     ▼                    │
┌─────────┐               ├─《标定结果汇总表》
│编制标定 │◄──────────────┤
│材料     │               ├─《标定试题划定表》
└────┬────┘               │
     │                    └─《标定题册》
     ▼
┌─────────┐
│介绍标定方│
│法、开始标│
│定       │
└────┬────┘
     │
     ▼
┌─────────┐
│掌握标定次│
│数、专家讨│
│论       │
└────┬────┘
     │
     ▼
┌─────────┐         ┌─────────┐
│汇总结果、│────────►│确定最终能│
│反馈、讨论│         │力值分界线│
└─────────┘         └─────────┘
```

图 4-5 标准设定流程

给出了详尽的办法如何采用 GPC 模型进行转换。① 具体在操作中由于不同题目拥有不同的计分点，例如选择题只有一个计分点，而简答题往往有 3 个以上的计分点，要采用不同的转换模型。1 步计分的题采用了 1PL 模型，

---

① Beretvas, S. Natasha. "Comparison of Bookmark Difficulty Locations Under Different Item Response Models". *Applied Psychological Measurement*, Vol. 28, No. 1, 2004.

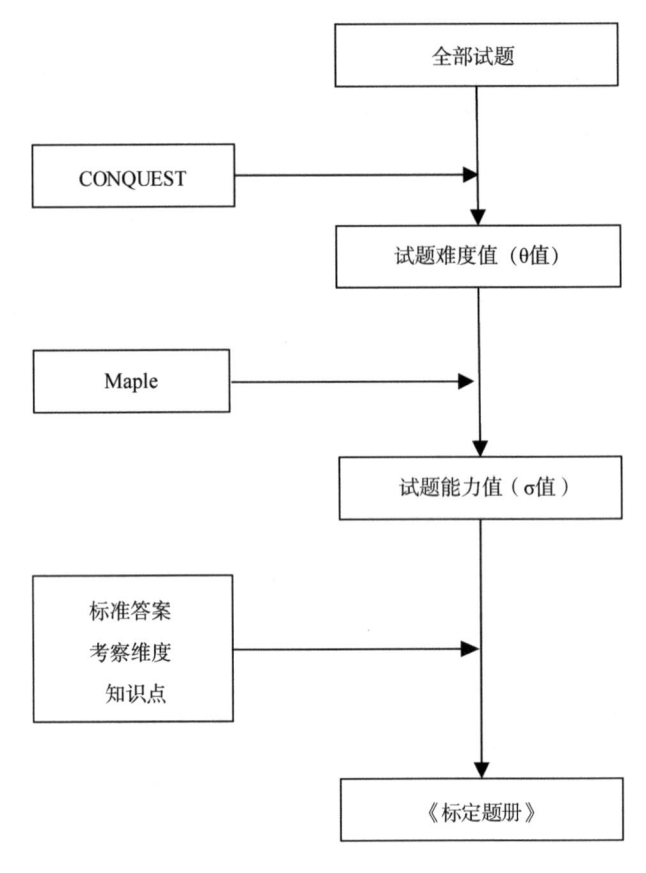

```
           ┌──────────┐
           │  全部试题 │
           └────┬─────┘
┌──────────┐    │
│ CONQUEST │───▶│
└──────────┘    ▼
           ┌──────────────┐
           │试题难度值(θ值)│
           └──────┬───────┘
┌──────────┐     │
│  Maple   │────▶│
└──────────┘     ▼
           ┌──────────────┐
           │试题能力值(σ值)│
           └──────┬───────┘
┌──────────┐     │
│ 标准答案 │      │
│ 考察维度 │─────▶│
│ 知识点  │      │
└──────────┘     ▼
           ┌──────────┐
           │《标定题册》│
           └──────────┘
```

图 4-6　标定题册生成示意

$$p(X=1|\theta) = \left(\frac{\exp(\theta-\hat{b})}{1+\exp(\theta-\hat{b})}\right)$$

这个公式中的"P"为学生在答出该题答案时所需要的能力值,在本书中我们选择了三分之二这个数值,也就是说学生有 67% (RP) 的可能性答出所要求的答案。通过对这个公式进行整理,得到:

$\theta_{1PL} = \ln(2) + \hat{b}$,如果在研究中更改了 RP 值,那么公式就变为

$\theta_{1PL} = \ln\left(\frac{x}{1-x}\right) + \hat{b}$,这里 RP 值为 x。

客观题的模型相对简单,拥有不同积分步数的题要采用不同模型,略显烦琐。

例如当分步计分为0、1、2、3时,共有3个计分点,

$$P(X \geq 1|\theta) = 1 - P(X = 0|\theta)$$

$$= 1 - (\frac{1}{1 + e^{[D\hat{a}(\theta - \hat{\delta}_1)]} + e^{[D\hat{a}(2\theta - \hat{\delta}_1 - \hat{\delta}_2)]} + e^{[D\hat{a}(3\theta - \hat{\delta}_1 - \hat{\delta}_2 - \hat{\delta}_3)]}}) \quad (E1)$$

令

$$E1 = \frac{2}{3}$$

设

$$e^{D\hat{a}\theta} = Y$$
$$e^{D\hat{a}\hat{\delta}_1} = p$$
$$e^{D\hat{a}\hat{\delta}_2} = q$$
$$e^{D\hat{a}\hat{\delta}_3} = r$$

即

$$\frac{1}{1 + \frac{Y}{p} + \frac{Y^2}{pq} + \frac{Y^3}{pqr}} = \frac{1}{3}$$

$$pqr + qrY + rY^2 + Y^3 = 3pqr$$

$$Y^3 + rY^2 + qrY - 2pqr = 0$$

求解方程中的 Y,往往需要解决高次方程,在这里通过 MAPLE 软件进行。例如上面的 3 次方程,通过解方程会得到 3 个根,其中有两个为增根(虚数根)。根据零点定理,此方程必有实数根。解得实数根后利用 EXCEL 就可以计算出学生的对应能力值。

在得到所有计分步骤的能力值后,就可以编制完整的《标定题册》。题册中要包含很多内容:(1)完整的题目信息;(2)题目所需学生的能力值;(3)标准答案;(4)试题考查维度;(5)所考查主要知识点。这里所指的标准答案并不是这道题的完整答案,在分步计分题中,步骤分所涉及的答案也是步骤性的答案。那么所对应能力值就解释为学生有 67% 可能性做出步骤性的答案所需要的能力值为 θ。

如图,在模拟考古活动中有这样一块石板,上面篆刻了一些数学算式,图中符号代表 1—9 中的四个数字。

求出☀和∝所代表的数字。

−0.30

学生对本试题做出下面回答的概率是 $\frac{2}{3}$ 时，所需要的演绎推理能力值为471。

参考答案：能够列出正确的二元一次方程组，但是没有方程的整理过程，无结果；或者对方程进行整理，整理过程错误，并导致结果错误。

考查知识点：二元一次方程组

认知层次：联结

推理形式：运算

问题情境：陌生情境

上题为题册中一道题的完整信息，在题册中还有题目序号，序号要按照所需能力值由小到大排列，每道题为一页。

在编制完相关的材料后就可以发放给各位标定专家。通常由专家先自行学习标定说明，然后将问题提出，统一解答。具体过程中由组织者逐个电话沟通，进行进一步解释和说明。在确保每一位专家都理解了标定的目的和流程之后，开始进行标定工作。

题册中每一道题都有一个对应的能力值，这个数值代表的含义是学生有67%（2/3）的可能性做出相应的答案，教师在评判的过程中，要根据学生等级的描述，确定各个水平学生在哪道题上刚好有67%的可能性答出所对应的答案，例如在相对简单的题中，学生的表现往往超过67%，也就是说学生基本都能完全回答正确，而在相对较难的题中，学生的表现欠佳，往往只有很低的概率答出答案。而所对应的答案并非是完全正确的标准答案,也有步骤性的答案,例如在某题中,学生只需要做出一个步骤就可以得到一半的得分,那么评判这道题时,答案就是步骤性的,而不是标准的完全答案。至于67%的可能性如何理解,一般会给教师更加简单、直观的解释。假如班级有100个同一等级的学生,例如100个水平2等级的学生。那么这些学生一同做这道题,恰好有67名同学答对,这就是67%的可能性。

专家在最后只需要呈现两项内容,题号和选择理由。组织者将所有专家的结果汇总之后,再反馈给各位专家。在标定的全过程中,最大限度地发挥专家的自主性,为避免受到其他专家学历、单位等因素的干扰,专家都采用匿名形式进行。

三轮标定结果如下。

表4-18　　　　　　　　　　第一轮标定结果

等级	平均分(学生能力值)	标准差
水平2	437.88	31.69
水平3	497.21	13.37
水平4	565.67	13.02

表4-19　　　　　　　　　　第二轮标定结果

等级	平均分(学生能力值)	标准差
水平2	402.13	23.69
水平3	488.33	11.31
水平4	558.67	11.27

表4-20　　　　　　　　　　第三轮标定结果

等级	平均分(学生能力值)	标准差
水平2	387.13	11.53
水平3	492.08	5.53
水平4	563.21	8.12

在标定过程中专家们认为第一轮标定结果与心理预期有些偏差，普遍认为水平2的分界能力值偏高。从专家们的打分情况看差异较大，导致标准差较大。在讨论中专家们对几道关键问题进行了讨论，同时，研究者进一步给出了学生们的作答结果。在第二轮和第三轮的标定中水平2的能力分界值有所降低，标准差也逐渐缩小。最终经过三轮的标定，确定了4个水平等级的分界分数，也得到了相应的人数分布。如表4-21所示：

表4-21　　　　　　　标准设定各水平人数分布表

等级	人数	百分比（%）
水平1	10130	17.3
水平2	14736	25.2
水平3	15615	26.7
水平4	18051	30.8
合计	58532	100

可以看出，各个水平中人数比例有所不同。水平4人数最多，达到30%，说明高水平学生人数比例较高，而最低的水平1也有17%的学生，说明还有相当一部分学生未达标。

通过上述复杂烦琐的标准设定过程，可以更为客观地得到分界分数，根据每个等级的分界分数就可以在总数据库中确定每一位学生所属的等级水平。标准设定的详细结果将在第六章进行报告分析。从数据角度看，标准设定只是为学生增加一个等级水平的变量，但是其意义却不止于此。一方面，新方法所确定的等级水平信息改变了以往较为主观、简单的分级方式，使结果更加客观、有效；另一方面，每一个等级群体不仅仅是能力分值相近，而是特征相近，这样所构成的群体在教学中就有了更大的意义。教师可以根据这一等级群体的典型特征更高效地了解学生，也能制定更有针对性的教学方案。总之，标准设定对于教育测评活动的开展具有重要意义，将成为未来相关测评活动关注的重点内容。

第五章

数学演绎推理能力表现分析

第一节 数学演绎推理能力测试整体表现

本研究主要目的是了解八年级学生在数学演绎推理能力表现方面的整体情况,因此,研究的主要内容是不同家庭背景、不同性别、城乡学校学生在各维度上的表现。研究选取中国大陆华北地区 Z 市和 S 市总计 5 万余名学生。其中 Z 市为全样本测试,S 市采用随机抽样方式测试。本研究的测试工作随同北京师范大学中国基础教育质量监测协同中心"区域教育质量健康体检"项目一同进行,在测试中能够保证地方教育主管部门对测试的配合,保证测试结果真实有效。数据分析过程中将根据 Rasch 模型,应用 CONQUEST 软件计算出学生在各个维度的能力值,随后应用 SPSS 20.0 软件进行描述性统计分析,方差分析,卡方检验、t 检验等,全面报告学生的整体能力表现。

通过对数据库进行清理,结合前期标准设定结果,获得了八年级学生数学演绎推理能力表现的完整数据库。本章将通过 SPSS 软件从多个角度对数据结果进行报告和分析。本节将从整体角度对学生的数学演绎推理能力表现进行分析。由于软件输出分数有负值、小数,不便于比较分析。为了方便对学生能力值的对比,将测试结果改为 CEET 分数形式,即将 conquest 软件得到的学生数学演绎推理能力值乘以 100 再加上 500。[1]

---

[1] 郭衎、曹鹏、杨凡、刘金花:《基于课程标准的数学学科能力评价研究——以某区七年级测试工具的开发为例》,《数学教育学报》2015 年第 2 期。

男生与女生在数学演绎推理能力的表现上存在一定差异，男生平均得分为497.49，女生为509.97。经独立样本 t 检验，得 t = -12.63，P = 0.000 < 0.01，表明男女生在演绎推理能力上存在显著性差异。

表5-1　　　　　　S 和 Z 地区不同性别学生差异检验情况

类别	S 地区	Z 地区
男生	497.25	495.15
女生	513.93	504.59
t 值	-8.55	-9.92
P 值	P < 0.001	P < 0.001
两两比较	1 < 2	1 < 2

进一步分析 S 和 Z 两个地区的男生和女生均存在显著性差异，并且女生表现明显好于男生。S 地区男女生的数学演绎推理能力差异检验结果表明具有显著性差异，t = -8.55，P < 0.001。Z 地区男女生的差异检验结果也表明存在显著性的性别差异。

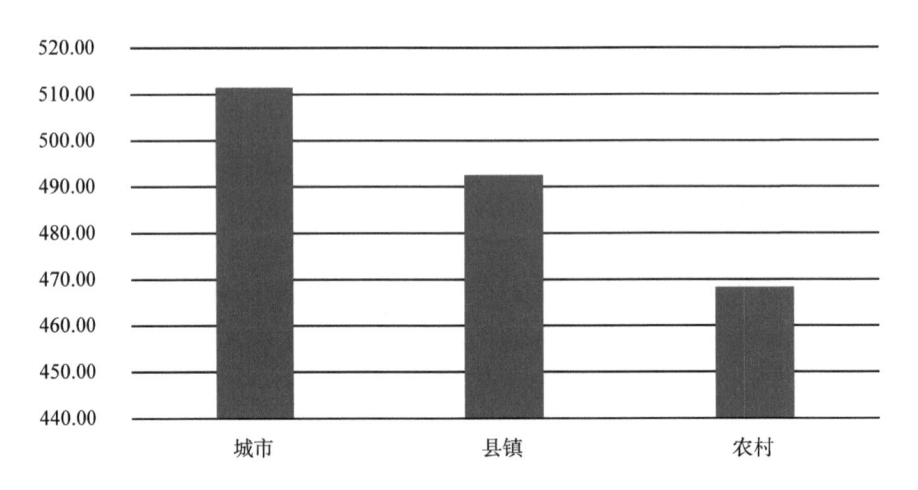

图5-1　城乡学校学生数学演绎推理能力表现

从图5-1可以看出，城市学校、县镇学校和农村学校学生的表现也存在一定差异。其中，城市学校学生的平均得分为511.46，县镇学校学生平均得分为 492.51，农村学校学生为 468.34。成绩随地域呈现明显阶梯形变化，城市好于县镇，县镇好于农村。三类学校学生成绩彼此均具有显著性差异。这说明城乡之间的差异仍然存在，而且差异较大。

S 地区的结果表明，$F = 168.68$，$sig < 0.001$，方差齐性。在城市、县镇、农村的两两比较中 P 值均小于 0.05，表明三种类型的学校学生成绩均有显著性差异。可见，Z 地区结果与 S 地区结果相似。

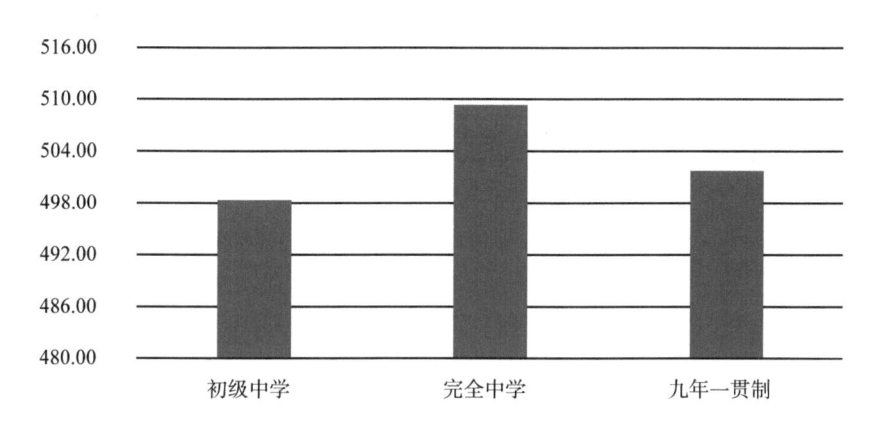

图 5-2　不同学制类型学校学生表现

从图 5-2 中可以看出完全中学表现最好，其数学演绎推理能力平均得分为 514.61，九年一贯制和初级中学表现稍弱，平均得分分别为 505.47 和 501.40。从统计学检验结果来看，初级中学与九年一贯制学校之间的成绩并没有显著性差异，$P = 0.383 > 0.05$。完全中学与九年一贯制学校的成绩也没有显著性差异，$P = 0.06 > 0.05$。但是，完全中学与初级中学之间具有显著性差异，$P = 0.000 < 0.05$。

根据测试地区教育主管部门对参测学校情况的掌握，S 地区学校分为良好和优秀两组。结果显示不同办学水平学校学生表现情况差异较大，优秀学校平均得分为 515.97，良好学校为 485.02。$F = 4.06$，$t = 14.99$，$P = 0.000 < 0.001$，表明优秀学校与良好学校之间的成绩差异十分显著。

外来务工子女表现与非外来务工子女存在一定差异，前者平均成绩 493.80，而非外来务工子女达到了 507.94。通过差异检验，$F = 7.33$，$t = -5.65$，$P = 0.000 < 0.01$，表明外来务工子女与非外来务工子女之间

具有显著性差异。

在学生不同住宿形式方面,非寄宿生成绩要好于寄宿生,寄宿生平均分为 494.60,而非寄宿生达到了 511.94。经独立样本 t 检验,$F = 5.66$,$t = -8.64$,$P = 0.000 < 0.001$,表明寄宿生与非寄宿生之间的成绩具有显著性差异。

独生子女的平均能力值为 523,非独生子女的平均能力值为 493.64,$F = 2.81$,$t = 14.80$,$P = 0.000 < 0.001$,表明独生子女成绩与非独生子女成绩具有显著性差异。

第二节 标准设定整体表现分析

通过前述的复杂、烦琐的标准设定流程,得到了 4 个水平等级的分界分数线,进而得到了每一名学生的水平等级信息。下面将结合学生的数学演绎推理能力表现,分析报告学生的标准设定结果。

一 不同性别学生标准设定表现

图 5-3 表明了男生和女生在不同水平等级中的人数,整体看男生和女生在各水平上的人数分布趋势较为一致,均是水平 4 人数最多,水平 1 人数最少。但是如果从某一个水平来观察就会发现各水平等级内男女比例并不一致,例如水平 4 男生比女生人数多,而水平 2 女生比男生人数多。为了进一步探讨这种差异,研究者对 4 个水平等级男女生人数进行拟合度卡方检验。在检验中假设期望频数为总人数的平均数,也就是假定男生和女生不存在能力上的差异。

从表 5-2 中可以看出,在 4 个不同水平层级中,水平 4 层级男女生的人数分布并没有显著差异,而其余 3 个等级分布出现了显著性差异。如果从人数分布百分比可以发现,水平 4 和水平 1 等级中男生所占比例高于女生所占比例。这种现象从数据上支持了男性更大变异假设,[①] 也就是在男生人数更趋近分布在两端,而女生更趋近于中间。进一步通过独立

---

① 郝连明、綦春霞:《基于初中数学学业成绩的男性更大变异假设研究》,《数学教育学报》2016 年第 6 期。

第五章 数学演绎推理能力表现分析 / 143

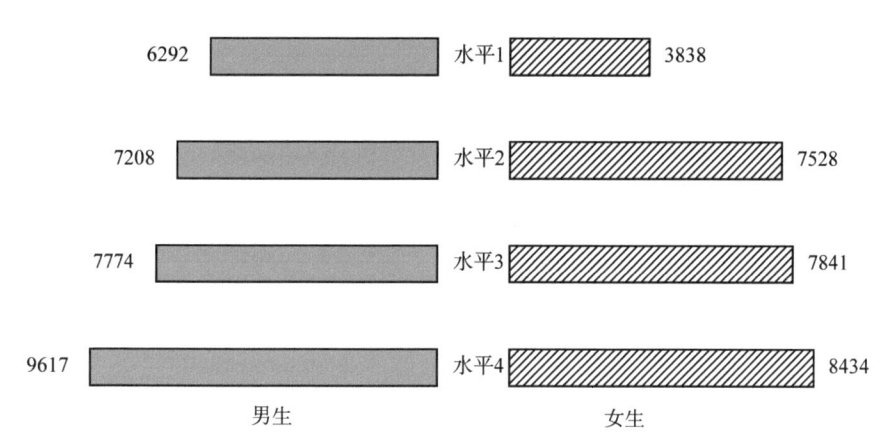

```
6292  ▓▓▓▓▓▓▓▓▓   水平1  ▨▨▨▨   3838
7208  ▓▓▓▓▓▓▓▓▓▓  水平2  ▨▨▨▨▨▨▨▨  7528
7774  ▓▓▓▓▓▓▓▓▓▓  水平3  ▨▨▨▨▨▨▨▨  7841
9617  ▓▓▓▓▓▓▓▓▓▓▓▓ 水平4  ▨▨▨▨▨▨▨▨▨  8434
        男生                   女生
```

图 5-3　不同性别学生在各水平人数分布

性卡方检验来检验这种分布差异是否具有显著性，计算可知 χ^2（3，$n = 58532$）$= 500.34$，$p < 0.05$。由此可知，在整体的人数分布上男生和女生存在显著性的差异。

表 5-2　　　　　　　不同性别学生各水平人数卡方检验

水平等级	男（N = 30891）		女（N = 27641）		χ^2
	N	%	N	%	
1	9617	31.13	8434	30.51	1.81
2	7774	25.17	7841	28.37	56.04 *
3	7208	23.33	7528	27.23	88.19 *
4	6292	20.37	3838	13.89	354.29 *

注：$\alpha = 0.05$，* 表示 χ^2 位于临界区域内。

进一步从城乡学校学生的角度分析，检验城市、县镇、农村学校中男女生在水平等级的分布上是否存在显著性差异。独立性卡方检验结果显示城市学校学生中男女分布 χ^2（3，$n = 38929$）$= 267.58$，$p < 0.05$。县镇学校为 χ^2（3，$n = 15420$）$= 174.37$，$p < 0.05$。农村学校 χ^2（3，$n = 4183$）$= 92.95$，$p < 0.05$。结果表明城市学校、县镇学校、农村学校均存在显著性差异，表明不同性别学生在标准设定上差异是普遍存在的，并没有出现地域性差异。

二 城乡学校学生标准设定表现

图5-4中人数分布比例为群体内各等级人数的占比。可以发现水平1等级中城市学生占比最少，县镇学校其次，农村学校学生占比最高，这在一定程度上可以判断出农村学校学生表现较弱，不合格人数占比最多。而城市学校学生表现最好，近85%的学生达到了合格以上水平。

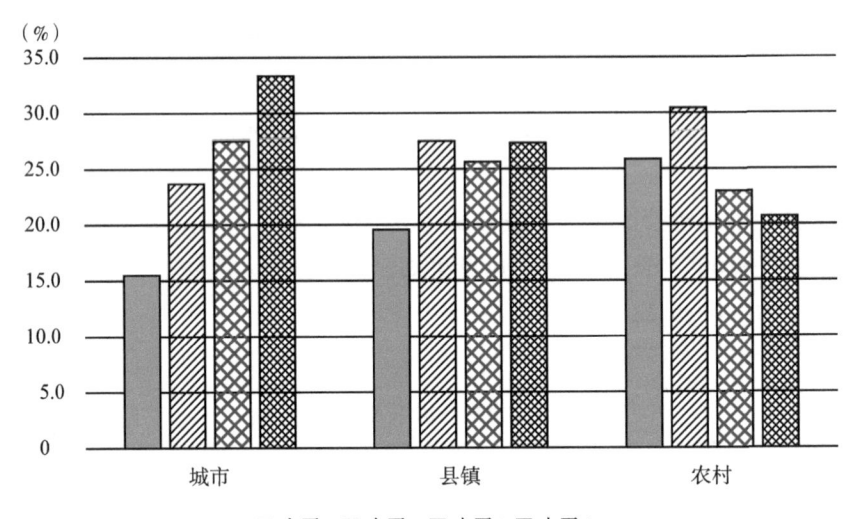

图5-4 城乡学校学生各水平人数比例分布

另外，从图中还可以明显看出城市学校学生群体中各水平等级人数呈现阶梯状分布，且水平4等级人数最多。而在县镇学校群体中水平2、水平3、水平4人数分布比例较为接近，处在25%—30%，水平1人数比例较低，为19.7%。农村学校学生分布与城市和县镇差异较大，从上图可以直观看出最低的水平1等级人数比例已经超过25%，表现最好的水平4等级也只是刚刚达到20%，人数占比最高的为水平2学生，也就是在数学演绎推理能力表现上刚刚合格的学生人数最多，占比达到30.4%。为了进一步检验三类不同学校学生的分布差异情况，通过独立性卡方检验进行分析。结果如表5-3所示。

表 5-3　　　　　城乡学校学生标准设定人数分布卡方检验

类别	N	df	χ^2	P
城市—县镇	54349	3	313.34	<0.05
城市—农村	43112	3	532.10	<0.05
县镇—农村	19603	3	137.63	<0.05

由于本书中样本数量较大，这在一定程度上会放大卡方检验的数值。但是，结合城乡学校学生人数分布的比例，还是可以认定城市、县镇和农村地区学生在标准设定人数分布上存在显著差异。

三　不同家庭子女数量标准设定表现

在独生子女中有 39.5% 的学生达到了水平 4，而非独生子女中有 27.1% 的学生达到水平 4。但是在水平 1 中，独生子女为 11.4%，非独生子女达到了 19.8%，所占比例较高。

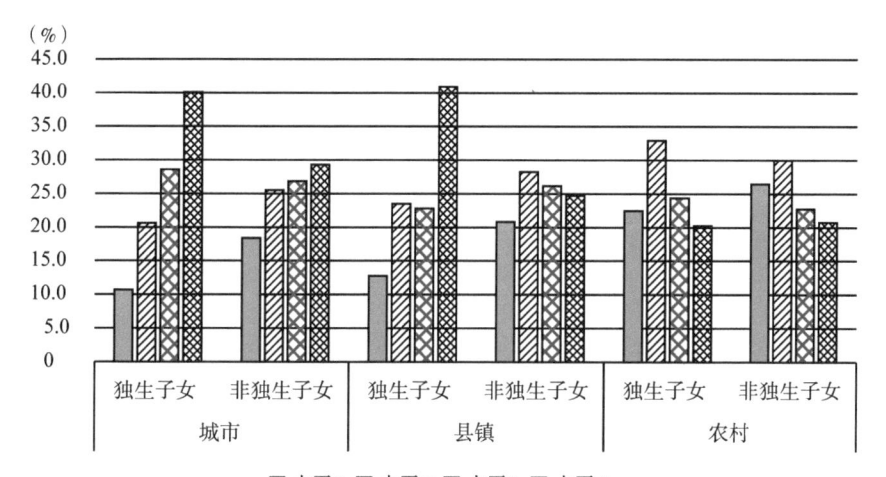

图 5-5　城乡独生子女标准设定表现

独生子女在标准设定结果方面的优势表现不仅仅存在于整体结果上，在城乡学校中同样存在，详见图 5-5。城市学校中独生子女在水平 4 上占比为 40.1%，水平 1 占比为 10.7%。而在城市非独生子女中水平 4 人数占比为 29.3%，水平 1 占比为 18.4%。这种人数占比之间的差异在县镇学校同样存在。但是在农村地区却发生了变化，水平 1 人数比例超过了城市和县镇地区，同时也超过了水平 4 人数比例。从分布趋势角度看，这种独生子女与非独生子女在数学演绎推理能力的差异受到了学校地域的影响。经济较好地区差异明显，经济较差地区差异相对较小。这种差异不仅仅是由学校的水平造成，家庭环境也有密切关系。如果进一步考察外来务工家庭变量的影响就会发现，在外来务工家庭中独生子女在水平 1 的人数比例为 15.3%，非独生子女占 13.7%，与整体观察结果相反。另外在最高的水平 4 上二者比例相同，均为 22.7%。这也说明这种差异变得非常弱小，很不明显。通过独立性卡方检验中发现 χ^2（3，$n=2114$）$=1.50$，$p>0.05$，进一步说明二者之间没有构成显著性差异。

第三节 数学演绎推理形式维度表现情况

通过多维 Rasch 模型可以得到学生在某一维度的能力表现情况，避免了其他因素的干扰。图 5-6 中显示了不同水平学生在推理形式各个维度的

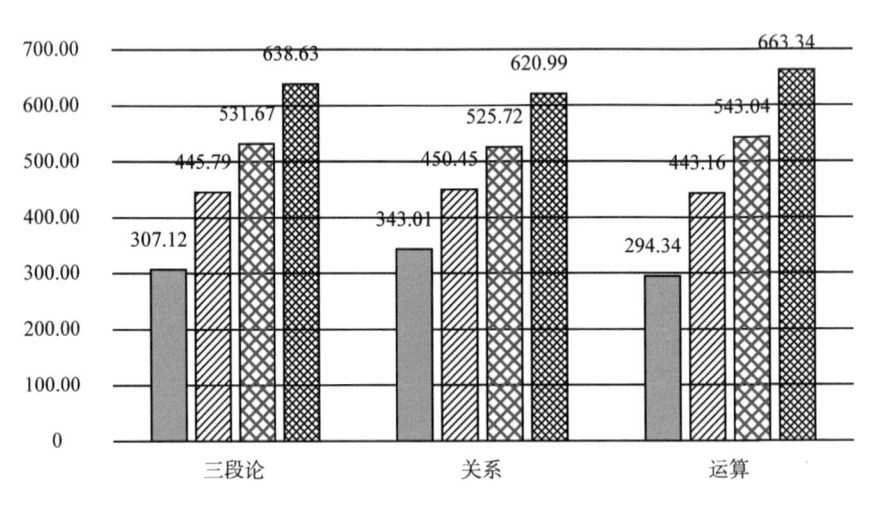

图 5-6 不同水平学生数学演绎推理形式表现

表现情况。虽然从数值上看学生在三个不同推理形式维度上的表现有所差异，例如，运算推理中水平4等级平均得分明显高于三段论和关系推理。但是这种跨维度的比较意义并不大，严格意义上说不同维度的结果并不具有可比性。所以，这个数值结果并不能说明学生的运算推理表现好于其他的推理形式。但是在数据的分析中从人口学变量出发将满足统计上的要求，因此，下面将从性别、学校地域角度着重进行报告分析。

一　不同性别学生之间的表现

从表5-4中可以看出女生在推理形式方面均具有明显优势，结果表现好于男生。

表5-4　　　　　　　　不同性别学生在推理形式维度表现

类别		全体		S地区		Z地区	
		男	女	男	女	男	女
三段论	M	497.76	511.34	495.88	514.43	498.22	510.51
	SD	127.95	113.11	115.81	101.84	130.75	115.95
关系	M	500.64	508.87	500.82	511.48	500.60	508.17
	SD	109.57	99.62	99.37	90.05	111.93	102.04
运算	M	506.00	518.60	506.61	523.73	505.85	517.23
	SD	142.98	127.59	127.66	112.68	146.49	131.28

注：M为均值，SD为标准差。

进一步从表5-5中可以看出在三段论、关系推理、运算推理方面男女生表现均存在显著性差异。这种差异的表现在S地和Z地同样存在，从平均得分率来看女生表现好于男生。

表 5-5　　不同性别学生在不同推理形式维度的差异表现

地域	形式	F	t	df	Std. Error Difference
总体	三段论	599.73	-13.63***	58530	0.99
	关系	391.69	-9.52***	58530	0.86
	运算	560.86	-11.27***	58530	1.11
S地区	三段论	109.9	-9.31***	11951	1.99
	关系	72.35	-6.15***	11951	1.73
	运算	117.15	-7.78***	11951	2.20
Z地区	三段论	470.54	-10.75***	46577	1.14
	关系	307.42	-7.64***	46577	0.99
	运算	430.11	-8.84***	46577	1.28

注：* 代表 $p<0.05$，** 代表 $p<0.01$，*** 代表 $p<0.001$。

从图 5-7 可以看出，不同演绎推理能力水平的学生在推理形式各个维度表现差异较为明显。如果从性别角度看，性别变化的整体趋势趋向一致，但也存在一些特点。在水平 1 中男生成绩在推理形式的三个维度均低于女生，但是在水平 4 学生群体中男生成绩却略高于女生。在成绩表现的两极形成了较大反差，说明男生成绩变化较大。进一步通过差异性检验，发现水平 4 学生中男女之间在三个维度上均不存在显著性差异，

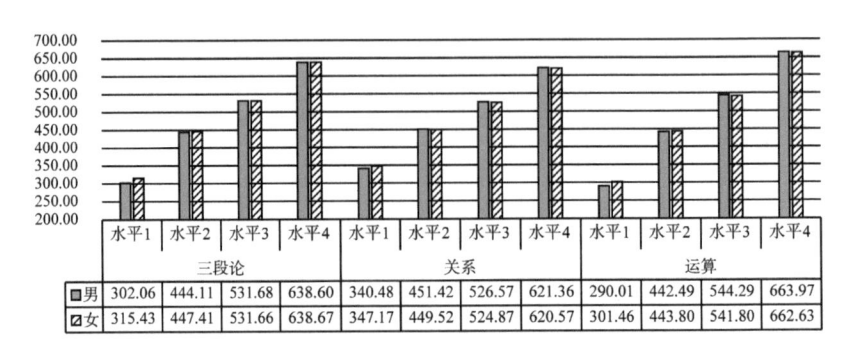

	三段论				关系				运算			
	水平1	水平2	水平3	水平4	水平1	水平2	水平3	水平4	水平1	水平2	水平3	水平4
男	302.06	444.11	531.68	638.60	340.48	451.42	526.57	621.36	290.01	442.49	544.29	663.97
女	315.43	447.41	531.66	638.67	347.17	449.52	524.87	620.57	301.46	443.80	541.80	662.63

图 5-7　不同演绎推理能力水平学生在推理形式的性别表现

$t_{三段论}$(18049) = -0.12,$p>0.05$。$t_{关系}$(18049) = 1.24,$p>0.05$。$t_{运算}$(18049)=1.91,$p>0.05$。而在水平1等级中,男女生的成绩均出现了显著性差异。$t_{三段论}$(10128) = -13.56,$p<0.05$。$t_{关系}$(10128) = -8.17,$p<0.05$。$t_{运算}$(10128) = -10.92,$p<0.05$。在水平2和水平3等级上的检验也表明男女生能力表现存在显著差异,由此可见,在演绎推理形式维度,男女生的能力表现仅在高水平没有差异,其余水平均出现性别差异。

二 城乡学校学生之间的表现

从表5-6中可以看出,在推理形式的三个维度中,城市学校、县镇学校、农村学校学生的成绩均具有显著性差异。这种差异不仅仅在总体样本上,在S和Z两个不同地区同样存在。其中,城市学校学生得分好于县镇学校,县镇学校学生得分好于农村学校,整体呈现阶梯状,成绩递减。

表5-6　城乡学校学生推理形式各维度两两比较方差分析

类别	地区	F	df1	df2	均值差异	Std. Error	Sig
三段论	城市—县镇	330.28	2	58529	18.56	1.15	0.006
	城市—农村				43.96	1.96	0.000
	县镇—农村				25.40	2.10	0.000
关系	城市—县镇	326.52	2	58529	16.67	0.99	0.000
	城市—农村				37.06	1.7	0.000
	县镇—农村				20.39	1.8	0.000
运算	城市—县镇	339.23	2	58529	22.31	1.30	0.005
	城市—农村				48.54	2.19	0.000
	县镇—农村				26.23	2.35	0.000

在数学演绎推理形式的不同维度中,各水平等级群体内城乡学生的能力表现差异不大。虽然从学生的能力得分数值来看,城市学校学生在各个水平略有优势,但是这种优势并没有像在数学演绎推理能力整体表现上那样明显。可见,当从不同水平等级内部考查各地域学校学生在推

理形式上的表现时，并没有出现显著差异。

三 推理形式维度标准设定情况

推理形式是研究演绎推理的重要方面，在进行标准设定过程中构建了推理形式三个维度的水平描述。在进行分界分数设定过程中，通过锚定参数的方法，可以得到各子维度的标准设定分界线。也就是得到了针对三类不同推理形式的标准设定结果，下面将结果进行报告分析。

由图5-8可见，三类不同推理形式的标准设定结果存在一定的共同特点，水平1人数最少，水平4人数多。进一步从不同性别角度分析，可以发现男女生在不同水平等级上的人数分布比例存在一定的差异，这种差异与男女生在数学演绎推理能力整体表现上的分布趋势相一致。在低水平等级中男生人数比例明显高于女生，而在高水平等级中男女生人数比例接近一致，且男生比例略高。这种表现在推理形式的三个维度均普遍存在。

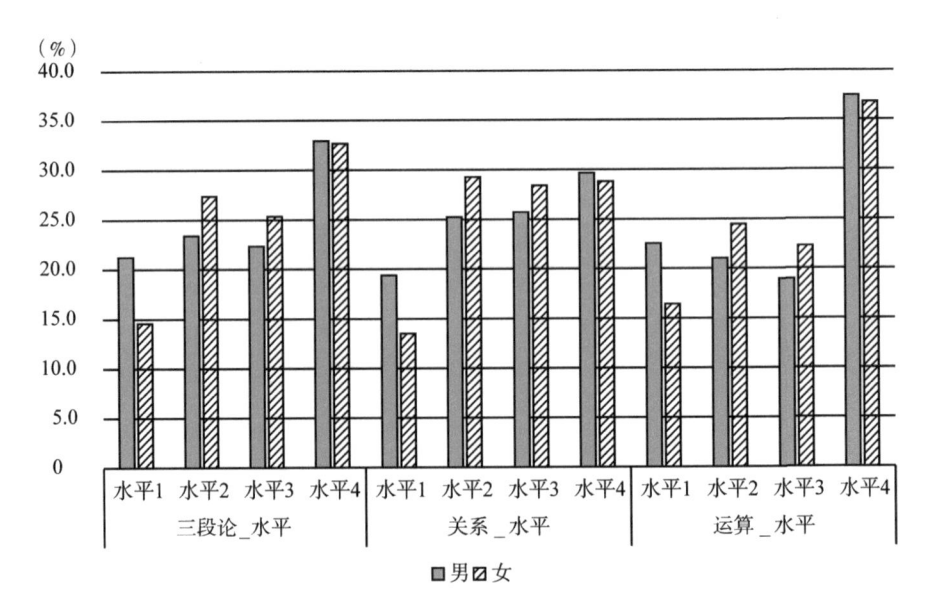

图5-8 不同推理形式水平学生在推理形式维度性别表现

进一步通过独立性卡方检验，探索不同性别学生的人数比例分布是否存在显著性差异。结果显示如表 5-7 所示。

表 5-7　　不同性别学生在推理形式维度标准设定人数分布检验

类别	N	df	χ^2	P
三段论	58532	3	508.49	<0.05
关系	58532	3	430.10	<0.05
运算	58532	3	436.74	<0.05

由表 5-7 可知男女生存在非常显著的分布差异，虽然由于样本量过大在一定程度上导致了卡方数值偏大。但是这种人数分布上的差异表现的还是十分明显，由此可以推断出男女生在数学演绎推理表现上确实存在着一定的性别差异。

在城乡学校学生的表现方面同样出现了一致性和差异性。一致性表现在推理形式的三个维度标准设定结果呈现非常一致性的分布规律，虽然在每一个等级上人数分布比例会略有不同，但是整体上呈现了较为一致的规律。差异性表现在推理形式维度内部，在每一个推理形式维度内部城乡学校学生分布呈现了明显的差异性。水平 1 等级中城市学校学生占比最低，农村学校学生人数占比最高。这与水平 2 等级相同。但是在水平 3 和水平 4 等级出现了相反的分布结果，城市学校学生人数占比好于县镇学校学生，县镇学校学生好于农村学校学生。这种分布上的结果与学生在整体数学演绎推理能力上的表现相一致。

第四节　推理认知水平维度表现情况

一　不同性别学生表现情况

从表 5-8 中可见女生在三个认知维度上的表现均好于男生，其中在再现能力方面平均得分为 516.40，男生为 502.67。女生在联结维度上平均得分为 511.98，男生平均得分为 499.52。女生在反思维度平均得分为 510.80，男生平均得分为 499.21。

在不同地区情况，S 地区中女生在再现维度平均得分为 520.24，男生为

502.09。联结维度平均得分为515.81,女生为499.19。反思维度514.45,男生得分为497.92。女生在三个维度上的表现均超过了平均水平。从表5-8中可以看出女生仍然表现出了很大的优势,其中在再现维度方面,女生平均得分为515.37,男生为502.81。联结维度方面女生平均得分为510.95,男生为499.60。在反思维度方面,女生平均得分为509.82,男生得分为499.52。

表5-8　　　各地区不同性别学生推理认知水平维度表现

类别		全体		S地区		Z地区	
		男	女	男	女	男	女
再现	M	502.67	516.40	502.09	520.24	502.81	515.37
	SD	133.74	118.75	120.21	105.70	136.86	122.01
联结	M	499.52	511.98	499.19	515.81	499.60	510.95
	SD	128.51	114.68	115.74	102.49	131.46	117.72
反思	M	499.21	510.80	497.92	514.45	499.52	509.82
	SD	122.24	108.89	110.16	97.69	125.03	111.69

从表5-9所呈现t检验的结果看,不同性别学生在推理认知各个维度上的差异是非常显著的,而且这种差异在参与测试的地区均存在。所以可知男女生在推理认知维度上的表现呈现了显著性差异,女生成绩明显好于男生。但是不知道这种性别上的差异是否在不同的水平等级上也存在,这需要结合标准设定结果进行进一步分析。

表5-9　　　各地区不同性别学生在推理认知水平维度得分差异检验

地域	形式	t	df	Std. Error Difference
总体	再现	-13.07***	58530	1.04
	联结	-12.40***	58530	1.00
	反思	-12.14***	58530	0.96
S地区	再现	-8.77***	11951	2.06
	联结	-8.32***	11951	1.99
	反思	-8.68***	11951	1.90

续表

地域	形式	t	df	Std. Error Difference
Z 地区	再现	-10.47***	46577	1.20
	联结	-9.83***	46577	1.15
	反思	-9.39***	46577	1.09

注：* 代表 $p<0.05$，** 代表 $p<0.01$，*** 代表 $p<0.001$

不同性别学生的推理认知维度表现随着等级变化而保持一致，平均成绩非常接近。为此可以通过 t 检验来进一步考查男女生之间差异的显著程度。

从表 5-10 检验结果可以看出在水平 1 上男女生之间存在显著性差异，三个子维度均有差异表现，但是在水平 3 和水平 4 上没有明显的差异表现，p 值普遍大于 0.05。表明男女生在推理认知维度上的表现差异仅存在低水平等级群体中，在高水平学生群体中，男女生的成绩趋向一致。

表 5-10 各水平群体中不同性别学生在推理认知水平维度表现差异检验

	水平1			水平2			水平3			水平4		
	t	df	p	t	df	p	t	df	p	t	df	p
再现	-11.23	10128	0.00	-6.04	14734	0.00	0.58	15613	0.57	0.35	18049	0.739
联结	-11.97	10128	0.00	-4.54	14734	0.00	1.56	15613	0.11	0.49	18049	0.62
反思	-13.01	10128	0.00	-2.20	14734	0.28	3.34	15623	0.00	0.55	18049	0.59

二 城乡学校学生表现情况

学生在城乡学校类型中存在明显的差异，城市学校学生的表现要远远好于县镇和农村学校学生。其中，城市学校学生在再现维度的平均得分为 517.74，联结维度的平均得分为 513.69 分，反思维度的平均得分为 512.55 分。县镇学校学生在再现、联结、反思三个维度的平均得分分别为 496.67，494.19，494.08，而农村学校学生表现最弱，三个维度平均得分分别为 471.62，469.60，470.53，见下表 5-11。

表 5-11　　各地区城乡学校学生推理认知水平表现

地区	类别		城市	县镇	农村
总体	再现	M	517.74	497.67	471.62
		SD	125.62	127.99	126.90
	联结	M	513.69	494.19	469.60
		SD	121.07	123.11	121.39
	反思	M	512.55	494.08	470.53
		SD	114.98	117.09	115.91
S 地区	再现	M	528.45	494.73	487.09
		SD	113.34	106.03	115.93
	联结	M	524.24	491.60	484.20
		SD	109.85	102.13	111.10
	反思	M	522.37	490.37	484.15
		SD	104.40	97.45	106.08
Z 地区	再现	M	515.65	498.37	446.21
		SD	127.77	132.75	139.46
	联结	M	511.63	494.81	445.63
		SD	123.03	127.66	133.23
	反思	M	510.64	494.97	448.16
		SD	116.84	121.33	127.37

注：M 为均值，SD 为标准差。

从各地区情况进一步看，S 地区城市学校学生的表现明显好于县镇和农村学校学生，其中城市学生在三个维度上的得分分别为 528.45，524.24，522.37，县镇学校学生的得分分别为 494.73，491.60，490.37，农村学校学生的得分分别为 487.09，484.20，484.15。Z 地区城市学校学生在再现、联结、反思三个维度的得分表现虽然与 S 地区有差异，但在三类地域学校的整体表现规律上保持一致。在上表的方差分析结果也可以看出，城乡学校学生之间的这种差异已经达到了显著性，这种显著性的差异在 S、Z 两地区也同样存在。但是这种地域学校之间的差异是否在各个水平等级学生中均存在还需要进一步说明。

通过图 5-9 可以发现，农村学校学生在水平 1 上的表现要略好于城市学校和县镇学校，而在高水平学生群体中则表现欠佳。但是由于测试的样本量较大，这种较小的成绩不同并不会形成显著性差异。例如，在 ANOVA 分析中发现，城市、县镇、农村三地水平 1 学生在再现、联结、反思三个维度上得分并没有显著性差异，$p > 0.05$。但是在水平 4 学生的 ANOVA 分析中发现，农村学校学生与城市学校和县镇学校学生均呈现显著性，而城市学校学生和县镇学校学生之间没有显著性。这表明了农村学校学生在高水平阶段与城市和县镇学校存在一定差距。

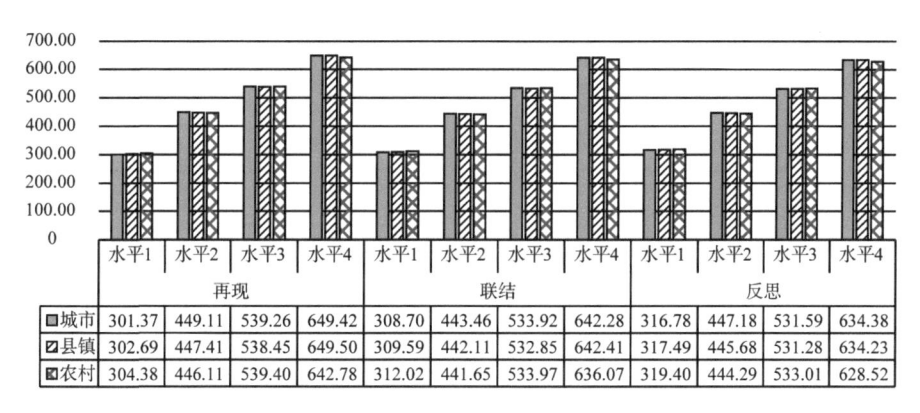

	再现				联结				反思			
	水平1	水平2	水平3	水平4	水平1	水平2	水平3	水平4	水平1	水平2	水平3	水平4
城市	301.37	449.11	539.26	649.42	308.70	443.46	533.92	642.28	316.78	447.18	531.59	634.38
县镇	302.69	447.41	538.45	649.50	309.59	442.11	532.85	642.41	317.49	445.68	531.28	634.23
农村	304.38	446.11	539.40	642.78	312.02	441.65	533.97	636.07	319.40	444.29	533.01	628.52

图 5-9　城乡学校学生分水平在不同推理认知水平维度表现

第五节　推理情境维度表现情况

一　不同性别学生表现情况

不同性别学生在推理情境上的表现方面也存在一定差异，女生表现明显好于男生。在无情境方面，女生平均得分为 513.59，男生为 499.95。在熟悉情境方面，女生平均得分为 511.08，男生为 501.21。陌生情境方面，女生为 511.79，男生为 498.73。这种成绩女生优于男生的现象在各个地区均存在。

从表 5-12 中可以看出男女生在推理情境各个子维度得分上具有显著性差异，这种差异在参与测试的 S 地区和 Z 地区同样均存在。不过这种在整体上的差异是否在各个水平等级中也存在还需要进一步分析。

在推理情境的 3 个不同维度中男女生成绩规律基本一致，在某些水平上男女生的得分几乎相同，可见性别差异不大。差异检验结果也表明，在水平 1 学生群体中，男女生在无情境、熟悉情境、陌生情境上出现显著性差异。在水平 4 学生群体中男女并没有构成显著性差异。虽然在水平 2 和水平 3 学生群体内有部分维度出现了显著性差异，但是考虑到样本量和学生实际得分的差异，可以认为这两个群体中并没有明显性别差异。

表 5-12　　　　　各地区学生在推理情境各维度得分表现

类别		全体		S 地区		Z 地区	
		男	女	男	女	男	女
无情境	M	499.95	513.59	499.76	518.41	499.99	512.28
	SD	131.64	116.68	118.45	103.76	134.69	119.90
熟悉情境	M	501.21	511.08	501.92	514.62	501.03	510.13
	SD	114.56	105.07	106.63	98.14	116.43	106.83
陌生情境	M	498.73	511.79	497.24	515.07	499.10	510.91
	SD	131.62	116.22	118.51	104.09	134.64	119.26

二　城乡学校学生表现情况

城乡学校学生在推理情境维度上的表现具有一定的差异性。城市学校学生表现好于县镇学校学生，县镇学校学生表现好于农村学校学生。这种差异与学生在推理形式，推理认知方面的差异完全相同。并且这种差异在参与测试的 S、Z 地区同样存在。

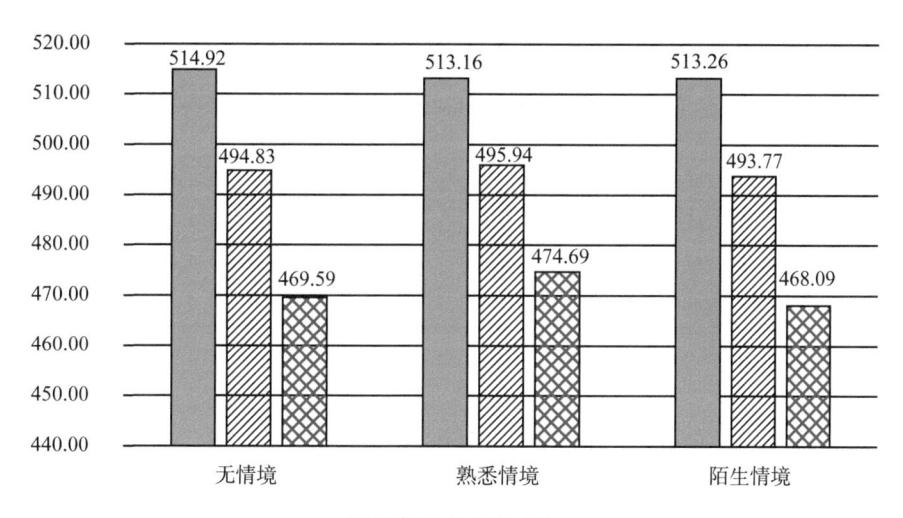

图 5 – 10　城乡学校学生在推理情境维度表现对比

由表 5 – 13 可知，城市学校学生表现最好，在三个情境维度下的得分分别为 514.92，513.16，513.26。县镇学校学生在三个情境维度下的得分为 494.83，495.94，493.77。农村学校学生在三个维度的得分为 469.59，474.69，468.09。进一步根据差异检验的结果分析，在各个子维度上农村、县镇和城市学校的学生均有显著性的差异。不过这种地域上的差异在各个水平等级上是否还存在需要进一步分析。

在各个水平等级上，城市学校学生、县镇学校学生、农村学校学生的得分差异并不大。仅在水平 4 中，农村学校与城市学校和县镇学校出现显著性差异，$p < 0.05$，说明农村学校学生表现稍弱。

表 5 – 13　城乡学校学生在推理情境各维度得分差异检验

地区	类别	F	$df1$	$df2$	均值差异	Std. Error	P
无情境	城市—县镇	341.74	2	58529	20.08	1.19	0.005
	城市—农村				45.32	2.04	0.000
	县镇—农村				25.24	2.19	0.000

续表

地区	类别	F	df1	df2	均值差异	Std. Error	P
熟悉情境	城市—县镇	318.14	2	58529	17.22	1.05	0.006
熟悉情境	城市—农村	318.14	2	58529	38.47	1.79	0.000
熟悉情境	县镇—农村	318.14	2	58529	21.25	1.92	0.000
陌生情境	城市—县镇	334.68	2	58529	19.49	1.19	0.006
陌生情境	城市—农村	334.68	2	58529	45.17	2.02	0.000
陌生情境	县镇—农村	334.68	2	58529	25.69	2.18	0.000

第六节　推理内容维度表现情况

一　不同性别学生表现情况

学生在数与代数和图形与几何两个维度的表现有一定差异，女生的表现明显好于男生。这种性别上的差异不仅在整体上出现，在参与测试的 S、Z 两个地区同样存在，详见表 5-14。

表 5-14　　各地区不同性别学生在推理内容维度表现

类别		全体		S 地区		Z 地区	
		男	女	男	女	男	女
数与代数	M	501.75	512.99	503.16	517.82	501.40	511.69
数与代数	SD	131.43	117.47	116.61	103.18	134.83	120.99
图形与几何	M	497.61	511.49	495.74	514.46	498.07	510.69
图形与几何	SD	128.05	113.25	116.05	102.32	130.82	116.01

男生和女生在数与代数、图形与几何两个维度的成绩均有显著性差异，且女生表现好于男生。这种男女生之间的差异在不同水平等级上情况如何，需要进一步分析。

从图 5-11 中可以发现，在数与代数维度中，在水平 1 等级内，女生表现明显好于男生，而在水平 3 和水平 4 等级群体内，女生表现要略差于男生。在图形与几何维度中，女生表现仍然好于男生，在所标定的 4 个水平中女生成绩都高于男生。只是成绩得分的差异随等级升高逐渐缩小，水平1差距较大，水平4差异很小。整体看，在低水平层级上女生比男生表现更有优势，而高水平阶段男女生差异并不十分明显。

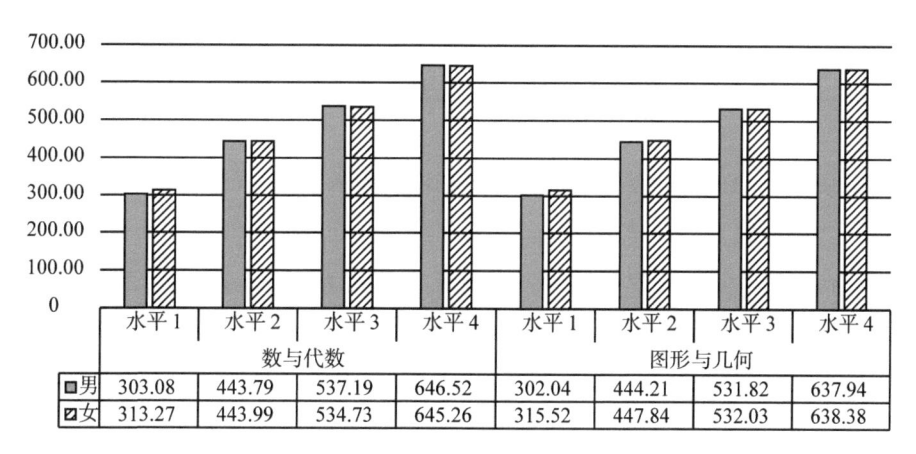

	数与代数				图形与几何			
	水平1	水平2	水平3	水平4	水平1	水平2	水平3	水平4
男	303.08	443.79	537.19	646.52	302.04	444.21	531.82	637.94
女	313.27	443.99	534.73	645.26	315.52	447.84	532.03	638.38

图 5-11 不同水平学生在推理内容维度性别表现

二 城乡学校学生表现情况

城市学校、县镇学校、农村学校学生在推理内容维度的表现具有一定差异性，城市学校表现好于县镇学校，县镇学校表现好于农村学校。

表 5-15　　　　　各地区城乡学校学生在推理内容维度表现

地区	类别		城市	县镇	农村
总体	数与代数	M	515.63	495.15	471.20
		SD	123.90	126.09	123.40
	图形与几何	M	512.15	493.76	468.23
		SD	120.09	122.28	121.97
S 地区	数与代数	M	526.99	495.27	487.05
		SD	110.39	103.35	111.90
	图形与几何	M	521.86	488.71	482.19
		SD	109.79	102.36	111.76

续表

地区	类别		城市	县镇	农村
Z 地区	数与代数	M	513.41	495.12	445.16
		SD	126.24	130.99	136.35
	图形与几何	M	510.25	494.98	445.29
		SD	121.91	126.59	134.00

从表 5-15 中可以发现三类不同学校学生的表现之间均具有显著性差异，这种地域上的差异是否在各个水平等级上也存在需要进一步分析。

在水平 4 等级中农村学校学生表现相对较弱，且这种差异经过 ANOVA 分析，结论显示具有显著性差异，但是城市学校学生与县镇学校学生之间没有显著性差异。而且其余 3 个水平上，三类城乡学校学生的表现相差不多，成绩非常接近，可以认为没有构成明显差异。由此可见，农村学校学生在高水平上表现稍弱，其余水平三地无明显差异。

第七节　典型题表现分析 P、Q、S、T

一　典型题 1

1. M8BO101 题

小萍、小琪、小思、小婷的体重分别为 P、Q、S、T，其中 $S = T$，如图所示，他们在玩跷跷板，他们的体重大小关系是（　　）。

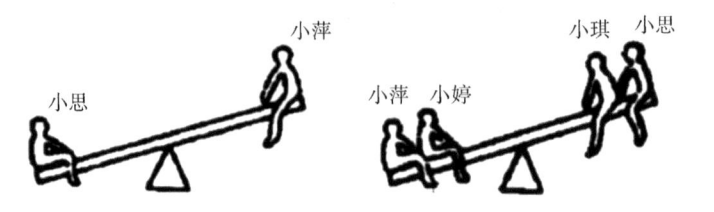

A. $P > S > Q$ B. $Q > S > P$
C. $S > P > Q$ D. $Q > P > S$

测试维度

推理形式——关系

推理情境——熟悉

认知水平——联结

推理内容——数与代数

正确答案——C

总体得分率——74.87%

该题重点考查了学生在关系推理上的表现情况，涉及情境为熟悉情境。跷跷板是学生都见过并且玩过的一个游乐项目，背景较为熟悉。该题巧妙地将这一背景与判断数值大小结合起来。通过学生体重来暗示数值的大小。从作答情况看，在去除少量的多选、空白之后，有效作答为52382 份。其中正确选项（C）的人数达到39219 人，占比为74.87%，这一表现在全部选择题的表现中较好。通过数据进一步发现，男生选择正确的比例为74.43%，女生为75.35%，略高一点，整体差异不大。

图5-12 表明水平4 的学生能够达到92%的正确率，水平1 的学生也有近50%的正确率，表明学生在这道题上确实表现不错。

在城乡学校学生的表现中可以看出城市学校表现最好，但是这种优势并不十分明显，县镇和农村学校的学生也同样有很好的表现。

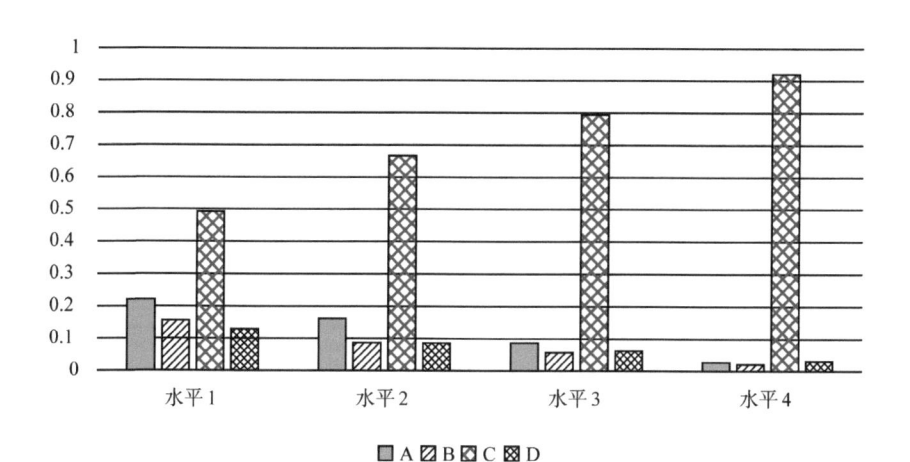

图5-12 不同演绎推理水平学生在 M8BO101 题的表现情况

从具体作答看，选择其他三个干扰项的人数相对平均，占比分别为11%，7%，7%。根据具体内容分析，可以发现选择 A 和 B 选项的学生没弄清楚跷跷板的关系，P，Q，S，T 之间的大小关系也出现混乱，在进行计算过程中出现错误。选择 D 选项的学生完全将跷跷板的情境进行了反向理解，错误地认为谁在上面谁代表的数值大，这样就得到了完全相反的结论。虽然这道题可以大致了解学生在关系推理方面的表现情况，但是，针对回答错误的学生在进行关系推理推导过程中出现了什么错误并不知道。这也是进行量化研究中一个很难回避的缺点，如果想进一步了解这些内容需要对学生进行面对面的访谈研究。

二 典型题2

2. M8AO111 题

根据图中标示的边长和角度，是平行四边形的为（　　）。

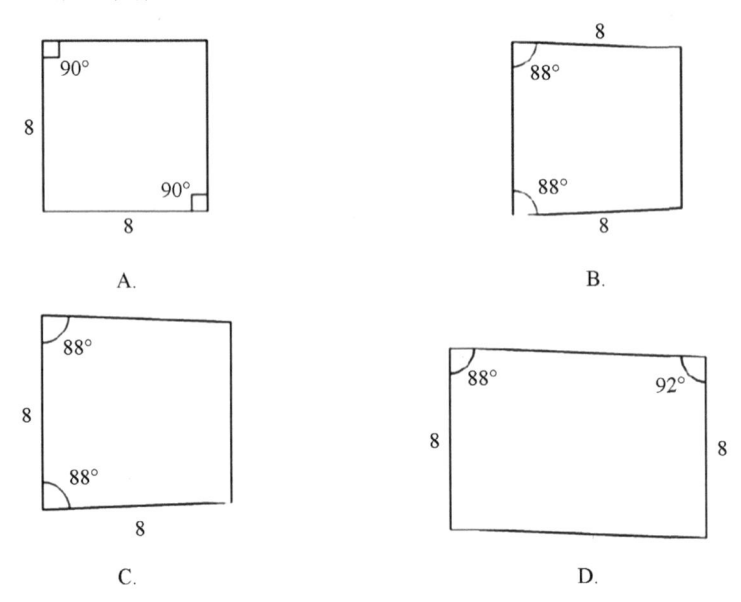

A.

B.

C.

D.

测试维度：

推理形式——三段论

认知水平——再现

推理情境——无

推理内容——图形与几何

正确答案——D

总体得分率——59.96%

评分标准

此题考查的知识内容是图形与几何领域的平行四边形判定,是初中阶段几何领域的重要内容,是学习平行四边形的基础。不过这道题的整体得分率接近60%,作答结果相对一般。从性别角度看,男生在正确比例上略低于女生,而在其余的3个干扰项上均高于女生,但整体看性别差异不大。

从图5-13数据中可以看出,水平4学生正确作答比例很高,达到80%。而水平1和水平2学生表现欠佳,不到50%,尤其是水平1学生,只有37%的正确率。其中A干扰项有38%的学生选择,说明学生并没有进行正确的推理。仅仅从图形看似为正方形就判断其为平行四边形,缺少严谨推理的能力。另外,在水平4学生中也有18.92%的学生选择A选项,说明在推理能力最高的学生群体中也有部分学生缺少严谨推理的习惯,仅仅凭借图形直观进行判断。

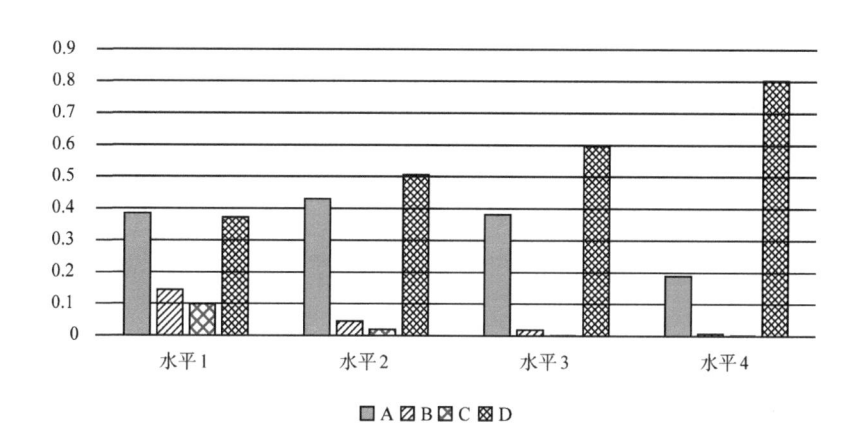

图5-13 不同演绎推理水平学生在M8AO111题作答表现情况

从学校地域看,城市学校好于县镇,县镇好于农村,城市学校学生作答正确率为60.67%,县镇为58.86%,农村为56.49%,三地略有差异,但并不是很大。

该题目考查了平行四边形的相关知识，要求学生对一个图形是否是平行四边形进行判定。本题的考点并不复杂，是对学生掌握判定知识的一个检验。判断一个图形是四边形有很多种方法，从定义、定理、推论等等。正确选项代表了"对边平行且相等的四边形是平行四边形"的判定定理。本题的难点在于，一方面题目并未直接给出判定条件，而是给出了四个图形，且这四个图形从视觉上都是平行四边形，这在一定程度上干扰了学生的判断。另一方面 A 选项代表了"一组邻边相等且一组对角相等"，是容易混淆的错误判定方式。所以仅从直观上判断会有一定难度，本题的得分率较低也证实了这一点。有学者在结合几何内容进行的数学能力测试发现，学生如果缺乏逻辑思维能力，在解答过程中容易进行主观臆断，不能够结合图形，挖掘更多信息，甚至仅凭借直观感觉进行判断。① 可见在本题中部分学生存在这种现象，这表明学生的数学演绎推理能力还有待提升。当然，在回答错误的学生中也有可能是因为学生不理解平行四边形的基本知识而导致。因此，要了解学生作答时的想法则需要进一步访谈。

三 典型题 3

3. M8BS152 题

（1）观察运算程序，回答下列问题。

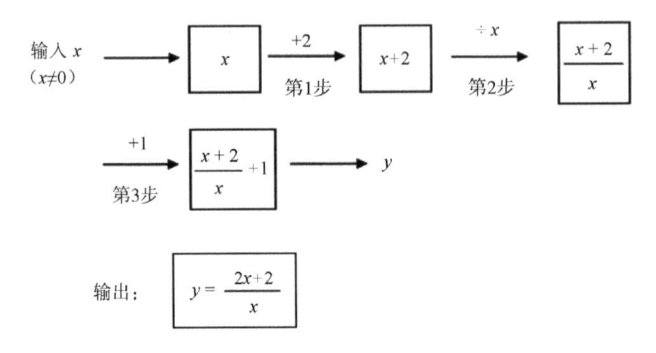

输入 x（$x \neq 0$） → x →(第1步 $+2$)→ $x+2$ →(第2步 $\div x$)→ $\dfrac{x+2}{x}$ →(第3步 $+1$)→ $\dfrac{x+2}{x}+1$ → y

输出：$y = \dfrac{2x+2}{x}$

---

① 杜宵丰、苔孟蔚、黄迪：《八年级数学能力测评及教学建议——基于八万名学生几何典型错例分析》，《教育测量与评价》2014 年第 12 期。

（2）仿照上面的框图设计，编写一个新的运算程序，使 y 和的关系为 $y=2x+1$，要求运算不少于 3 步。

测试维度：
推理形式——运算
认知水平——反思
推理情境——无
推理内容——数与代数
正确答案——略
总体得分率——72.3%

表 5-16　　　　　　　　　　评分标准

编码	回答	百分率
	正确回答	
40	运算步骤正确且不少于三步，最终得到 y 与 x 的关系符合题目要求 例1： 输入 x ($x\neq 0$) → x →×5→ $5x$ →+3→ $5x+3$ →+x→ $5x+3+x$ →÷3→ $\dfrac{5x+3+x}{3}$ →输出：$y=2x+1$ 例2： 输入 x ($x\neq 0$) → x →平方→ x^2 →×2→ $2x^2$ →+x→ $2x^2+x$ →÷x→ $\dfrac{2x^2+x}{x}$ → y →输出：$y=2x+1$	67
	部分正确回答	

续表

编码	回答	百分率
30	运算步骤正确，且不少于三步，但未在框图中填写运算结果 例1： (2)解： 输入x → [x] →×4→ [ ] →+2→ [ ] →÷2→ [ ] → y 输出：y =	1.8
	正确回答	
20	运算步骤正确但少于三步，满足 $y = 2x + 1$ 例1： (2) 输入x → [x] →×2→ [2x] →+1→ [2x+1] (x≠0)	4.1
21	运算步骤部分不严谨，但步骤不少于三步，且在忽略其不严谨的情况下，程序结果满足 $y = 2x + 1$ 例1： (2) 输入x → [x] →平方→ [x²] →×4→ [4x²] (x≠0) →开根→ [2x] →+1→ [2x+1] → y 输出：y = 2x + 1	0.9
10	运算步骤不少于三步（非照抄题干程序），但程序结果不满足 $y = 2x + 1$ 例1： (2)解： 输入x → [x] →-x→ [x-x²] (x≠0) →×x→ [1-x] →+2→ [3-x] →+1→ [4-x] → y 输出：y = 4 - x	5.8

编码	回答	百分率
11	照抄题干程序 例1：（手写图示）	0
	错误的回答	2.2
	正确回答	
90	过程及结果均有错误，包括步骤数少于三步且不满足 $y=2x+1$ 例1：（手写图示）	2.2
	没有回答	
0	空白	18.1

该题目考查了代数式的相关知识，需要学生阅读题目提供的程序，仿照程序建立满足条件的计算过程。题目的形式比较新颖，在一般的考试和教学中学生很少见到此类形式的问题，因此提升了题目的难度。此外，常规问题是给出代数式让学生进行计算，而这道题是给出目标，让学生建立代数运算，他们可以依据逆运算的方式构建程序，也可以用试误和调整的方式构建程序，这些解决方案对学生来说有一定挑战性。在此基础上，他们还需要在三步中完成程序，并尽可能书写严谨，可见这道题目的综合性非常强。具体在评分标准方面，总计设计了四个层次。第一层次（代码为40）的学生，在观察题中所给的运算程序之后，能够全面理解题中所给信息的含义和要求，提取出了关键的信息，所编写的新的程序合乎要求。第二层次（代码为30）的学生，在观察题中所给的运算程序之后，能够部分理解题中所给信息的含义和要求，所编写的新的程序合乎部分要求，但没有在框图中写出每一步的运算结果。第三层次（代码为20、21）的学生，在观察题中所给的运算程序之后，能够理

解题中所给信息的含义和要求，所编写的新的程序合乎部分要求，能够得到 $y=2x+1$，但存在不严谨之处，如步骤不足三步，某一步不严谨等。第四层次（代码为 10、11、90 和 0）的学生，在观察题中所给的运算程序之后，不能够理解题中所给信息的含义和要求，所编写的新的程序没有能够满足 $y=2x+1$，或者是照抄了题干的程序。

大多数学生能够进行正确作答，另外也有部分学生放弃作答，显示为编码"0"，在步骤得分中，"10"和"20"两个编码得分较高。在性别方面，女生成绩好于男生，女生得分率为 0.76，男生得分率为 0.7。

水平 4 学生得分率为 97%，水平 3 为 91%，水平 2 为 67%，水平 1 为 2.4%。说明水平 3 和水平 4 学生在涉及运算的反思类题目上表现较好，能够通过根据前面的规则进行设计，正确解答此类题目。

城市学校学生表现较好，县镇学校学生其次，农村学校学生表现最低，未达到 60%。在进一步分析中会发现，城市学校学生中有 70% 能够得到 4 分，达到第一层次。而农村学校学生中只有 50% 学生可以得到 4 分。在完全错误的类别中，城市学校学生占比为 17.5%，而农村学校学生达到 30.9%。其中，大部分农村学生没有回答该问题，编码为"0"。这在一定程度上表明农村学生对设计程序、创造规则方面还存在陌生感，在发挥自主创造能力方面相比城市学生有一定欠缺。

整体看学生在该题的表现一般，此题虽然是运算类型解答题，但是运算难度并不大。难点在于需要学生构造一个运算程序，并且将结果与题干要求相同。从作答情况看学生多数使用了加减乘除的运算法则，也有使用平方、开方，数量相对较少，且容易出错。这种情况说明，一方面学生受到了题干的影响，缺少一定自主创造性。在该题的第 1 问中涉及了平方，因此，导致学生也使用平方去构建结果。另一方面，学生对于平方和开平方运算掌握不好，在解决非常规环境下的题目容易出错，运算规则掌握欠缺。除此之外，导致学生出错的最大原因是本题要求学生根据题干进行反思，然后自主构造、设计一个完整的运算程序。不仅仅是应用某个运算定律、规则进行基本的数学运算，而是对多个运算形式进行组合运用。基本目前所获得的信息还无法知道学生在作答时的真实想法，这需要进一步访谈研究。

第八节　数学演绎推理能力表现质性研究

教育学的基本书范式主要有两类：哲学思辨和实证研究。其中实证研究分为量化研究、质性研究和混合研究。从方法论的角度看，两种研究范式具有不同的目的。思辨更倾向于应然，实证则是实然。不过从研究的广泛性上却有着更大的差别，有学者针对教育学术刊物进行的统计研究表明，思辨研究所占的比例为87.7%，量化研究的比例为10.3%，质性研究的比例为1.2%，而混合研究仅有0.4%。由此可见，实证研究在整体的教育研究中还是很少的，而且，特别是混合研究所占比重更小，不足1%。① 目前，在我国教育研究领域，量化与质性相结合的混合研究方法尚处于起步或初步发展阶段。混合研究基于实用主义的主张，强调在教育研究过程中兼顾量化与质性研究方法，它融合了质性研究和量化研究的优点，有助于加强教育研究的准确性和深刻性。② 在混合研究中，量化与质性方法共同实现研究目的，在运用量化方法进行数据收集和统计分析的同时，运用质性方法收集资料来探索问题的深度和广度。③ 混合研究方法有助于提升教育研究方法论上的严谨性和规范性，提高研究过程的科学性。就数学教育而言，情况要略好一些，根据相关学者对《数学教育学报》的统计研究，④ 2011—2015年5年时间里的663篇文章中，实证研究有339篇，占比为51%。其中混合研究为53篇，占比为16%，所占比重仍较低。事实上，每一种研究方法都有自己的优缺点，只有在研究中适当地使用多种方法才能更为准确地得到真实结论。因此，目前在数学教育中较为提倡混合研究方法。基于此，本书也采用了混合研究方法，在进行了大规模的量化研究后，进行小样本的质性访谈，以期得

---

① 姚计海、王喜雪：《近十年来我国教育研究方法的分析与反思》，《教育研究》2013年第3期。

② Zandvanian & Daryapoor. Mixed Methods Research: A New Paradigm in Educational Research. *Journal of Educational and Management Studies*, Vol. 3, No. 4, 2013, pp. 525–531.

③ 姚计海：《教育实证研究方法的范式问题与反思》，《华东师范大学学报》（教育科学版）2017年第5期。

④ 牛伟强、张丽玉、熊斌：《中国数学教育研究方法调查研究——基于〈数学教育学报〉（2011—2015）的统计分析》，《数学教育学报》2016年第12期。

到更为丰富的研究结论。

混合研究在现在的研究范式中还处在初步阶段，由于受到传统思辨研究为主的影响，一些研究者往往不善于应用实证研究，并且在实证研究中也很少将量化研究和质性研究相结合，实现混合研究。当然，一种研究范式的选择并不是为了追逐潮流，而是其具有特殊的优势。通过量化研究可以更客观，更大范围的了解研究状况。由于在量化研究中往往不能实地接触到被研究对象，例如在本书中，通过大规模的调查可以最大程度的了解学生的演绎推理能力状况，可以最大范围的了解各个变量关系下的学生状况。但是，由于各种限制，研究者不能接触到学生本人，对于学生在作答时的表现，学生内心的真正想法等等隐含信息是无法获得的。也就是实证研究已经假设了所获得信息的绝对客观，但是这种客观只是相对而言，学生对于问卷的作答是否真实，对于测试题目如何理解是很难通过数据得到的。在质性研究中，研究者可以接触到学生本人，能够对一些更为详细的信息进行获取，从而更加真实的获得学生对数学演绎推理能力的表现情况。特别是在本书中，为了更加全面的了解学生对演绎推理能力的掌握情况，需要调查学生对演绎推理内涵的掌握，这往往需要在与学生交谈中才能获得。另外在推理形式方面，还不清楚学生在更为微观的推理形式上的表现。在具体解答问题中，推理情境是否对学生构成重要影响。以及学生在解决推理问题时是否具有条理性等等。所以单单从学生在试卷中的作答会有偏颇，这就需要通过访谈来更全面的了解学生的表现。因此，在进行大规模的量化研究之后，又设计了针对小群体的质性研究。

一 研究内容

在研究中设计了针对数学演绎推理能力的相关问题，特别是在前期大规模调查之后发现学生在一些方面存在差异。例如，在认知水平维度中，反思维度一般被认为是较难作答的问题，但是也有部分水平4学生无法作答，而水平1学生能够进行作答。一些陌生情境下的问题学生也能够进行作答，问题情境是否有影响等等。基于此，在访谈中设计了半结构式访谈问卷提纲，主要关注了以下几个方面：

1. 学生对于演绎推理的理解情况。
2. 学生对于演绎推理形式的掌握情况。
3. 情境对学生推理过程的影响情况。

二 研究对象

本次质性研究的对象选择了刚刚升入九年级的学生,这与参加大规模测试的学生所处学段相同。样本来自吉林地区某地级市的三所学校,总计选取了 16 名学生。三所学校在市内的教育认可程度处在高中低三个不同层次,其中学校 1 为该市教学质量最好的学校,学校 2 处在中游,学校 3 处于城郊结合地区,学生主体为农村生源,教学质量相对较低。学校 1 有 5 名学生参加,学校 2 有 7 名学生参加,学校 3 有 4 名学生参加。在进行访谈之前,通过与任课教师沟通,采用了目的性抽样方法。在三所不同水平的学校中选择普通班级作为抽样班级,由教师根据日常表现判断选择某一水平的学生。首先教师了解研究者的研究目的。其次阅读演绎推理能力标准设定中各水平等级的描述,再根据描述内容确定班级学生所属水平。由于这部分学生未参加大规模测试活动,因此,任课教师主要通过学生的日常表现进行评判。最终参与访谈有 16 名学生,其中水平 1 学生有 3 人,水平 2 有 3 人,水平 3 有 3 人,水平 4 有 7 人。

三 研究方法和过程

本次质性研究采用访谈方式进行,通过半结构式访谈来获取研究资料。具体在研究中被试要完成数学演绎推理能力测试卷和接受一对一形式的访谈。数学演绎推理能力试卷为大规模测试题中的部分试题组成,学生在参加访谈之前先独立作答测试卷,测试时间为 45 分钟,之后由任课教师收回。随后研究者本人与被试学生进行一对一的独立访谈,访谈以访谈提纲和测试卷为主要材料。三所学校均采用相同方式进行,在全部研究过程中不记录学生姓名,并交代学生研究的目的,确保学生能够真实作答。

四 研究结果

通过对 16 名学生的访谈发现了一些共性,一些研究发现与大规模量化研究的结果也相一致，现梳理如下：

（一）表现一，"演绎推理"含义理解模糊

《标准2011》中指出演绎推理用于证明结论，这需要学生了解演绎推理的主要作用。同时，学生也要理解演绎推理不仅仅是证明。通过对学生的访谈，发现学生对于演绎推理的认识还不够全面，概念认识比较模糊，一部分学生并不知道演绎推理这一概念。例如，学生X3L113，X3L114表示没有听过演绎推理，而部分学生的回答中虽然表示听过，但是并不能解释清楚演绎推理的含义。

这说明该学生并不十分清楚严谨性的含义，并不理解如何证明三角形内角和为180°。而该学生为水平4学生。其他学生也有类似表现，对于自己所进行的推理是否确定，是否严谨不能够进行评价。可见，对于演绎推理内涵的不完全理解是普遍性的。

（二）表现二，三段论推理表现一般，部分学生推理思路模糊

通过对学生的访谈，发现学生普遍在三段论试题上表现一般，通过学生对解答试题过程的分析。学生在三段论推理形式方面的掌握相对弱。水平4学生明显好于其他水平等级的学生，部分高水平学生能够条理清晰地解释三段论推理形式规则，并且举出反例。

（三）表现三，情境对学生具有影响，但不具有普遍性

学生X1L409，X2L204明确表示试题的情境对其解答问题产生了影响。学生X1L408，X1L412，X2L301，X2L402，X2L305，X2L206，X2L307表示情境产生了一定的影响，但是不同问题影响效果不同，X1L412，X2L305认为跷跷板题（熟悉情境）产生了影响，而高铁提速、池塘扩建等陌生情境没有影响。其余学生则普遍认为陌生情境问题影响较大，熟悉情境没有明显影响。学生X1L410，X1L311，X2L403表示没有影响，其中X2L403认为在作答过程中仅仅观察图形，无须理解题意的背景。而表示没有影响的学生为2名水平4和一名水平3学生。另外，通过访谈发现学生更善于在数学情境下进行推理。例如在考古题中，学生表示更喜欢将考古符号变成数学符号x，y，z形式进行作答。

（四）表现四，关系推理和运算推理掌握较好

在学生对试题的作答过程进行陈述过程中，发现在关系推理和运算类试题上表现较好，学生基本能够进行正确作答，即使是低水平学生也

能较完整地表达解题过程和思路。例如跷跷板题。

> 问：能解释一下这道题怎么做吗？
> 答：这个是 S，这个是 P，然后，$S=T$，和 $T+P>Q+S$，这样就知道 $P>Q$，前面知道 $S>P$，所以选择 C。

在全部 16 名学生中，仅有 2 名学生在此题回答错误。另外在程序设计题中，也仅有 2 名学生计算错误。而在反思类的运算题上有 5 名学生做错，3 名低水平学生中只有 1 名未给出答案，说明低水平学生也有很好的表现。

（五）表现五，在反思类题目表现一般，学生创造性不足

从推理认知水平维度看，学生在反思维度表现一般。由于在反思类测试中试题多是创造性的，没有固定答案，题型与传统试题有一定不同。学生明显在这类问题上表现一般，部分学生不能进行作答，或者错误作答。其中在创造性的问题中学生创造性不足，设计方案简单、单一，这在池塘扩建问题上表现非常明显。

（六）表现六，学生普遍具有高自我效能，各水平学生差异不明显

学生在解释试题时，并不是每一道题都能够正确解答，但是明显可以看出学生普遍具有较高的自我效能感。无论是高水平还是低水平学生在自信心上表现良好，即使是在有关反思类的问题时学生也同样具有很好的自信心。例如，在框图设计题中，学生需要自己构建一个计算程序，这不仅需要学生具有一定的运算能力，同时还能够反思前面的事例程序，以此为基础进行构造。虽然学生能够构造出比较简单的，且符合规定的程序。但是当研究者假设将构造条件变得更难时，学生们依旧表示能够得到符合规定的结果。这种自信心在多数问题和多数学生中都有明显表现。即使是低水平学生也对测试工具给予了"简单"评价，认为试题并不难。不过，他们的作答并不完全正确，甚至在一些较为简单的题上也出现错误。

五 小结

通过对这 16 名不同水平等级学生的质性分析，发现了一些在大规模

测试中并不能得到的信息。例如，情境对学生的影响是普遍性的，高水平和低水平学生都有影响。而且，相比而言学生由于受到日常教学的影响，普遍喜欢数学情境类的试题，更熟悉纯粹的数学符号。另外，学生在关系推理方面表现较好，关系推理规则的掌握没有明显的水平差异，即使是低水平学生也能够较好地掌握推理规则。在运算推理方面也是如此，低水平学生也较少出错。但是在三段论推理形式规则方面学生出现较大差异，高水平学生在假言推理方面不但正确率较好，部分学生能举出反例。低水平学生对于推理过程难以把控，思路模糊。

第九节 演绎推理形式测试分析

在前期的量化调查中，获得了学生在演绎推理形式方面的表现情况。但是每一类型的推理形式又包含很多种形式的推理规则，而在数据中并不能清晰地给出学生的掌握情况。在质性分析中发现学生在推理形式方面掌握情况有一点差异，三段论推理形式表现上较弱。因此，针对推理形式进行更细微的调查将可以获得更加丰富的信息。同时，也发现学生具有较好的自我效能感，即使一些没有数学学习兴趣的学生也具有很高的自我效能感。而在大规模的量化调查中无法清晰地了解学生在推理规则和自我效能以及学习兴趣，对数学演绎推理内涵的理解方面的具体掌握情况，无法得出学生的真实表现。因此，在进一步研究中又设计了小规模的问卷调查，希望通过开发有针对性的数学演绎推理规则问卷来刻画出学生在演绎推理形式规则方面的表现情况。

一 研究问题及对象

本书的主要问题是学生在推理形式规则方面的表现情况，学生数学演绎推理内涵理解情况，以及非认知因素与数学演绎推理形式相关关系情况。

研究对象同样选择了刚刚升入九年级的学生，目的是学习进度可以与前期的研究对象相匹配。另外，在样本选择中受到多种因素的限制，无法做到大规模随机抽样，也难以在某地区选择全样本进行调查。因此，只能通过判断抽样方法选取地区进行调查。在全国7个地区，覆盖东中西部，南中北部，总计12所学校581名学生进行调查研究，经过有效性处理，最终有效数据 559 人，男生 286 人，女生 273 人。

二 研究过程

研究过程中查阅了相关的演绎推理规则测量工具，发现大部分工具都源自心理学的研究，部分工具并不适合进行数学演绎推理形式规则测量。因此，研究者在结合前人已有研究的基础上开发了更有针对性的数学演绎推理形式规则问卷。问卷具体关注了数学演绎推理形式，数学学习兴趣，数学学习自我效能感，数学演绎推理内涵理解，家庭社会经济地位等几个主要方面。希望通过这个维度的测量能够更好地描述学生的数学演绎推理形式表现情况。

问卷开发中与多位数学教育工作者进行了商讨，经过几轮修订最终形成了数学演绎推理形式测试问卷。在整体的数学演绎推理形式测试问卷 α 系数为 0.727，可以作为量具使用。测试中总计发放问卷 600 份，回收 581 份，经过有效性筛选，剔除部分无效问卷最终有 559 份数据有效。其中，数据收集过程中部分数据为研究者本人前往学校进行收集，部分学校委托班主任进行收集。学生作答时间为 45 分钟。问卷结果采用 $SPSS$20.0 软件进行分析。

三 测试框架

根据研究的目的以及数学教育中的实际情况，将研究的测试框架如下所示。

表 5-17　　　　　　　　　　测试框架

维度	形式
关系推理	对称关系
	递推关系
三段论	直言三段论
	选言三段论
	假言三段论

续表

维度	形式
运算推理	数学法则
	运算定律
	运算公式
	数值计算
内涵特点理解	严谨性
	确定性
非认知因素	SES
	数学兴趣
	数学焦虑
	自我效能感

根据史宁中教授的观点，数学推理分为性质传递性和关系传递性。关系推理是属于关系传递性的推理。最为典型的形式就是 $a=b$，$b=c$ 则 $c=a$，这种等于或者不等于的关系在数学中看似简单，但是经常用到。在本书中称为递推关系。但是它是一种典型的演绎推理形式。在实际的数学活动中，我们还经常使用 $a>b$ 可知 $b<a$ 这样的判断，这是满足关系推理要求的最为简单的推理规则。虽然在具体的问题中可能需要多步骤的关系判断，但都可以划归为这种对称关系或者递推关系，因此，在关系推理测试中分为对称关系和递推关系进行测试。在三段论方面，三段论根据语言描述顺序的不同可以分成4种格，而每一格中根据命题量词和质的不同又分为4种形式。根据语言表述的不同，往往分为直言三段论、选言三段论、假言三段论。根据命题数量的多少又可以分为简单三段论和复合三段论，但是复合三段论又可以化简为多个简单三段论。在数学学科内部往往进行着并不严格的三段论式证明。例如：

一个三角形内角和为180°，一个钝角或者直角大于或者等于90°，两个钝角或者直角和大于或者等于180°，所以一个三角形不能有两个钝角或者直角。因为等腰三角形两个底角相等，所以等腰三角形的底角不能为钝角或者直角，因为小于直角的角为钝角，所以等腰三角形的底角为锐角。①

上述推理过程为史宁中教授关于复合推理举的一个例子。从中可以看出复杂的复合推理被简化为一个个连续的简单推理，而且，在三段论推理过程中，经常省略大前提。在实际数学推理过程中也还会出现省略小前提、结论的现象，但是这样做并不影响推理论证的有效性。学生作答所表现出来的推理过程只是其推理思考的一部分，是经过整理后的结果，而真正的推理过程发生在其心理思考过程中。不过，虽然这个推理的思考过程是其心理内部的活动，但是推理同样依据有效的推理形式规则进行，错误的结果一定是错误的推理形式规则所导致。但无论哪种推理形式都是基于命题进行，也就是说学生在心理先要形成一个个命题，然后在对命题应用形式规则进行推导，得到结论。数学中常见的命题形式主要有直言命题、选言命题、假言命题。直言命题是对性质的直接表述，如"三角形内角和为180°"。选言命题是带有一种"或者"关系命题，如"一个不等于0的数一定大于0或者小于0"。假言命题是具有假设关系的命题，如"如果四边形四边相等，那么它是菱形"。假言命题是数学中最常见的命题形式，基本上教科书中的所有定理、推论都可以改写成假言命题形式。可见，学生在进行三段论推理过程中将很大程度受到命题形式的影响。因此，在三段论推理形式规则测试中分为直言三段论、选言三段论、假言三段论。数学运算也是一种演绎推理形式，同时运算是基础教育中的重要内容。在运算能力的测试中发现学生在运算过程中会出现错误，但是实际运算过程中也会应用到多种运算形式。学生给出的运算结果错误，有可能是数值计算过程中错误，也有可能是运算法则混淆。因此，在进一步的推理形式规则测试中也有必要考查数学运算维度。测试重点参考了綦春霞教授的有关研究，② 认为八年级学生的运算测试可以从运算法则、运算定律、运算公式、数值计算四个方面进行。

---

① 史宁中：《数学基本思想18讲》，北京师范大学出版社北京2016年版，第143页。
② 綦春霞：《运算能力及其教学要求——以代数式为例》，《数学教学研究》2014年第2期。

在非认知维度方面，重点关注了学习兴趣，学习焦虑，自我效能感。很多研究表明学习兴趣、学习焦虑、自我效能感都与学业成绩有着密切关系，而且呈现高度的相关关系。不过，本书中因变量为演绎推理形式，并非学业成绩。虽然可以判断演绎推理形式与学业成绩密切相关，但非认知因素对推理形式方面的影响有多大还有待研究。根据前面有关数学演绎推理内涵和特点的讨论，在本书测试了学生在演绎推理结果确定性和演绎推理过程严谨性上的表现。传递性作为演绎推理的重要内涵已经超过了八年级学生的认知能力，所以没有进行测试。

四 测试结果

(一) 数学演绎推理形式总体表现

从总体得分情况分析，学生在演绎推理形式方面表现较好。在总体平均分为 2 分的测试中，平均分达到 1.77，多数学生在平均分以上。从不同性别看，男女生之间差异并不明显，通过独立样本 t 检验发现，$F = 0.855$，$P = 0.356$，$df = 557$，说明男女生之间不具有统计学意义上的差异，详见表 5 – 18。

表 5 – 18　　　　　　　　数学演绎推理形式总体得分表现

	N	Min	Max	M	Std
总体	559	1.33	1.98	1.77	0.14
男生	286	1.33	1.98	1.77	0.14
女生	273	1.37	1.98	1.78	0.14

在非认知方面，被试学生的表现差异较大，数学焦虑得分较低，而自我效能感得分较高。从性别角度看，在数学兴趣和自我效能感方面存在显著性差异，$P_{兴趣} = 0.001$，$P_{效能} = 0.002$，其中男生兴趣比女生高，而女生自我效能感比男生高。但是在数学焦虑方面，男女生并不存在统计学意义上的差异，说明数学焦虑现象普遍存在于男女学生中。

表 5-19　　　　　　　　　非认知因素得分表现

	N	Mini	Max	M	Std
数学兴趣	559	1.00	5.00	3.45	0.91
数学焦虑	559	1.00	5.00	3.00	0.97
自我效能	559	1.00	5.00	3.87	0.75

(二) 演绎推理内涵特点表现

从表 5-20 中可以看出学生在演绎推理内涵理解方面还有很多不足，试题为 5 点量表，分别赋分 1/2/3/4/5 分。最高分为 4.75，未有学生能够全部答对问题。

表 5-20　　　　　　数学演绎推理内涵特点理解得分

Min	Max	Mean	Std
1.00	4.75	2.94	0.54

从上述两题的作答中可以看出学生对于演绎推理内涵的理解处在模糊状态，没有清晰认识，这一结论与对学生访谈时的结果相同。一些学生虽然会使用证明，并且能够正确书写证明的步骤，但是对于证明本身所具有确定性并不了解。哪些证明方法是严谨的也尚不清晰。进一步在男女性别方面通过独立样本 t 检验，$F=1.341$，$df=557$，$P=0.801$，说明男女生并没有性别差异。

表 5-21　　　　　　数学演绎推理内涵特点理解部分试题

题号	内容	均值
Q20	从一个正确的前提出发，通过演绎推理得到的结论，也可能是错误的。	2.65
Q21	通过测量多个三角形的内角和，取平均值后得到三角形内角和为 180°。这是一个严谨的推理过程。	2.91

(三) 关系推理表现

关系推理形式维度有 5 道题，学生需要进行对错判断。满分为 2 分，从上表可知学生在关系推理形式维度的表现情况较好，平均得分为 1.89 分，整体表现较好，这一结果与访谈结论相符合。并且在所有被试学生中有 386 人全部答对 5 道试题，占总人数的 69.1%。进一步说明学生在这一方面掌握较好。在男女性别方面研究发现平均得分几乎相同，通过独立样本 t 检验结果显示，$F = 0.176$，$df = 557$，$P = 0.910$，表明男女生不具有统计学意义上的差异。

(四) 数学运算表现

在数学运算形式维度总计有 10 道问题，涉及运算定律、运算公式、运算法则、数值计算四个方面，具体得分情况如下。

从表 5-22 可以看出学生在数学运算整体的掌握情况很好，均值达到 1.76。运算公式方面掌握最好，达到 1.85。数学计算方面稍弱，达到 1.69。

表 5-22　　　　　　　　数学运算各维度得分表现

维度	Min	Max	M	Std
数学运算	1.10	2.00	1.76	0.19
运算法则	1.14	2.00	1.76	0.19
运算定律	1.00	2.00	1.81	0.39
运算公式	1.00	2.00	1.85	0.36
数值计算	1.00	2.00	1.69	0.46

1.7 分以上占据了多数，进一步表明大部分学生能够较好地掌握运算规则。特别是在表 5-23 试题表现较好。

表 5-23　　　　　　　　运算推理形式部分测试题

题号	内容	均值
G26	已知，$a \geq 0$，$b \geq 0$，判断 $\sqrt{a} \times \sqrt{b} = \sqrt{ab}$	1.88
G31	已知，$p = (a+b) \times c$，判断 $p = (a \times c) + (b \times c)$	1.81

续表

题号	内容	均值
G34	已知,m,n 都是正整数,$a>0$,判断 $(a^m)^n = a^{mn}$	1.81
G35	已知,$p=(a+b)^2$,判断 $p=a^2+2ab+b^2$	1.85

进一步通过独立样本 t 检验得出,$F=1.649$,$df=557$,$P=0.212$,说明男女生之间不具有统计学意义上的差异。

（五）三段论推理形式表现

三段论推理形式分为直言、选言和假言推理三种类型进行测量,总计有 12 道测试题。

从表 5-24 结果上看学生直言三段论上的表现较好,这一结果与很多学者的相关测量结果相一致。直言三段论对学生的认知要求较为简单,不需要太多的认知加工。但是在直言三段论中大前提、小前提的变化也会影响学生的作答判断。

表 5-24　　　　　　　三段论推理形式各维度表现

维度	Min	Max	M	Std
总体	1.20	2.00	1.67	1.45
直言三段论	1.00	2.00	1.76	0.25
选言三段论	1.00	2.00	1.69	0.27
假言三段论	1.08	2.00	1.63	0.16

相比而言,学生在 G25 题作答得分较低,189 名学生给出了错误作答,占比近 1/3。该题的难点在于不是全称变量,而是特称变量,并且是对特称变量的否定,这就加大了思考的难度。

表 5-25　　　　　　　直言三段论测试题得分情况

题号	内容	均值
G22	已知,所有的 A 都有性质 p,所有的 x 都是 A。判断,所有的 x 都有性质 p。	1.84
G23	已知,所有的 A 都没有性质 p,所有的 x 都是 A。判断,所有的 x 都有性质 p。	1.77

续表

题号	内容	均值
G24	已知，所有的 A 都有性质 p，有些 x 是 A。判断，有些 x 有性质 p。	1.79
G25	已知，所有的 A 都没有性质 p，有些 x 是 A。判断，有些 x 没有性质 p。	1.66

为了更细致地了解学生在假言三段论方面的表现情况，将其分为充分条件，必要条件，充要条件。从表 5-26 可以看出学生在必要条件方面表现较弱，充要条件方面表现较好。

表 5-26　　　　假言三段论推理形式各维度得分情况

维度	*Min*	*Max*	*M*	*Std*
充分条件	1.00	2.00	1.71	0.26
必要条件	1.00	2.00	1.57	0.24
充要条件	1.00	2.00	1.62	0.29

从表 5-27 试题中我们可以进一步发现，学生在肯定前件和否定后件两种形式的推理中表现结果一致，无论哪种类型的假言推理，肯定前件（*Modus ponens*）均比否定后件（*Modus tollens*）得分高，如表 5-28 所示。这一结果与其他学者研究结果相一致。

表 5-27　　　　假言三段论部分测试题得分情况

题号	内容	均值
G7	已知，如果 A 成立，则 B 成立。若 A 成立，则 B 成立。	1.82
G9	已知，如果 A 成立，则 B 成立。若 B 不成立，则 A 一定成立。	1.81
G10	已知，只有当 p 成立时，Q 才可能成立；若 p 成立，则 Q 一定成立。	1.57
G13	已知，只有当 p 成立时，Q 才可能成立；若 Q 不成立，则 p 一定不成立。	1.41
G14	已知，当且仅当 p 成立，Q 才成立；若 p 成立，则 Q 一定成立。	1.71
G17	已知，当且仅当 p 成立，Q 才成立；若 Q 不成立，则 p 一定不成立。	1.50

从性别差异角度看，男女生通过独立样本 t 检验，结果显示 $F = 0.75$，$df = 557$，$P = 0.509$，说明男女生之间不具有性别差异。不过在肯

定前件方面，可以发现 F=0.808，df=557，P=0.035，说明男女在 0.05 水平上具有显著性差异。而这种更细微的差异在否定后件上就不存在，检验结果显示 F=1.07，df=557，P=0.907，说明男女生之间不具有统计学意义上的差异。

表 5-28　　　　　　　　MP、Mt 类型推理得分表现

类型	Min	Max	M	Std
肯定前件	1.00	2.00	1.70	0.27
否定后件	1.00	2.00	1.57	0.27

（六）非认知因素与演绎推理形式的相关分析

从上述相关分析结果可以看出，数学兴趣、焦虑、自我效能与演绎推理规则表现存在高相关，且呈现显著相关。而 SES 和演绎推理内涵理解则相关性不高，不显著。数学兴趣、数学焦虑、自我效能感与学生的数学学业成绩密切相关，这已得到学者们的普遍认可。虽然还不能从因果关系上明确关系，但是他们之间存在着高度的相关关系已是事实。本书进一步说明了学生的兴趣、焦虑和自我效能与演绎推理形式存在密切的相关关系。但是，结果也表明学生的 SES 与演绎推理形式没有相关关系。很多研究的结果都证实了 SES 与学生的学业成绩关系密切，存在正相关，上述结论表明演绎推理形式的掌握与家庭社会经济地位没有关系。这符合部分学者的研究结论，SES 对数学学科影响不大。

表 6-29　　　　　　数学演绎推理形式影响因素相关分析

	1	2	3	4	5	6
1. 推理形式	—					
2. SES	0.040	—				
3. 数学兴趣	0.249**	0.096*	—			
4. 数学焦虑	-0.316*	-0.032	-0.313*	—		
5. 自我效能感	0.428**	0.165**	0.459**	-0.385*	—	
6. 演绎推理理解	-0.075	-0.088*	-0.145**	0.071	-0.295**	—

注：* 表示在 0.05 水平（双侧）上显著相关，** 表示在 0.01 水平（双侧）上显著相关。

五 小结

通过对学生在数学演绎推理形式方面的调查，可以发现学生在不同类型推理形式规则方面表现上存在一定差异。在关系推理和数学运算方面表现相对较好，而在三段论推理方面表现一般。在三段论推理中，直言三段论和选言三段论表现较好，假言三段论表现一般。假言三段论是数学领域非常重要的推理方式，例如数学中的定理基本都可以改写为假言三段论的形式进行表述。如果……那么……这种典型的数学表述不仅在初中阶段非常重要，在全部的数学学习都是至关重要的。因此，学生在这方面的表现需要引起教师的关注。另外通过对不同非认知变量的关注，发现在不同数学学习兴趣、焦虑、自我效能感方面学生的表现会有不同，虽然不能严格说明其具有因果关系，但是可以看出明显的相关性。因此，提高学生在兴趣、自信、焦虑缓解方面的表现，也许将有助于提高学生的数学推理表现。

第 六 章

研究结论

第一节 研究结论

一 数学演绎推理能力测评框架

本书通过多轮的专家评定、讨论，在结合对有关数学演绎推理能力文献讨论分析基础上，构建了数学演绎推理能力测评框架。具体包含推理形式、认知水平、推理情境、推理内容四个维度。推理形式分为三段论、关系推理、数学运算；认知水平分为再现、联结、反思；推理情境分为无情境、熟悉情境、陌生情境；推理内容分为数与代数、图形与几何。根据框架中每一个维度的操作性定义可以进行测试工具开发，在研究中通过标准化的工具开发流程开发出了相对合理的测试工具。这证明了所构建的测评框架在测量角度具有可行性，能够以此开发出测试工具。在进一步的测试分析中发现框架可以很好地用来描述学生的数学演绎推理能力表现，能够在不同角度了解学生的表现情况，对于发现、分析学生表现状况很有帮助。

二 数学演绎推理能力表现可以分为四个水平

学生表现水平的划分是测评的重要内容之一，通过本书可以发现在数学演绎推理能力表现方面可以划分为四个水平。通过对多位数学专家型教师的访谈、问卷调查，初步探索学生在数学演绎推理能力表现上的等级划分。在与专家最后商讨后确定可以将八年级学生数学演绎推理能力表现划分为四个水平。在对教师描述的关键词析取后，给出了每一个水平学生的典型特征描述。在此基础上进行了标准设定工作，标准设定过程中四个水平的等级划分并没有给标定工作带来困扰，等级之间的描述较为清晰，教师能够区分出四个水平等级的学生表现情况。表明四水平的划分具有一定的可行性，可以在研究数学演绎推理能力时作为表现标准应用。

三 女生表现好于男生，但不同水平具有明显差异

整体看，八年级学生中女生数学演绎推理能力表现好于男生。女生总体平均得分为509.97，男生总体平均得分为497.49，不过这种差异在不同水平等级中却有不同。在水平4中男生成绩略好于女生，而在水平1中，男生平均成绩明显落后于女生。男女生在平均成绩上的这种差异在推理形式、推理情境、推理内容和认知水平四个维度中均存在，这个结果与以往的性别刻板印象有所不同。从标准设定的人数分布角度看，水平4和水平1中男生所占人数比例明显高于女生，表明男生呈现两极分化状态。结合平均成绩来看，在水平1上性别之间的差异最大，男女生之间的总体差异主要表现在水平1等级上。

四 城乡学校学生的演绎推理能力表现存在差异

在城乡学校学生的表现统计中发现，城市学校学生的表现明显好于县镇学校和农村学校，而县镇学校学生的表现也明显好于农村学校。在各个测评子维度中这种地域的差异也同样存在，城市学校均好于县镇学校和农村学校，三类学校呈现明显的阶梯形状。进一步进行统计学差异性检验，结果显示三类学校学生之间的能力表现呈现显著性差异。从标准设定结果看，城市学校学生分布差异较大，水平4人数最多，水平1人数比例最好。县镇学校表现较为均衡，水平2，水平3，水平4三个等级人数差异较小。农村学校学生表现较弱，水平4人数比例最低，水平1人数比例较高。

五 数学演绎推理内涵特点理解模糊

通过质性研究和有关数学演绎推理内涵特点的调查表明，学生普遍对数学演绎推理内涵特点理解模糊，对演绎推理理解不够清晰。在访谈中发现多数学生并不知道演绎推理这一数学概念，部分学生无法判断推

理过程的严谨性，以及数学演绎推理结果的确定性。培养学生的数学演绎推理能力要关注学生推理过程中的条理性，证明、计算的规范性，同时也要关注学生对推理本身的理解。不能仅仅从形式角度学习推理，要深刻地认识演绎推理的重要价值，理解这种推理形式的内涵特点，进而更好地应用演绎推理进行数学交流、问题解决等。

六 数学演绎推理形式表现存在差异

通过在数学演绎推理形式的调查分析发现，学生在不同类型的数学演绎推理形式上存在显著的差异。三段论推理上表现最差，关系推理表现最好。在更为深入的分析中发现，三段论推理形式中假言三段论表现较弱，直言三段论和选言三段论较好。而在数学运算中，数学运算定律和运算公式的掌握较好，在运算法则和数值计算方面掌握欠佳。推理形式是进行推理的规则，正确的应用规则才能得到有效的结论。推理过程是一个异常复杂的过程，学生在进行推理时往往应用了多个不同推理形式规则进行判断、运算，所以每一个推理形式规则都是至关重要的。在不同推理形式上表现出来的差异可能受年龄、教学等方面的影响，但也需要引起关注。

第二节 研究启示

一 加强数学演绎推理内涵特点教学

通过本次调查发现学生在对数学演绎推理内涵特点的理解认识方面还存在一定欠缺。这需要引起数学教育教学的重视。《标准2011》中指出在初中阶段可以不用过于关注推理的形式，但是要注重推理过程的条理性。演绎推理作为数学推理的重要内容，是进行数学论证，数学证明的必备能力。学生不仅要在推理形式的技术性层面掌握演绎推理，还要在观念认识层面理解演绎推理。因此，在数学教学过程中教师可以结合实际，渗透数学演绎推理内涵特点的内容，让学生在深层次上理解演绎推理。

二 关注数学演绎推理能力低水平学生

通过标准设定为测试学生划定了等级分界线，结果表明有17%的学生处在水平1等级。根据标准设定的预设，这一等级学生一般认为不合格，数学演绎推理能力表现很弱。这一群体学生往往同时也是学业水平较低的群体，其中原因较为复杂，本书还无法揭示这些学生能力表现弱的原因。但是在访谈中也发现部分水平1学生也具有很好的兴趣和自我效能感，这些非认知因素往往能够有助于学生成绩的提高。因此，在教学中要密切关注这部分群体学生，探究可行方案，将有助于这部分群体学生提高数学演绎推理能力。

三 关注数学演绎推理能力表现的性别差异

性别差异问题一直是数学教育研究的重要内容，在本书中发现男女生在数学演绎推理能力方面存在一定差异。在传统观念中认为存在性别刻板印象，男生比女生更适合学习数学，或者说男生比女生数学成绩更好。但是在数学演绎推理能力方面平均成绩表明女生好于男生，不过这种差异在不同水平等级中表现不一致。在较低水平上表现非常明显，男生所占人数比例明显高于女生，而最高水平群体中男生比女生人数比例略高，这表明男生的差异性较大。因此，一方面我们要改变以往的刻板印象，在八年级阶段女生的表现好于男生。另一方面要关注男生群体，特别是低水平群体。从某种程度上说，男女生的差异主要来自这一群体。所以要积极探索可行的措施，寻找提升数学演绎推理能力的合理方案。

四 开展测评活动中的标准设定工作

标准设定的开展是考查学生在测评中表现标准的达标水平情况。标准设定工作往往需要花费大量的时间、人力、物力成本，对于个人为主的研究者而言开展相关工作具有一定的难度，不仅仅是财力上的负担，在实际操作中也有诸多困难。但其在测评活动中却是非常有价值的工作，所以在以项目为依托或者较大科研团体的研究中应当开展这项工作，充足的人力、物力保障也能使标定结果信度更高。标准设定所获得的变量不同于一般意义上人口学变量，这是在对测量目的，测评内容的更深入分析，一些潜在的表现往往在分层之后可以显现出来。在目前广泛开展的学业水平测试、学科能力测试等研究中，采取标准设定将能够更深层次的了解和测量学生，能够对获得的数据进行更加深入的分析和挖掘，获得更加丰富的数据信息。

第三节 研究不足与展望

一 被试来源限制

本书中的被试数量较多，大规模量化研究部分的被试数量就有 5 万多人，是国内研究中样本较大的一次研究。但是样本的来源并非采用随机抽样来自全国各地，而是来自我国中部地区某省会城市，未有西部和东部地区学生参与测试。并不能严格说明结果可以代表全国的样本表现。而在演绎推理形式调查中虽然有东中西部学生参加，但是样本人数较少，且无法做到完全随机抽样，结果是否可以代表整体有待进一步研究验证。

二 研究样本无法匹配

在本书中总计进行了三次调查，大规模的演绎推理能力测试，质性访谈研究和演绎推理形式测试。但是由于多种原因，三次测试均为不同学生，因而很多内容无法进行关联分析。如果能够选择具有代表性的样本，在研究设计中只针对这部分群体开展量化、质性的多重调查分析，就可以使获得数据形成的关联性更客观，也能够使研究结果获得更有力的支撑。

三 缺少教师因素

在研究中重点关注了学生的表现，在后期的补充研究中进一步关注到了学生在非认知方面的影响因素，但是这些因素仅限于学生自身方面，缺少了教师因素。很多研究表明教师的教学方式，学历层次等方面对学生的学业成绩具有一定影响，是重要的考查内容。因此，在本书的后续研究中如果能够关注到教师方面的因素，将会有更多更重要的发现。

数学演绎推理能力是数学教育研究的重要内容，也是培养学生的重要核心能力，属于关键少数的必备能力之一。现阶段无论是心理学家还是教育学家普遍认为人类的推理能力可以经过后天的培养得到提升，基于这样的假设，探讨培养学生数学演绎推理能力各种措施成为数学教育领域必须要面对的问题。而在探讨相关措施的过程中，也有必要开展相关的测评工作。探索更全面的测评框架，制定更规范的测评程序，应用更客观的统计方法，进而能够深入地了解学生在数学演绎推理能力上的表现。而后逐步深入去探索学生表现上差异形成的原因，以及哪些影响因素对学生的数学演绎推理能力形成和培养更为重要。特别是教师的因素、学生的因素、家庭的因素、学生的非智力因素等等。本书在数学演绎推理能力的测评探究，学生的表现调查研究中有一定的创新之处，但也存在着诸多不足。虽然一个完美无缺的研究设计、研究过程很难实现，可正是要不断地克服这些研究不足才能获得更有价值的研究结果。数学演绎推理能力对于八年级，乃至整个基础教育阶段都是重要的，其在人类理性精神形成中的重要性也是不可替代的，它值得我们进行深入的研究。相信通过不断地研究改进，一定能获得更有价值的信息，助推教学改革，进而提高学生的数学演绎推理能力。

附录 1

演绎推理等级水平划定教师调查问卷

调查问卷

尊敬的老师您好,非常感谢您参加此次调查。本次调查为无记名形式,结果仅供研究所用,请您根据真实情况进行作答。非常感谢!

1. 您现在所教的年级_____。
2. 您的教龄为_____。
3. 性别_____。
4. 您所在的学校类型
   A. 城市学校　　　　　　　　B. 县镇学校
   C. 乡村学校
5. 您是怎样理解数学演绎推理?

6. 根据您日常教学的经验,您觉得您所教班级学生在数学演绎推理表现上可以分为几个水平?并对每个水平的学生进行简单特征描述。

[注:演绎推理主要指从已有的事实(包括定义、公理、定理等)和确定的规则(包括运算的定义、法则、顺序等)出发,按照逻辑推理的法则证明和计算。]

水平等级	日常教学中学生的表现水平特征描述	考试作答中学生的表现水平特征描述
1		
2		
3		
⋮		
n		

非常感谢您的帮助

附录2

数学演绎推理形式调查问卷

调查问卷

尊敬的同学,您好。本问卷仅作为研究之用,不会对你有任何影响,请认真作答,如实填写,非常感谢您的配合,谢谢!

1. 你的性别是: A. 男   B. 女
2. 你父母的最高学历:

A. 高中及以下   B. 中专或大专

C. 本科   D. 研究生

请在你选择的选项上打"√"。

	有	没有
你是否有自己独立的房间	(1)	(2)
你家里是否有汽车	(1)	(2)
你家里是否有2个或者更多的卫生间	(1)	(2)

你对以下问题的看法如何?	非常不同意	不同意	不确定	同意	非常同意
我喜欢阅读数学类的读物	(1)	(2)	(3)	(4)	(5)
我很喜欢上数学课	(1)	(2)	(3)	(4)	(5)
我做数学题时,经常感到很快乐	(1)	(2)	(3)	(4)	(5)
我对数学很感兴趣	(1)	(2)	(3)	(4)	(5)
我常担心数学课会困难	(1)	(2)	(3)	(4)	(5)
当我必须做数学作业时,我会紧张	(1)	(2)	(3)	(4)	(5)

你对以下问题的看法如何？	非常不同意	不同意	不确定	同意	非常同意
解数学问题时，我会紧张	(1)	(2)	(3)	(4)	(5)
解数学问题时，我觉得无助	(1)	(2)	(3)	(4)	(5)
我担心数学拿不到好成绩	(1)	(2)	(3)	(4)	(5)

如果你解答下面这些问题，觉得困难吗？	非常困难	比较困难	不确定	比较容易	非常容易
通过所学定理来解决不规范图形中的几何问题	(1)	(2)	(3)	(4)	(5)
在陌生的背景下，应用尺规作图解决实际问题	(1)	(2)	(3)	(4)	(5)
估计与一个无理数最接近的整数是哪个	(1)	(2)	(3)	(4)	(5)
根据给出的运算规则，设计一个满足要求的运算过程	(1)	(2)	(3)	(4)	(5)
求出方程的解，例如：$4x+5=22$	(1)	(2)	(3)	(4)	(5)
在条件充足时，完整的证明两个三角形全等	(1)	(2)	(3)	(4)	(5)
将不等式的答案在数轴上表示出来，例如：$\begin{cases}2x \leq -2\\3x-1<5\end{cases}$	(1)	(2)	(3)	(4)	(5)

你对下列问题的看法如何？	非常不同意	不同意	不确定	同意	非常同意
数学演绎推理就是几何证明	(1)	(2)	(3)	(4)	(5)
从一个正确的前提出发，通过演绎推理得到的结论，也可能是错误的	(1)	(2)	(3)	(4)	(5)
通过测量多个三角形的内角和，取平均值后得到三角形内角和为180°。这是一个严谨的推理过程	(1)	(2)	(3)	(4)	(5)
要证明"10以内的任意两个奇数之和为偶数"。小明的证明方法是找出10以内的所有奇数，然后计算任意两奇数相加之后的结果均为偶数。他的证明方法是严谨的推理	(1)	(2)	(3)	(4)	(5)

请根据下列"已知"的条件，判断推导出的"结论"是否正确。

序号	已知	结论	对	错
1	$a > c$	$c < a$	(1)	(2)
2	$a < b$	$b > a$	(1)	(2)
3	$a = b, b = c$	$a = c$	(1)	(2)
4	$a > b, b > c$	$a > c$	(1)	(2)
5	$a < b, b < c$	$a > c$	(1)	(2)
6	如果 A 成立，则 B 成立	若 A 不成立，则 B 一定不成立	(1)	(2)
7	如果 A 成立，则 B 成立	若 A 成立，则 B 成立	(1)	(2)
8	如果 A 成立，则 B 成立	若 B 成立，则 A 一定成立	(1)	(2)
9	如果 A 成立，则 B 成立	若 B 不成立，则 A 一定成立	(1)	(2)
10	只有当 p 成立时，Q 才可能成立	若 p 成立，则 Q 一定成立	(1)	(2)
11	只有当 p 成立时，Q 才可能成立	若 p 不成立，则 Q 不成立	(1)	(2)
12	只有当 p 成立时，Q 才可能成立	若 Q 成立，则 p 成立	(1)	(2)
13	只有当 p 成立时，Q 才可能成立	若 Q 不成立，则 p 一定不成立	(1)	(2)
14	当且仅当 p 成立，Q 才成立	若 p 成立，则 Q 一定成立	(1)	(2)
15	当且仅当 p 成立，Q 才成立	若 p 不成立，则 Q 一定成立	(1)	(2)
16	当且仅当 p 成立，Q 才成立	若 Q 成立，则 p 一定成立	(1)	(2)
17	当且仅当 p 成立，Q 才成立	若 Q 不成立，则 p 一定不成立	(1)	(2)
18	A 具有性质 p 或者性质 Q，或者同时有性质 p 和性质 Q	若 A 具有性质 p，则 A 不具有性质 Q	(1)	(2)
19	A 具有性质 p 或者性质 Q，或者同时有性质 p 和性质 Q	若 A 不具有性质 p，则 A 具有性质 Q	(1)	(2)
20	A 要么具有性质 p，要么具有性质 Q	若 A 具有性质 p，则 A 不具有性质 Q	(1)	(2)
21	A 要么具有性质 p，要么具有性质 Q	若 A 不具有性质 p，则 A 具有性质 Q	(1)	(2)
22	所有的 A 都有性质 p，所有的 x 都是 A	所有的 x 都有性质 p	(1)	(2)
23	所有的 A 都没有性质 p，所有的 x 都是 A	所有的 x 都有性质 p	(1)	(2)
24	所有的 A 都有性质 p，有些 x 是 A	有些 x 有性质 p	(1)	(2)

续表

序号	已知	结论	对	错
25	所有的 A 都没有性质 p,有些 x 是 A	有些 x 没有性质 p	(1)	(2)
26	$a \geq 0$, $b \geq 0$	$\sqrt{a} \cdot \sqrt{b} = \sqrt{ab}$	(1)	(2)
27	$a \geq 0$, $b \geq 0$	$\sqrt{\dfrac{a}{b}} = \dfrac{\sqrt{a}}{\sqrt{b}}$	(1)	(2)
28	$m \neq 0$, $b \neq 0$	$\dfrac{a}{b} = \dfrac{a \times m}{b \times m}$	(1)	(2)
29	$a \neq 0$, $b \neq 0$	$\dfrac{c}{a} + \dfrac{d}{b} = \dfrac{c+d}{ab}$	(1)	(2)
30	$a \times a \times a \times a = p$	$p = a^4$	(1)	(2)
31	$p = (a+b) \times c$	$p = (a \times c) + (b \times c)$	(1)	(2)
32	$p = -a^2 b^2 \div 3ab^2$	$p = -\dfrac{1}{3}$	(1)	(2)
33	m, n 都是正整数,$a > 0$	$a^m \cdot a^n = a^{m+n}$	(1)	(2)
34	m, n 都是正整数,$a > 0$	$(a^m)^n = a^{mn}$	(1)	(2)
35	$p = (a+b)^2$	$p = a^2 + 2ab + b^2$	(1)	(2)

非常感谢你的作答,请认真检查答案,避免漏答,或者多选。

附录3

数学演绎推理能力测试题(部分)

1. 如图，△ABC 的三个顶点均在方格纸的格点处，求作点 F，使得 △DEF 与 △ABC 全等，方格纸上符合条件的点 F 有（　　）个。

A. 1　　　　　　　　　B. 2
C. 3　　　　　　　　　D. 4

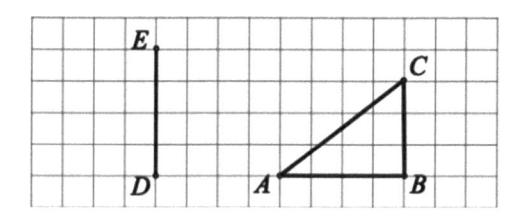

2. 小萍、小琪、小思、小婷的体重分别为 P、Q、S、T，其中 $S = T$，如图所示，他们在玩跷跷板，他们的体重大小关系是（　　）。

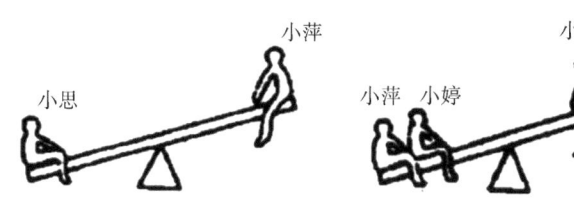

A. $P > S > Q$　　　　　　B. $Q > S > P$
C. $S > P > Q$　　　　　　D. $Q > P > S$

3. 2007 年我国铁路第六次大提速，京沪线列车提速后速度是 a km/h，比提速前速度快 b km/h，已知京沪线全长约 1450 km，那么列车提速前用时（　　）。

A. $(\dfrac{1450}{a} - \dfrac{1450}{b})$ h　　　　　B. $(\dfrac{1450}{a} + \dfrac{1450}{b})$ h

C. $\dfrac{1450}{a-b}$ h D. $\dfrac{1450}{a+b}$ h

4. 根据图中所给的边长和角度，是平行四边形的为（　　）。

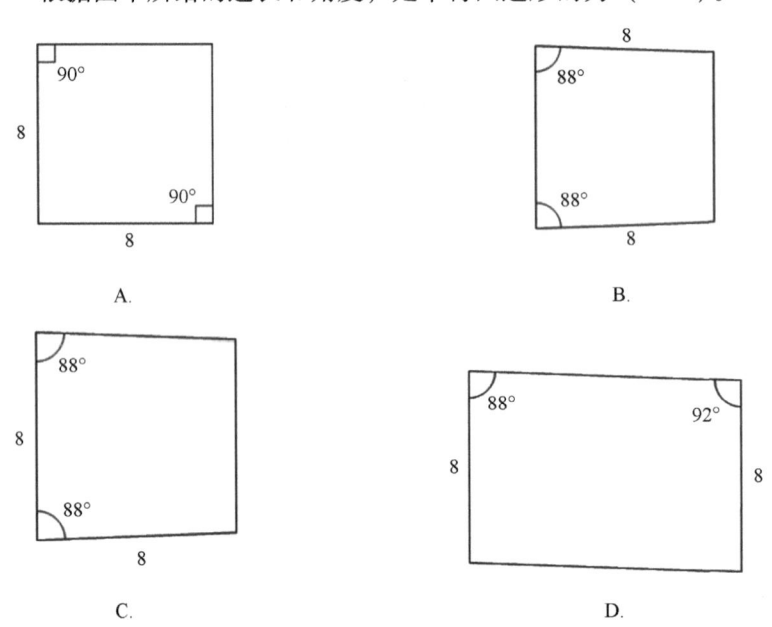

A.

B.

C.

D.

5. 如图，在"模拟考古"活动中有这样一块石板，上面篆刻了一些数学算式，图中四个符号分别代表 1—9 中的四个数字。

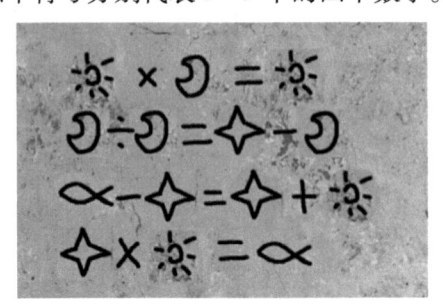

求出 ☼ 和 ∝ 所代表的数字。

6. 观察运算程序，回答下列问题。

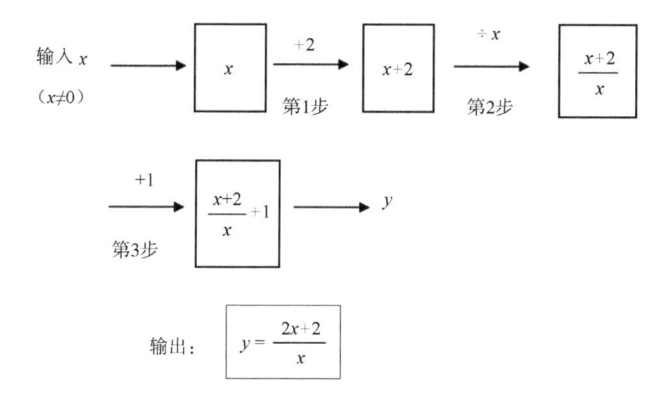

```
输入 x        +2         ÷x
(x≠0)  → [ x ] → [x+2] → [(x+2)/x]
          第1步      第2步

  +1      [(x+2)/x +1]  → y
 第3步

输出: [ y = (2x+2)/x ]
```

（1）补全下图的运算程序，求出 y 与 x 的关系，并在输出框图中化简；

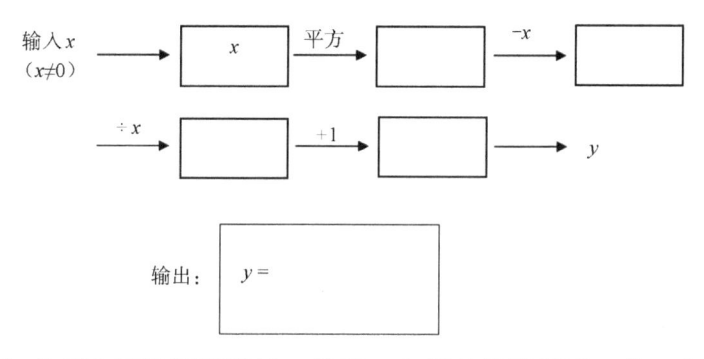

```
输入 x       平方        -x
(x≠0) → [ x ] → [  ] → [  ]

  ÷x                +1
→ [  ] → [  ] → y

输出: [ y = ]
```

（2）仿照上面的框图设计，编写一个新的运算程序，使 y 和 x 的关系为 $y = 2x + 1$，要求运算不少于 3 步。

7. 如图，某村有一口平行四边形形状的池塘，在它的四个角 A，B，C，D 处均种有一棵柳树，现准备扩建池塘，扩建要求为：①保持柳树位置不动且仍在池塘岸边；②使扩建后的池塘面积为原来池塘面积的两倍；③要求扩建后的池塘仍为平行四边形形状。

为了便于规划池塘的扩建，小明首先连接 AC，将原池塘分成两部分。求证：$\triangle ABC \cong \triangle CDA$。

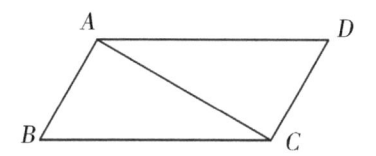

附录 4

数学演绎推理能力访谈提纲

访谈提纲

指导语：感谢你参加本次访谈，本次访谈采用无记名形式，不关乎你的学习成绩。访谈结果仅作为研究之用，对你没有任何影响，下面我开始录音。

1. 基本情况。

2. 喜欢数学吗？

3. 你了解什么是数学演绎推理吗？

4. 你觉得哪道题最难，为什么最难，哪里不理解？哪道题的题意你不理解，背景你没有见过，没有经历过。

5. 更喜欢哪种内容的推理，代数还是几何？

6. 请判断下列回答是否正确

如果 A 成立，则 B 成立	若 A 不成立，则 B 一定不成立。
如果 A 成立，则 B 成立	若 A 成立，则 B 成立。
如果 A 成立，则 B 成立	若 B 成立，则 A 一定成立。
如果 A 成立，则 B 成立	若 B 不成立，则 A 一定成立。

附录 5

八年级数学演绎推理能力标准设定工作说明

尊敬的各位老师，您好，因本人撰写毕业论文需要，特邀请您参加本次水平标定工作。非常感谢您的付出，下面我将本次工作做简要说明。

一　标定工作概述：

本次工作为"八年级数学演绎推理能力水平标定"，简单来说，通常我们将学生分成多个水平等级，例如"好中差"三类，有时也分"及格、不及格"两类，还有时分为"优秀、良好、合格、不合格"四类等等。在本次标定中采用了四等级分类，即"水平 1、水平 2、水平 3、水平 4"。

结合《义务教育数学课程标准（2011 年版）》的解释，认为数学演绎推理为"学生在不同情境下，依据演绎推理形式规则对数学对象（概念、关系、性质、规则、命题等）进行证明、计算等数学活动过程中的心理特征。"通过前期的调查和分析，将学生的整体表现分成 4 个等级，具体每个等级的描述参看"等级描述文档"。每个等级的学生对应一个整体的描述和 3 个子分类（三段论、关系、运算）上的描述。例如，水平 1 的学生在整体上对应水平 1 的描述，同时，也对应三段论、关系、运算中的"水平 1"描述。教师结合自身的教学经验，根据水平等级描述大致想象一些刚刚能达到水平等级要求的学生。然后找到相应的试题，填入表格中。

二　具体工作流程

1. 想象一位刚刚能够达到某水平的学生，然后估计这位学生在作答

"题册"试题时的表现。主要看这位刚刚达标的学生在正确作答试题时的概率情况。例如，刚刚达到水平4的学生在作答第40题时的正确概率为67%，那就将此题的标号填入"划定表"文档即可。

2. 本次标定总共需要找到3道题。即刚刚达到水平2的学生在哪道题上的正确作答概率是67%，刚刚达到水平3的学生正确作答哪道题的概率是67%，刚刚达到水平4的学生正确作答哪道题的概率是67%。

3. 写出您选择此题的理由。

三　重点注意

1. "正确作答"指的是试题下方的方框内的作答，并非理想状态的完整作答，有些题的作答只是部分正确。因为假如一道大题有3分，那么就会变成3道小题呈现出来，每一个中间步骤都作为一个小题。本次一共有30道，但部分试题为大题，所以最后呈现为50道小题。

2. 本次标定工作采用的是"书签法"，需要各位老师先后标定3次，在各位划定之后，我将尽快汇总结果，将大家的平均值以及学生的作答情况反馈给各位参考。

3. 本次标定只针对八年级学生。

4. "题册"文档对试题做了详细描述，并且按照试题难度进行了排序，第1题最简单，第50题最难。

四　上交材料

只有"划定表"，并注明选择理由。

附录 6

标准设定划定表

数学演绎推理能力水平标定试题划定表

专家姓名	所在学校	教龄	职称	学历

等级	试题编号 （最低能力的学生恰好有 67% 的可能性答对此题）	简述理由
水平 2		
水平 3		
水平 4		

参考文献

曹才翰、章建跃：《数学教育心理学》，北京师范大学出版社2006年版。
曹一鸣等：《数学学科能力及其表现研究》，《教育学报》2016年第4期。
陈平、辛涛：《Bookmark标准设定中的分界分数估计方法比较》，《北京师范大学学报》2013年第1期。
程靖等：《我国八年级学生数学推理论证能力的调查研究》，《课程教材教法》2016年第4期。
程龙海、徐龙炳：《布卢姆教育目标分类学对我国中学数学教学的影响》，《徐州师范大学学报》（自然科学版）1998年第2期。
丁尔陞：《九年义务教育初级中学数学教学大纲的审查说明》，《教育研究》1992年第5期。
顾泠沅：《青浦实验——一个基于中国当代水平的数学教育改革报告》（上），《课程·教材·教法》1997年第1期。
郝连明、綦春霞：《基于初中数学学业成绩的男性更大变异假设研究》，《数学教育学报》2016年第6期。
郝连明等：《中西方数学价值观差异及其影响——兼论中国古代筹算衰退的原因》，《吉林师范大学学报》（自然科学版）2013年第2期。
教育部：《义务教育数学课程标准（2011年版）》，北京师范大学出版社2012年版。
教育部：《义务教育数学课程标准（2022年版）》，北京师范大学出版社2022年版。
康玥媛：《澳大利亚全国统一数学课程标准评析》，《数学教育学报》2011年第5期。

李文林:《算法、演绎倾向于数学史的分期》,《自然辩证法通讯》1986年第 5 期。

梁宗巨:《世界数学史简编》,辽宁人民出版社 1980 年版。

廖运章:《TIMSS 2011 数学学业成就及其影响因素分析》,《外国中小学教育》2013 年第 7 期。

林崇德:《学习与发展中小学生心理能力发展与培养》,北京师范大学出版社 1999 年版。

林崇德、杨治良、黄希庭:《心理学大辞典》,上海教育出版社 2003 年版。

林夏水:《卡尔纳普的数学哲学》,《自然辩证法通讯》1995 年第 5 期。

林夏水:《数学哲学》,商务印书馆 2003 年版。

刘坚等:《大陆地区义务教育数学学业状况及影响因素研究》,《全球教育展望》2014 年第 12 期。

刘晓玫、杨裕前:《关于推理能力问题的几点思考》,《数学教育学报》2002 年第 2 期。

吕世虎:《中国中学数学课程史论》,人民教育出版社 2013 年版。

罗冠中:《Rasch 模型及其发展》,《教育研究与实验》1992 年第 2 期。

罗素:《西方哲学史》(上卷),商务印书馆 1963 年版。

马复:《数学推理的内涵与价值》,《小学数学教育》2015 年第 3 期。

马云鹏:《小学数学核心素养的内涵与价值》,《小学数学教育》2015 年第 9 期。

宁连华:《数学推理的本质和功能及其能力培养》,《数学教育学报》2003 年第 3 期。

牛伟强等:《中国数学教育研究方法调查研究——基于〈数学教育学报〉(2011—2015 年)的统计分析》,《数学教育学报》2016 年第 12 期。

綦春霞:《数学认识论的历史及其发展趋势》,《数学教育学报》2002 年第 2 期。

綦春霞、王瑞霖:《中英学生数学推理能力的差异分析——八年级学生的比较研究》,《上海教育科研》2012 年第 6 期。

綦春霞、周慧:《基于 PISA2012 数学素养测试分析框架例题分析与思考》,《教育科学研究》2015 年第 10 期。

綦春霞等：《八年级学生数学学业水平的现状及其影响因素研究——以三地测试为例》，《教育学报》2015 年第 2 期。

史宁中：《漫谈数学的基本思想》，《中国大学教学》2011 年第 7 期。

史宁中：《试论数学推理过程的逻辑性——兼论什么是有逻辑的推理》，《数学教育学报》2016 年第 4 期。

史宁中：《数学基本思想 18 讲》，北京师范大学出版社 2016 年版。

史宁中：《数学思想概论》，东北师范大学出版社 2009 年版。

斯海霞、朱雁：《中小学数学核心能力的国际比较研究》，《比较教育研究》2013 年第 3 期。

汤光霖：《论数学证明中的演绎推理与非演绎推理——兼答质疑》，《中国科技论文在线》2007 年第 1 期。

汤光霖：《演绎推理的准确表述与另一类非演绎推理——兼论数学证明中的推理》，《中国矿业大学学报》（社会科学版）2013 年第 3 期。

田清源：《主观评分中多面 Rasch 模型的应用》，《心理学探新》2006 年第 1 期。

王光明：《高中生数学素养的操作性定义》，《课程·教材·教法》2016 年第 7 期。

王磊等：《化学学科能力及其表现研究》，《教育学报》2016 年第 4 期。

王宪昌、王文友：《关于中国数学教育学研究的问题探析》，《数学教育学报》2004 年第 1 期。

王宪昌：《数学文化在数学教育中的地位》，《数学通报》2006 年第 6 期。

吴锦骠、薛蕙芬：《对 1340 名男女学生学习能力的调查》，《上海教育科研》2010 年第 S1 期。

徐斌艳：《关于德国数学教育标准中的数学能力模型》，《课程·教材·教法》2007 年第 9 期。

徐斌艳等：《我国八年级学生数学学科核心能力水平调查与分析》，《全球教育展望》2015 年第 11 期。

徐龙炳、田中：《一份衡量演绎推理技能的量表》，《中学数学教学参考》1998 年第 9 期。

闫成海等：《高考数学中考试评价的研究——基于 CTT 与 IRT 的实证比较》，《华东师范大学学报》2014 年第 3 期。

晏子：《心理科学领域内的客观测量——Rasch 模型之特点及发展趋势》，《心理科学进展》2010 年第 5 期。

杨涛等：《国际基础教育质量监测实践与经验》，北京师范大学出版社 2015 年版，第 171 页。

杨玉东等：《数学教学改革三十年：现实与实现——来自青浦实验的新世纪行动》，《上海教育科研》2007 年第 12 期。

姚计海：《教育实证研究方法的范式问题与反思》，《华东师范大学学报》（教育科学版）2017 年第 5 期。

姚计海、王喜雪：《近十年来我国教育研究方法的分析与反思》，《教育研究》2013 年第 3 期。

詹沛达等：《多维题组效应 Rasch 模型》，《心理学报》2014 年第 8 期。

张咏梅：《大规模学业成就调查的开发：理论、方法与应用》，北京师范大学出版社 2015 年版。

周慧、綦春霞：《PISA2012 数学素养测试分析框架及例题分析》，《教育测量与评价》2015 年第 5 期。

AhmadZandvanian and Elaheh Daryapoor, "Mixed Methods Research: A New Paradigm in Educational Research" *Journal of Educational and Management Studies*, Vol. 3, No. 4, 2013.

Atocha Aliseda, "Mathematical Reasoning vs Abductive Reasoning: A Structural Approach" *Synthese*, Vol. 134, No. 1-2, January 2003.

Bell, Alan W, "A Study of pupils' proof-explanations in mathematical situations" *Educational Studies in Mathematics*, Vol. 7, No. 1-2, July 1976.

Beretvas S Natasha, "Comparison of Bookmark Difficulty Locations Under Different Item Response Models" *Applied Psychological Measurement*, Vol. 28, No. 1, 2004.

Franz E. Weinert: *Definition and Selection of Competencies: Concepts of Competence* (http://citeseerx.ist.psu.edu/viewdoc/download? doi = 10.1.1.111.1152&rep = rep1&type = pdf. 1999-3-11/2017-3-2).

Gabriel J. Stylianides and Andreas J. Stylianides, "Proof in School Mathematics: Insights from Psychological Research into Students' Ability for Deductive Reasoning" *Mathematical Thinking and Learning*, Vol. 10, No. 2,

April 2008.

Galotti Komatsu, Komatsu Lloyd K and Voelz Sara, "Children's differential performance on deductive and inductive syllogisms" *Developmental Psychology*, Vol. 33, No. 1, Jane 1997.

GilaHanna, "Some pedagogical aspects of proof" *Interchange*, Vol. 21, No. 1, March 1990.

Grouws, Douglas, *Handbook of research on mathematics teaching and learning*, New York: Macmillan, 1992.

H Markovits, M Schleifer and L Fortier, "Development of elementary deductive reasoning in young children" *Developmental Psychology*, Vol. 25, No. 5, September 1989.

Herbst Patricio G, "Establishing a custom of proving in American school geometry: Evolution of the two-column proof in the early 20th century" *Educational Studies in Mathematics*, Vol. 49, No. 3, March 2002.

Inglis Matthew, Juan Pablo Mejia-Ramos and Adrian Simpson, "Modelling mathematical argumentation: the importance of qualification" *Educational Studies in Mathematics*, Vol. 66, No. 1, April 2007.

James K. Kroger, Leigh E. Nystrom, Jonathan D. Cohen and Philip N. Johnson-Laird, "Distinct neural substrates for deductive and mathematical processing" *Brain Research*, Vol. 1243, No. 3, December 2008.

Joan Garfield, "Assessing Statistical Reasoning" *Statistical Reaearch Journal*, Vol. 2, No. 1, May 2003.

John J. Norcini and Judy A. Shea, "The credibility and comparability of standards Applied Measurement in Education" *Applied Measurement in Education*, Vol. 10, No. 1, January 1997.

Kilpatrick Jeremy, W. Gary Martin and Deborah Schifter, *A research companion to principles and standards for school mathematics*, Reston: National Council of Teachers of Mathematics, 2003, pp. 227–236.

KoSze Lee, "Students' proof schemes for mathematical proving and disproving of propositions" *Journal of Mathematical Behavior*, Vol. 41, March 2016.

Mark D. Reckase, "A conceptual framework for a psychometric theory of standard setting with examples of its use fore valuating the functioning of two standard Setting methods" *Educational Measurement*: *Issues and Practice*, Vol. 25, No. 2, October 2006.

Michael J. Kolen and Robert L. Brennan, *Test equating, scaling, and linking*: *Methods and practices*, New York: Springer, 2004, pp. 156 – 160.

Mikio Miyazaki, Taro Fujita and Keith Jones. "Students' understanding of the structure of deductive proof" *Educational Studies in Mathematics*, Vol. 94, No. 9, September 2017.

Mislevy Robert J, *Cognitive Psychology and Educational Assessment*, Westport, CT: Praeger, 2006, pp. 257 – 305.

Mogens Nissand Tomas Højgaard: *Competencies and mathematical learning*: *Ideas and inspiration for the development of mathematics teaching and learning in Denmark* (http://pure.au.dk/portal/files/41669781/THJ11_MN_KOM_in_english.pdf. 2017 – 5 – 16).

NAEP: *Mathematics Framework for the 2013 National Assessment of Educational Progress* (http://www.nagb.org/publications/frameworks/math-2013-framework.pdf).

OECD: *PISA 2009 Assessment Framework*: *Key competencies in reading, mathematics and science* (http://www.oecd.org/pisa/pisaproducts/44455820.pdf).

OECD: *PISA 2012 Assessment and Analytical Framework*: *Mathematics, Reading, Science, Problem Solving and Financial Literacy* (http://www.oecd.org/pisa/pisaproducts/PISA% 202012% 20framework% 20e-book _ final.pdf).

OECD: *The PISA 2003 Assessment Framework*: *Mathematics, Reading, Science and Problem Solving Knowledge and Skills* (http://www.oecd.org/edu/school/programme for international student assessment pisa/33694881.pdf).

Patrick C. Kyllonen and Raymond E. Christal, "Reasoning ability is (little more than) working memory capacity" *Intelligence*, Vol. 14 No. 4, October-December 1990.

Rychen Dominique Simone and Salganik Laura Hersh, *Defining and selecting key competencies*, Seattle: Hogrefe & Huber Publishers, 2001, pp. 45 – 65.

R. L. Brennan, *Educational measurement* (4th ed.), Washington, DC: American Council on Education, 2006, pp. 433 – 470.

SL Ward and WF Overton, "Semantic Familiarity, Relevance, and the Development of Deductive Reasoning" *Developmental Psychology*, Vol. 26, No. 3, May 1990.

Stephen Lerman, *Encyclopedia of Mathematics Education*, Cham: Springer, 2014.

Stiff, Lee V., and Frances R. Curcio, *Developing mathematical reasoning in grades K-12*, Reston, VA: National Council of Teachers of Mathematics, 1999, pp. 1 – 12.

Stylianides Gabriel J and Stylianides Andreas J, "Proof in School Mathematics: Insights from Psychological Research into Students' Ability for Deductive Reasoning" *Mathematical Thinking and Learning*, Vol. 10, No. 2, April 2008.

Terezinha Nunes, Peter Bryant, Deborah Evans, Daniel Bell, Selina Gardner, Adelina Gardner and Julia Carraher, "The contribution of logical reasoning to the learning of mathematics in primary school" *British Journal of Developmental Psychology*, Vol. 25, No. 1, March 2007.

Thomas M. Haladyna, Steven M. Downing and Michael C. Rodriguez, "A Review of Multiple-Choice Item-Writing Guidelines for classroom Assessment" *Applied measurement in education*, Vol. 15, No. 3, June 2002.

TIMSS: *TIMSS Advanced 2015 Assessment Frameworks* (http://timssandpirls.bc.edu/timss2015-advanced/frameworks.html).

TIMSS: *TIMSS. 2015 International Results in Mathematics* (http://timssandpirls.bc.edu/timss2015/international-results/wp-content/uploads/filebase/full%20pdfs/T15-International-Results-in-Mathematics-Grade-8.pdf.).

后　　记

　　拙作《数学演绎推理能力评价研究》是在博士论文基础上修改而成，核心工作皆是读博期间完成。演绎推理是数学教育研究中重要的研究课题，数学演绎推理能力也是学生数学能力的核心组成，了解学生数学演绎推理能力的现状，探索能力的发展过程，寻找演绎推理能力培养的最佳途径等诸多问题目前还没有真正弄清楚，这需要数学教育研究者继续关注此领域。希望本书能够抛砖引玉，为后面相关研究提供一点点帮助。回顾整个研究，发现无论是在理论建构还是研究实践方面都存在着诸多不足，还需持续不断的深入研究。

　　在整理书稿过程中经常想起读博期间的经历。2014年有幸从东北来到北京师范大学学习，走入教育研究的最高殿堂。感谢导师綦春霞教授对我学业、工作、生活上多年来的无私帮助和关怀，让我成功走上数学教育研究的道路。在撰写论文期间，我也得到了数学教育领域和教育研究领域中多位专家、学者的支持，给予我很多帮助，感谢王尚志教授、刘坚教授、刘晓玫教授、蔡金法教授、李业平教授、郑国民教授、温红博教授、陈平教授，等等。同时，我也得到了师门的大力支持，感谢王瑞霖、李孝诚、张欣颜、周慧、白永潇、何声清、徐柱柱、李俐颖、张迪、曹辰、路红等同学。

　　感谢工作单位中付军、王佰海、程晓亮等同事们的支持。还要感谢硕导王宪昌、师母邓淑媛的鼓励和帮助。最后，还要感谢我的家人，多年来为我无私付出，才能让我安心学习、顺利完成学业。本书的出版得到了吉林师范大学学术著作出版基金资助，在此表示感谢。

　　毕业时，心潮澎湃，填了一首词，附在结尾，以示对求学的纪念。

沁园春·求学

三年寻觅,四载奔波,终得其所。
忆千日征程,不忘幕幕,万言之文,不余笔墨。
天资不慧,积识不多,愁思不断绵如歌。
不忍触,安百丈木铎,不闻城郭。
日日劳形解惑,且夜夜未敢忘蹉跎。
今三十又三,青丝未白,小梦依存,上下求索。
一剑在手,霜刃待磨,自不靡靡束高阁,
望来日,定闲游四海,阅尽山河。